2020年度国家出版基金资助项目；
广州市人文社会科学重点研究基地“广州与中外文化交流研究中心”项目；
中山大学西学东渐文献馆项目。

富国策

〔英〕亨利·法思德／著
〔清〕汪凤藻／译
张锦冬／校注

南方日报出版社
NANFANG DAILY PRESS
中国·广州

晚清西学丛书

主编：梅谦立　周伟驰　姚达兑

图书在版编目（CIP）数据

富国策 / (英) 亨利·法思德著；(清) 汪凤藻译；张锦冬校注 . -- 广州：南方日报出版社，2021.6
(晚清西学丛书 . 第二辑)
ISBN 978-7-5491-2322-3

Ⅰ . ①富… Ⅱ . ①亨… ②汪… ③张… Ⅲ . ①西方经济学 Ⅳ . ① F0-08

中国版本图书馆 CIP 数据核字（2020）第 259389 号

FUGUO CE
富国策

著　　者：(英) 亨利·法思德
译　　者：(清) 汪凤藻
校 注 者：张锦冬
出版发行：南方日报出版社
地　　址：广州市广州大道中 289 号
出 版 人：周山丹
出版统筹：谭庭浩
策划编辑：黎　衡
责任编辑：郭海珊
装帧设计：邓晓童
责任校对：阮昌汉
责任技编：王　兰
经　　销：全国新华书店
印　　刷：广州市岭美文化科技有限公司
开　　本：889mm×1194mm　1/32
印　　张：10
字　　数：266 千字
版　　次：2021 年 6 月第 1 版
印　　次：2021 年 6 月第 1 次印刷
定　　价：48.00 元

投稿热线：（020）87360640　读者热线：（020）87363865

总序一

梅谦立

近三十余年来，西学东渐方面的研究已取得了较好的成绩，尤其是晚明清初时段的研究，产生了不少新成果，在学界有不小的影响。从晚明延至晚清民国的西学东渐研究，这是很合理的研究趋势。晚清民国的西学东渐，并非从零开始，而是与晚明有着千丝万缕的联系。其实，在鸦片战争之前，晚明开始引入的西学，潜移默化之间已经渗透进中国社会文化的各个领域。

2006年，在倪梁康教授的领导下，中山大学组建了西学东渐文献馆，其宗旨在于借助广东的地缘优势，进行相关文献资料的收集、整理和研究工作，以推进西学东渐方面的研究。围绕着这一目标，文献馆稳步推进有关工作。比如，目前已连续出版了学术辑刊《西学东渐研究》，共8辑。2015年，文献馆与中国社会科学院周伟驰教授、中山大学姚达兑副教授筹划出版《晚清西学丛书》，侧重于晚清时具有一定影响力但当前还未作整理校注的西学著作。2016年，经广州市社会科学规划领导小组批准，在文献馆的基础上设立了广州市人文社会科学重点研究基地——中山大学广州与中外文化交流研究中心。中心亦随即加入推动落实《晚清西学丛书》的整理和出版计划。2018年，《晚清西学丛书》第一辑（共计七册）付梓。现在，丛书的第二辑亦将印行，包括《劝世良言》《普法战纪》《中西关系略论》《辨学启蒙》《西学略述　西学考略》《格致新机　格致新法》《时事新论》《百年一觉》《富国策》等九册十一种。除了《劝世良言》和《西学略述》在1980年代初曾经出版之外，其他的并没有再版，不易寻觅。这些著作涉及哲学、文学、政治、科学、经济等学科，呈现出晚清时期西学东渐的丰富性，同时对于追溯现代中国的西方哲学、文学、政治学、经济学、自然科学等学科的建立及发展都具有很大的价值。相信这些书的出版，能有助于高校师生和普通读者更为深入地了解晚清知识界的世界视野，以及西方知识在中国的传播过程。

在晚明清初的中西交流中，广州扮演了很重要的角色。延至晚清，尽管上海逐渐兴起，但广州在文化交流上的重要性并没有因此而衰落，在译介及出版方面仍处于领先地位。《晚清西学丛书》第二辑收入的一批曾经产生很大影响的文献，与广州作为中西文化交流的中心密切相关。《劝世良言》为基督新教第一位华人传道人、广东人梁发的著作。此书还收入了稀见的梁发《言行日记》《熟学圣理略论》《真道问答浅解》等。梁发一家曾生活在广州海珠区龙导尾附近。梁氏逝世之后，其墓还曾迁到岭南大学校园中央。《普法战纪》为王韬在香港撰写，在晚清产生了很大的影响，重印数次。《劝世良言》一定程度上影响了洪秀全领导的太平天国运动，《百年一觉》《时事新论》等对康有为、梁启超等维新派产生了巨大的影响。这些著作，提供了理解广东敢为天下先这一改革开放精神的思想背景。这些对于广州（乃至广东的）的历史文化研究，也有着重要的意义。

整理文献不是很起眼的工作，但需要相当的付出。好的整理工作，需要很谨慎，需要做很多研究性的工作。而在当前管理制度下，文献整理很难获得好的“工分”。因此，这一吃力不讨好的工作得以顺利完成，要非常感谢参与本辑丛书整理工作的杨汤琛、叶杨曦、周伟驰、李彬、吕飞跃、肖清和、马永康、王雨、张锦冬、姚达兑等诸位学者的付出，同时也感谢南方日报出版社编辑团队的精心编辑。

此外，本辑丛书获得了2020年度国家出版基金和广州市人文社科重点基地建设项目的资助，特此致谢。

2020年6月8日

总序二

周伟驰

一、晚清西学东渐的译述时期与转译时期

历史上发生过几次大规模的知识传播运动，表现为大规模的翻译运动，如希腊经典被译为阿拉伯语（百年翻译运动），阿拉伯语的希腊经典被译为拉丁语，印度佛典被译为汉文，日本明治维新后对于西方著作的翻译等。明清之际，西方知识开始向中国传播，虽然中间有过停顿，但西学东渐规模越来越大，在晚清呈现上升趋势，到民国达到一个高潮。改革开放后，更是以前所未有的速度快速进行，目前的态势用“方兴未艾”来形容也不为过。“西学东渐”作为一个过程，跟“中学西传”是一体两面。就西学东渐本身来说，在这个过程中，虽然也有少量著作是撰写的，但还是以翻译著作居多，可以说西学东渐是一个翻译的过程。

在明末以来这个生机勃勃的“400年翻译运动”中，晚清占有特殊地位。晚清译介者[1]来源是多种多样的，既有西方传教士也有中国学者，既有教会组织也有政府机构。翻译内容五花八门，从宗教知识到世俗知识，呈现出阶段性的特征。我们可以根据翻译活动的方式是直接翻译还是转译，是合作翻译还是独自翻译，概括地将晚清西学翻译分为两个时期，时间上大致以甲午战争至维新变法为界。甲午战争前是“译述时期”，维新变法失败后是“转译时期”。

[1] 本文所说的“西学东渐”是指西方知识在中国的传播，它们有些是通过直接翻译实现的，有些则是由一些人撰写著作实现的。本文重视翻译，但也重视介绍西方知识的著作。一般模糊地称为“译撰”或“译介”，如林乐知、花之安，既翻译又自己撰写、介绍西方的知识。再如一些中国学者，可能在不懂外文或仅是略懂外文的情况下，也编写一些西学著作，如王韬、王炳耀都可以放在西学东渐传播西学范围之下。

从马礼逊来华到戊戌变法失败后，翻译者主要是西方传教士及其中国助手，一般情况下是传教士“口译”，中国助手“笔述”。当然，这时期不是没有个别人士可以单独地进行翻译（如颜永京），但总体来说这样的人凤毛麟角，因此，我们可以把这一时期（1807—1898年）称为“译述时期”。这一时期的翻译者如果受雇于教会，则其翻译内容多为宗教类著作；如果受雇于清政府（如江南制造局翻译馆），则其翻译多为军事科技类著作；如果是自立的学会（如广学会），则人文社科类著作会多一些。

“译述时期”大致可分成三个阶段。从1807年马礼逊来华学习中文翻译《圣经》到第一次鸦片战争，为第一个阶段，翻译的主体为传教士及其中国助手，他们主要在中国的广州、澳门以及东南亚一带，翻译的内容主要是宗教书籍，也有一些地理、历史、科技的著作，还办了一些中文杂志。

第一次鸦片战争到第二次鸦片战争，为第二个阶段。这时香港被割占，广州之外，福州、厦门、宁波、上海成为通商口岸，太平天国运动使得中华帝国南部陷入战乱。以上海为中心，传教士在各大口岸与其中国助手翻译了一些宗教著作与文化著作，创办了一些中文杂志[1]。

在这两个阶段中，著名的译撰者有马礼逊、米怜、郭士立、麦都思、合信、俾士、湛约翰、罗孝全、艾约瑟、慕维廉、玛高温、伟烈亚力等，与之合作的中国人有李善兰、王韬、管嗣复、张福僖等人。这些传教士所出中文书刊对林则徐、梁廷枏、徐继畬、魏源都有影响，使他们成

[1] 第一、二个阶段的主要译著，可参考熊月之：《西学东渐与晚清社会》（修订版），北京：中国人民大学出版社2011年版，第105—109页及第三章。其出版数据主要依据伟烈亚力《基督教在华传教士纪念录》及苏精《马礼逊与中文印刷出版》。

为第一批睁眼看世界的中国人。较出名的出版中心有宁波花华圣经书房（1860年迁到上海后改名美华书馆）、上海墨海书馆等。

第二次鸦片战争到甲午战争和维新变法期间，为第三个阶段。这一阶段，太平天国被镇压，同光中兴，洋务运动兴起，以传教士为主的西方人士有一些服务于北京、上海、广州、福州、天津等地的清政府机构，与中国助手翻译了大量军事、科技、史地类著作。一些为教会服务的传教士翻译了一些宗教著作。一些有“文化传教”情怀的传教士则创办了广学会这类文化机构，他们办刊、出书，译述了一些社会科学类的著作。西学翻译的中心，在教会方面主要有广学会、益智书会、美华书馆、博济医局、上海土山湾印书馆、金陵汇文书院、福州美华书局，在官方和中国知识分子方面则主要有同文馆、江南制造局翻译馆、天津机器局、天津武备学堂、上海译书公会、农学报社、申报馆等[1]。活跃的口译者有嘉约翰、傅兰雅、金楷理、林乐知、李提摩太、艾约瑟、慕维廉、花之安、韦廉臣、舒高第[2]等人，著名的笔述者则有中国的王韬、沈毓桂、蔡尔康、徐寿、徐建寅、华蘅芳、钟天纬、瞿昂来、李凤苞、任廷旭、范祎等人，能从事独立翻译的有李问渔、颜永

[1] 熊月之列出了主要出版中心书目、京师同文馆译著书目，见熊月之：《西学东渐与晚清社会》（修订版），北京：中国人民大学出版社2011年版，第253—254页；江南制造局翻译馆译书目录，见第423—432页；广学会出版西书目录（1900年以前），见第446—447页。

[2] 舒高第是中国人，在美国学习过很长时间，中文笔译能力似不甚佳，翻译时尚需助手笔述。

京等少数几人[1]。他们译介的西方知识对洋务派、维新派、革命派，如李鸿章、张之洞、康有为、梁启超、谭嗣同等人都有影响，西方知识传播者的影响力在维新变法中达到顶峰。

甲午战争的战败意味着洋务运动的失败。向西方学习几乎成了朝野上下的共识，日本因为“同文同种”、路近学费低、现代化成绩较好而获得了梁启超、张之洞等人的青睐，他们认为留学日本学习西学是一个捷径。在他们的提倡下，清政府自1896年开始向日本派出留学生，人数逐年增多[2]。在废除科举的1905年和次年，留日人数达到顶峰，分别是8000人和1.2万人。1898年维新变法失败后逃亡日本的梁启超[3]，加上留日学生，使得从日文“转译西学”大为兴盛，翻译数量快速地超过了“译述时期”[4]，我们可将这一时期（1898—1911年）称为“转译时期”。这不是说在此阶段已没有“译述”和单独直译，广学会、

[1] 有些学者认为，晚清条约口岸围绕着当时传教士和清政府的翻译活动，出现了一批了解西学、倾向西学的中国知识分子，参考段怀清：《传教士与晚清口岸文人》，广州：广东人民出版社2007年版；王立群：《中国早期口岸知识分子形成的文化特征：王韬研究》，北京：北京大学出版社2009年版。

[2] 黄福庆：《清末留日学生》，台北：“中央研究院”近代史研究所1975年版，第2—3页。

[3] 梁启超在去日本之前的西学知识主要来源于译述，流亡日本后他凭借自创的“和文汉读法”，能够阅读日文著作。关于梁启超与明治思想界的关系，可参考狭间直树编：《梁启超·明治日本·西方》，北京：社会科学文献出版社2012年版；狭间直树主讲：《东亚近代文明史上的梁启超》，上海：上海人民出版社2016年版；郑匡民：《梁启超启蒙思想的东学背景》，上海：上海书店出版社2009年版。与梁启超相关的近代中日之间西学概念的翻译与传播，可参考狭间直树、石川祯浩主编，袁广泉等译：《近代东亚翻译概念的发生与传播》，北京：社会科学文献出版社2015年版；石川祯浩：《中国近代历史的表与里》，北京：北京大学出版社2015年版。

[4] 实藤惠秀：《中国人留学日本史》，北京：北京大学出版社2012年版，第167—207页。

严复、林纾亦仍在翻译，而只是说，在规模和影响上，这一阶段是以从日文“转译”过来的西学为主。民国后才进入对于西学大规模的“独立直译”阶段。

这一时期译介西学的机构有商务印书馆、译书汇编社、南洋公学译书院、广智书局、作新社、文明书局、会文学社（会文堂书局）、金粟斋译书处、教育世界出版社、新学会社、中国医学会等，翻译的内容侧重于社会科学和史地书籍，而应用科学与自然科学比重减少。译介者大多是留日者，如樊炳清、蔡元培、王国维、范迪吉等。

在“转译时期”，明治时期由日本学者创制的对译西方名词的“和制汉词”大量进入中文，有很多取代了“译述时期”的译法，成为今天我们仍然在应用的主流译词。这可能是自佛教词汇之后最大规模的“外来词”群体。像“哲学”“社会”“文学”“经济”“政治”“宗教”“自由”这类人文社科名词，都是来自和制汉词。这些词的总量在1000个左右[1]，实际数量可能远不止此。由于“转译”在广度和深度上远超此前的“译述”，和制汉词逐渐占据主流，替代了“译述时期”的许多译法，而使汉语基本词汇实现了“急速现代化”[2]。不过，明治和制汉词本身对于日本来说只是一个历史阶段现象。随着日本减少汉字学习，以及用“和制英语”的人越来越多，汉词及和语逐渐不用或少用[3]，汉字在日本的使用本身呈萎缩

[1] 周圣来：《美意识的种子：和制汉词对中国现代文学的影响》，香港：练习文化实验室有限公司2016年版，第89—93页；和制汉词总表参见该书第335—341页。

[2] 郎宓榭等著：《新词语新概念：西学译介与晚清汉语词汇之变迁》，济南：山东画报出版社2012年版，引言。

[3] 周圣来：《美意识的种子：和制汉词对中国现代文学的影响》，香港：练习文化实验室有限公司2016年版，第71—73页。

状态。但是，明治和制汉词在中文世界中反而站稳脚跟。可以说，今天中文世界的翻译已难以离开和制汉词。虽然里面问题很多，但是约定俗成，即使要作改良也只能逐步地进行了。

由“译述”逐渐向“转译”发展，这在书目汇编的变化中体现出来了。晚清新书的编目，除了出版者（如广学会）的年报外，比较集中的有：傅兰雅《译书事略》（江南制造局翻译西书事略），《格致汇编》1880年5—8月连载。孙维新《泰西格致之学与近刻翻译诸书详略得失何者为最要论》，本为上海格致书院作业，对140本西书做出比较评价，后刻印出来。梁启超《西学书目表》[1]，《时务报》报馆1896年版，录通商后西书名352种，附表录通商前西书名86种、近译未印书目88种。沈桐生《东西学书录提要总叙》，读有用书斋1897年出版。黄庆澄编《中西普通书目表》，上海算学报馆1898年刻，里面西学部分多取自梁启超《西学书目表》。徐维则编《东西学书录》，1899年出版。这些书目所录的绝大多数是“译述”著作。徐维则的《东西学书录》后来得到顾燮光帮助，顾燮光补充了从日文译为中文的西书，二人合编《增版东西学书录》，1902年出版。赵惟熙编《西学书目答问》，1901年出版。而上海通雅书局在1903年、1904年出版的《新学书目提要》，编者可能是一群留日学生。顾燮光《译书经眼录》，杭州金佳石好楼1934年印。这些书目中，最齐全的

[1]《西学书目表》，1896年武昌质学会重校本。该本前言《西学书目表序例》，亦载《时务报》（第八册），见《时务报》报馆编：《强学报时务报》（第一卷），北京：中华书局1991年版，第488—494页。

可以说是《增版东西学书录》和《译书经眼录》[1]。从这两本书可以看出，1900年后从日文转译的西学著作已成为当时翻译书的主流，在社会科学著作中占有绝对地位。据不完全统计，1896—1911年，中国翻译的日文书至少有1014种。这个数字远远超过此前半个世纪以来中国翻译西文书数量的总和，也大大超过同时期中国翻译西文书的数量[2]。而其中社会科学著作达366部，法律图书98部，政治图书96部[3]。

上面所说的西学著作多指图书，但是晚清介绍西学的还有一些中文报刊，不少著作都是先在报刊上登出再出单行本的。近代报刊的一般情况，可以参考戈公振《中国报学史》[4]的第三章“外报创始时期”以及美国白瑞华《中国近代报刊史》等[5]。关于这些报刊的详细目录，可以参考《中国近代期刊篇目汇录》[6]。

《西学书目表》《增版东西学书录》和《译书经眼录》，都侧重于科技类与社会科学类译著，许多书被遗漏，比如新教人士的著作。早期新教来华传教士所译撰的

[1] 这两个目录被收入熊月之：《晚清新学书目提要》，上海：上海书店出版社2014年版，前言。该书索引亦很有价值。

[2] 熊月之：《西学东渐与晚清社会》（修订版），北京：中国人民大学出版社2011年版，第509页。

[3] 谭汝谦主编：《中国译日本书综合目录》，香港：香港中文大学出版社1980年版。转自滕超：《权力博弈中的晚清法律翻译》，北京：中国社会科学出版社2014年版，第335页。

[4] 戈公振：《中国报学史》，上海：上海书店出版社2014年版。

[5] 白瑞华著，苏世军译：《中国近代报刊史》，北京：中央编译出版社2013年版；赵晓兰、吴潮：《传教士中文报刊史》，上海：复旦大学出版社2011年版。传教士中文报刊对维新派报刊有影响，可参考徐松荣：《维新派与近代报刊》，太原：山西古籍出版社1998年版。

[6] 上海图书馆编：《中国近代期刊篇目汇录》（一），上海：上海人民出版社1965年版。该书于1980年重印。

著作，可以参考伟烈亚力1867年出版的《基督教新教传教士在华名录》[1]；1860年后的新教译撰著作散落各处，近已有人系统整理，如黎子鹏的《中国基督教文字事业编年史：1860—1911》[2]。

二、译述时期的主要译撰者及其观念

从1807年马礼逊来华并准备翻译《圣经》到1911年清王朝覆灭，晚清可以说是经历了一个“百年翻译”运动。如果说最后13年（1898—1911年）是“转译”由无到有到兴盛的过程，那么，在此之前的90余年（1807—1898年）则是“译述时期”。虽然有不少翻译机构，但如果看最活跃的翻译者，我们会惊讶地发现，他们大多是新教传教士[3]。译得最多也最有名的，几乎全是传教士[4]，如伟烈

[1] Alexander Wylie, *Memorials of Protestant Missionaries giving a List of Their Publications, and Obituary Notices of the Deceased.* With Copious Indexes. Taipei: Ch’Eng-wen Publishing Company, 1867. 伟烈亚力著，赵康英译：《基督教新教传教士在华名录》，天津：天津人民出版社2013年版。

[2] 黎子鹏编著：《中国基督教文字事业编年史：1860—1911》，香港：基督教文艺出版社有限公司2015年版。

[3] 有的学者将传教士翻译分为三个阶段：1815—1842年，从南洋创办《察世俗每月统记传》至上海墨海书馆建立；1843—1887年，从上海墨海书馆建立至上海广学会成立；1888—1898年，广学会成立至维新变法失败。并列出了各时期的主要非宗教类著作。参考何绍斌：《越界与想象：晚清新教传教士译介史论》，上海：上海三联书店2008年版，第44—45页及第一章。这种分期法过分以上海为中心，而且太细。其实，无论宗教还是非宗教类书籍，晚清译述是多中心的，上海当然最活跃，但北京、广州、宁波、武汉等地也从未中断过。

[4] 改革开放后，对作为中国近代史上重要一环的传教士展开了大规模的翻译和研究。翻译中较为重要的系列是周振鹤教授主编并由广西师范大学出版社出版的“来华基督教传教士传记”丛书，黄兴涛、杨念群主编并由中华书局出版的“西方的中国形象”丛书。此外，亦有不少零散出版的传教士传记。

亚力[1]、傅兰雅[2]、林乐知[3]、丁韪良[4]、李提摩太[5]、金楷理等人，因为当时愿意来华且愿意从事文化传播的西方人士只有传教士。西方本土的知识分子没有机会、动力和经费来华，中国人也没有主动去请他们。这种局面要等到“五四”前后杜威、罗素受邀来华方有改变。传教士撰译宗教书籍是其来华的本行和义务，而译介科技、史地、人文社科著作，要么是因为受雇于清政府，要么是被“文化传教”“社会福音”的淑世情怀驱动[6]。如广学会的几位

[1] 汪晓勤：《中西科学交流的功臣：伟烈亚力》，北京：科学出版社2000年版。

[2] 王扬宗：《傅兰雅与近代中国的科学启蒙》，北京：科学出版社2000年版。傅兰雅在加州大学的全部英文档案已收入戴吉礼主编：《傅兰雅档案》，桂林：广西师范大学出版社2010年版。

[3] 贝奈特著，金莹译：《传教士新闻工作者在中国：林乐知和他的杂志（1860—1883）》，桂林：广西师范大学出版社2014年版；梁元生：《林乐知在华事业与〈万国公报〉》，香港：香港中文大学出版社1978年版；卢明玉：《译与异——林乐知译述与西学传播》，北京：首都经济贸易大学出版社2010年版。单篇论文当然更多，如查时杰：《林乐知的生平与志事》，载林治平主编：《基督教入华百七十年纪念集》，台北：台北宇宙光出版社1977年版。

[4] 丁韪良著，沈弘等译：《汉学菁华》，北京：世界图书出版公司2010年版；丁韪良著，沈弘等译：《中国觉醒》，北京：世界图书出版公司2010年版。目前关于丁韪良最好的研究著作，可参考王文兵：《丁韪良与中国》，北京：外语教学与研究出版社2008年版。

[5] 李提摩太：《亲历晚清四十五年——李提摩太在华回忆录》，天津：天津人民出版社2005年版。他人撰写的李提摩太传记，立场差异较大，主要有丁则良：《李提摩太》，上海：开明书店1951年版；苏慧廉著，山西大学外语学院《李提摩太传》翻译组译：《李提摩太传》，香港：世华天地出版社2002年版；苏慧廉著，关志远、关志英、何玉译：《李提摩太在中国》，桂林：广西师范大学出版社2007年版（按：后两书实为同一书，译者不同而已）。

[6] 近代传教士创办的中文报刊情况，可参考赵晓兰、吴潮：《传教士中文报刊史》，上海：复旦大学出版社2011年版。由于传教士是中文报纸的先驱，因此，在晚清早期，其办报史跟中国近代报刊史基本是重叠的。大陆较早系统地研究传教士与晚清现代化关系的，可参考王立新：《美国传教士与晚清中国现代化》，天津：天津人民出版社1997年版。该书于2008年出版第二版。

传教士，他们避开了直接传教的做法，也避免只译介实用性的技术，而是通过《万国公报》[1]等报刊和著书立说，对西方文明进行比较全面的介绍，这跟他们背后的一些基本信念有关。

19世纪来华的新教传教士，跟当时的西方人一样，都自觉不自觉地持有西方中心论，认为西方文明要优越于其他文明，西方的政治制度（民主、自由等）要优越于东方。对于他们来说，优越的根本原因是新教优越于别的宗教。这种观点可以称为“新教文明等级观”[2]，主要包括几个信念：从事实来看，西方文明无论在政治、经济、商贸、军事、科技方面都超出非西方文明，非西方文明逐步屈从于西方即真实的证据；追溯西方文明强大的根源，在于基督教，它使西方人有道德，有博爱精神，重团结，乐群，有求知精神，追求知识，在教育、慈善等方面都具有宗教精神；当时的国家富强等级是新教国家（英美德）强过天主教国家（法意西），基督教国家强过中国、印度、日本、土耳其等“半文半野”国家，更强过非洲、南太平洋野蛮人国家，这表明新教要优于天主教，基督教要优于异教；像日本这样的国家之所以进步，是因为吸收了

［1］关于《万国公报》，早期有台湾王树槐和香港梁元生的研究，大陆较系统的研究有王林：《西学与变法——〈万国公报〉研究》，济南：齐鲁书社2004年版（该书根据作者1996年博士论文改编）；杨代春：《〈万国公报〉与晚清中西文化交流》，长沙：湖南人民出版社2002年版。

［2］周伟驰：《晚清新教传教士的文明等级观》，《文景》，2012年第9期。亦见周伟驰：《太平天国与启示录》，北京：中国社会科学出版社2013年版，第276—308页。近来，一些学者对19世纪西方的一般文明等级观及其对中国的影响进行了研究，可参考刘禾主编：《世界秩序与文明等级：全球史研究的新途径》，北京：生活·读书·新知三联书店2016年版。

西方“教化”（文明）的长处，当然，它现在还没有学到“教道”（新教）。而拒绝学习西方的国家（如中国和土耳其），则往往面临险境。国家想强盛，就要像日本那样学习西方“教化”与“教道”。与启蒙主义思想家从“自由、平等、博爱”及“科学、民主、道德”等世俗价值观来看文明等级不同，传教士是从宗教的角度来看文明的本质和等级的。广学会的几个主要撰稿人如林乐知、李提摩太、韦廉臣、花之安[1]、艾约瑟、慕维廉、沈毓桂[2]都坚持这个观念。从某个角度上看，他们是马克斯·韦伯之前的“马克斯·韦伯”。

新教文明论在韦廉臣、花之安、李提摩太等人那里都有具体的论述，但在林乐知、沈毓桂的“三伦说”里得到了集中的表达。它认为，人上要面对上帝，下要处理万物，中间要对待同类，因此而有神伦、物伦和人伦。只有崇拜真神，才能正确地对待他人，以平等、自由、民主处之，才能正确地对待万物，发展科技，利用厚生。如果说神伦是强调基督教排他一神论，物伦则是要引入西方科技观念，以破除中国人的泛灵论和风水迷信之类阻碍现代化的观念（如风水严重阻碍了修铁路和开矿），那么人伦跟中国传统的人伦有什么不一样呢？在《教会新报》阶

[1] 对花之安的研究，可参考张硕：《汉学家花之安（Ernst Faber）思想研究》，北京：知识产权出版社2013年版。

[2] 易惠莉：《西学东渐与中国传统知识分子：沈毓桂个案研究》，长春：吉林人民出版社1993年版。较早的对传教士个体的介绍可参考顾长声：《从马礼逊到司徒雷登——来华新教传教士评传》，上海：上海书店出版社2005年版。至于艾约瑟、慕维廉、韦廉臣，尚未看到相关的研究专著。在对待基督教与中国文化的高低评估上，传教士虽然总体上扬耶抑儒，但个体存在着程度上的差异，如李提摩太和李佳白较为和缓，林乐知则较为严峻。

段，林乐知尚侧重耶儒在仁义礼智、忠孝节义、戒律上的一致，但随着甲午战争严重暴露中国文化的负面因素，林乐知开始强调新教人伦异于且优越于儒教之处，以美国式的自由、民主、平等来反衬儒教的专制、束缚、愚昧，较为系统地揭露并批判了儒教的负面影响。正如在印度的传教士对印度文化的批判促进了印度知识分子的启蒙主义一样，传教士与中国基督徒对中国文化风俗陋习（从男尊女卑、缠足到专制）的系统批判，启发了从康有为、梁启超到新文化运动的文化反思与启蒙主义。

今天，如果我们系统地阅读《教会新报》和《万国公报》上中外作者的文章，就会发现，对中国传统宗教的批判，对皇权、族权、夫权、神权的批判，对国民性的批判，以及提倡白话文、汉字拼音化，在晚清已经全面展开，只不过用词没有那么激烈。他们的这种反思与批判，可以称为近代第一波启蒙主义运动。如果说陈独秀、鲁迅、胡适等人是以现代西方科学民主思想来批判中国传统文化，那么这第一波启蒙主义运动就是以现代新教思想[1]来批判中国传统文化。

西学对晚清各方面，尤其对政治和思想方面，一直持续发挥着影响。从林则徐、魏源、徐继畬到洪仁玕和冯桂芬这样的新式思想家，一步步地向前深化，直到在戊戌

[1] 现代新教思想是在基督教的视野下容纳科学与民主，它跟苏格兰启蒙、英美温和的改良传统有关，它并不认为基督教与科学、民主是矛盾的。这种兼容论的思想视野，在民国初期的赵紫宸那里都还存在。而新文化运动的主导方向则是排除了信仰的科学与民主，近似于法俄无神论与世俗化传统。

运动中达到高潮。康有为、梁启超、谭嗣同[1]等人受李提摩太、林乐知的影响是十分显著的[2]，他们的许多改革建议、新知识和新思想，直接来源于广学会、江南制造局翻译馆的著作[3]。经过义和团运动的反西方文明后，清朝痛定思痛，决定实行君主立宪，不仅西学在“转译”中迎来新一波高潮，连民教关系也在双方的反思和克制下开始缓和，基督教迎来一个平稳增长期。西学不仅对经世派、改良派、洋务派、维新派有影响，对一早一晚以洪秀全和孙中山为代表的反清人士亦有影响。太平天国与基督教的关系甚深，尤其深受《圣经》与《劝世良言》的影响[4]。孙中山早年自命“洪秀全第二”，1894年他曾在《万国公报》上发表《上李傅相书》[5]，改良不成后，决定采取革命方式再造中华，其早期追随者与起义人员中多为基督教

[1] 张灏著，崔志海、葛夫平译：《烈士精神与批判意识：谭嗣同思想的分析》，北京：中央编译出版社2016年版，第45—51页。朱维铮先生在谈到西学对谭嗣同的影响时说：“谭嗣同非但同意彻底西化，甚至像王韬一样，以为西方列强侵略中国是好事，可以加速中国的革新。”参考李天纲编校：《万国公报文选》，上海：中西书局2012年版，第24页。

[2] 王树槐：《外人与戊戌变法》，上海：上海书店出版社1998年版（原书于1965年在台湾出版）；梁元生：《林乐知在华事业与〈万国公报〉》，香港：香港中文大学出版社1978年版；房德邻：《〈万国公报〉与戊戌变法》，《北京师范大学学报》，1986年第6期。

[3] 强学会办的《万国公报》（与上海《万国公报》同名）和《中外纪闻》，许多内容即直接转自传教士所办刊物。关于维新派所办报刊的一般情况，可参考徐松荣：《维新派与近代报刊》，太原：山西古籍出版社1998年版。

[4] 可参考周伟驰：《太平天国与启示录》，北京：中国社会科学出版社2013年版。

[5] 李天纲编校：《万国公报文选》，上海：中西书局2012年版，第269—279页。

徒[1]。这是因为他们受到西方现代思想的影响，具有了新的世界观和价值观，不能再忍受清朝的腐败统治。在晚清，香港、广东、上海等沿海地区和海外，中国基督教徒已呈现网络状分布，通过与西方基督教世界的连接，他们中间正酝酿着一些新的思想和人群、改造社会和国家的力量，也酝酿着新世界各行业的领袖[2]。

梁启超在关于明清学术思想史的著作[3]中，对西学的影响和意义做了高度评价。但是，后来者在撰写中国近代史时，由于种种原因，对于晚清西方人士如何译介西学，将新的思想和观念传递给中国知识分子（口岸文人），并通过他们的笔影响到中国思想界，进而影响到中国历史，整体上的研究尚不足。比如，桑兵等著的近800页巨著《近代中国的知识与制度转型》[4]，就很少谈到晚清译述带来的知识变化，而直接从日本的影响开始。相比之下，《剑桥中国晚清史》[5]，则用了《1900年以前的基督教传教

[1] 梁寿华：《革命先驱：基督徒与晚清中国革命的起源》，香港：宣道出版社2007年版；李志刚：《洪秀全与孙中山对耶儒的认识及推行革命的比较》，载《基督教与中国近代文化》，香港：基督教文化学会2009年版；李志刚主编：《辛亥革命与香港基督教》，香港：基督教文化学会2009年版。

[2] 罗元旭：《东成西就：七个华人基督教家族与中西交流百年》，北京：生活·读书·新知三联书店2014年版。讲述了上海互有姻亲关系的七大基督教家族的崛起历史。其实，在香港、广东、福建也有不少这样的基督教世家。

[3] 梁启超：《论中国学术思想变迁之大势》，上海：上海古籍出版社2001年版，第135—136页；梁启超：《清代学术概论·儒家哲学》，天津：天津古籍出版社2003年版，第85—87页；梁启超：《中国近三百年学术史》，天津：天津古籍出版社2003年版，第30—31页。

[4] 桑兵等著：《近代中国的知识与制度转型》，北京：经济科学出版社2013年版。

[5] 费正清、刘广京编：《剑桥中国晚清史》，北京：中国社会科学出版社2006年版。

活动及其影响》一章专门讨论这种影响，显得比较平衡。

在资料上，与明清时期西学东渐重要文献逐渐得到系统出版[1]不同，晚清西学文献（包括宗教文献）一直没有得到系统整理出版，相关著作的出版只能比较孤立而零散地进行。比如，在人文社科书籍方面，上海书店出版社2002年“近代文献丛刊”出版过晚清几本产生过重要影响的西学书，如李提摩太译《泰西新史揽要》、花之安编著《自西徂东》、林乐知译《文学兴国策》、丁韪良译《万国公法》、傅兰雅译《佐治刍言》等。上海科学技术文献出版社2012年出版了《江南制造局译书丛编》，将当年江南制造局翻译馆的译著予以出版，除了工程类书籍外，还选了较有思想性的“政史类”书籍，收入《佐治刍言》《列国岁计政要》《西美战史》《俄国新志》《法国新志》《埏纮外乘》《四裔编年表》《各国交涉公法论》《各国交涉便法论》《公法总论》《美国宪法纂释》《欧洲东方交涉记》《英俄印度交涉书》《东方时局论略》等。2014年，上海书店出版社影印出版了全套《万国公报》，在清晰度上超过了当年曾普惠于学界的台版《万国公报》。在宗教类书籍方面，最近几年，上海大学陶飞亚教授对近代基督教（包括新教）文献的总量和馆藏情况做

---

[1] 最近代表为张西平等主编：《梵蒂冈图书馆藏明清中西文化交流史文献丛刊》（第一辑），郑州：大象出版社2014年版。它基本涵盖了以往相关的出版物。另可参考钟鸣旦等编：《法国国家图书馆明清天主教文献》，台北：台北利氏学社2009年版；周岩编校：《明末清初天主教史文献新编》，北京：国家图书馆出版社2013年版。黄兴涛、王国荣编：《明清之际西学文本》，北京：中华书局2013年版。

了一个系统摸底，取得了很大成就，可以作为以后出版的一个路线图。在港台，一些新教传教士的著作开始得到搜集、整理和出版，郭士立、丁韪良、米怜、宾为霖、理雅各、杨格非等人的中文著作选集开始出现[1]。

不过，跟晚清西学的总量相比，这只是沧海一粟。例如，广学会当年出版了大量著作，后来有机会重新出版的并不多见。

我们出版这套《晚清西学丛书》，是希望能搜集、整理出一些具有代表性的晚清西学译撰著作，填空补缺，为还原晚清思想的全貌做一些添砖加瓦的工作。我们希望能促进对晚清西学的研究和重新评估，将之作为明末清初至今完整的“西学东渐”上的重要一环，予以独立的突显。

三、晚清西学东渐中的岭南西学

鸦片战争之前，广州是清朝对外开放的唯一港口，也因此是西学东渐的唯一口岸。以新教传教士为代表的具有现代知识的西方人士，都是先到广州[2]，如马礼逊、裨治文、卫三畏等人；鸦片战争后，香港被割占，上海、

[1] 周联华主持，曾庆豹、吴昶兴主编的“汉语基督教经典文库集成”系列，在香港橄榄出版有限公司出版，已出版的晚清传教士文献有黎子鹏编注：《晚清基督教叙事文学选粹》(2012年)、《赎罪之道传：郭实猎基督教小说集》(2013年)、《天道溯源：丁韪良基督教作品选粹》(2013年)。

[2] 梁碧莹教授介绍了跟广州关系密切的20多位美国人，其中有一小半是传教士。参考梁碧莹：《美国人在广州：1784—1912》，广州：广东人民出版社2014年版；雷雨田主编：《近代来粤传教士评传》，上海：百家出版社2004年版。晚清来华传教士介绍了马礼逊、郭士立、米怜、麦都思、裨治文、卫三畏、伯驾、嘉约翰、罗孝全、理雅各、合信、明稽章。

厦门、福州、宁波开放后，西方人士才逐渐分头奔向这些沿海城市。在很长一个时期内，广州在西学东渐中占有优势，但后来逐渐被上海赶超。关于广州为何被上海赶超[1]，以及何时被上海超过，曾经有过讨论。一个主要的可能原因是，鸦片战争后，按《南京条约》的规定广州应对英国人开放，但广州人抗拒，前前后后拖了十五年[2]，正是在这一时期，一些西方人士开始从广州迁往上海，广州西学人才外流。虽然如此，广州也仍旧是近代文化中一个极其重要的中心点。广东人容易接受新的生活方式和思想观念。反观一下中国近现代史就能知道，从太平天国起，“南风北吹”跟“西学东渐”几乎是同步的。这种态势甚至持续到改革开放的今天。

在近代报刊创办上，广州领先一步。广州原为清朝唯一通商口岸，早期来华西方人士为让西方人了解中国而创办了一些英文期刊，同时又创办了一些中文报刊，一是为了向中国人传教，二是为了让中国人了解西方，促进文化交流，增加西方文明对中国人的影响。中文报刊中，较为连贯且有影响的，包括《东西洋考每月统记传》《察世俗每月统记传》《遐迩贯珍》，都是在广州、香港与南洋创办的。后来，上海和北京的发展速度超过广州，《六合丛谈》《格致汇编》《万国公报》均在上海创办，《中西闻见录》则在北京创办。维新时期京沪涌现了一些报刊，如《中外纪闻》《强学报》《时务报》等。同一时期在广州

[1] 熊月之：《西学东渐与晚清社会》（修订版），北京：中国人民大学出版社2011年版，第167—168页。

[2] 王毅：《皇家亚洲文会北中国支会研究》，上海：上海书店出版社2005年版，第4—5页。

也有一些新的报刊，但是影响力主要在南方和南洋一带。

西方知识也以著作的形式在广东出现。1834年，西方人士在广州成立了“在华实用知识传播会”（Society for the Diffusion of Useful Knowledge in China），裨治文和郭士立（郭实腊）是其中主力。该会出版的著作包括：郭士立《大英国统志》（1834年）、郭士立《古今万国纲鉴录》（1838年）、《犹太国史》（1839年）、《贸易通志》（1840年）、《万国地理全集》（1838年）、郭士立主编《东西洋考每月统记传》（1837—1838年）、裨治文《美理哥合省国志略》（1838年）、罗伯聃《意拾喻言》（1838年）、裨治文《广东方言撮要》（*Chinese Chrestomathy in Canton Dialect*）[1]。1843—1860年之间，西方人士在广州出版的中文书刊，除了《圣经》、传教小册子、词典和年鉴外，还主要有裨治文《亚墨理格合众国志略》（1844年）、合信《天文略论》（1849年）、合信《全体新论》（1851年）、哈巴安德《耶稣教要理问答》（1851年）和《耶稣正教问答》（1852年）、合信《博物新编》（1855年）、湛约翰《上帝总论》（1856年）、俾士《地理略论》（1859年）、纪好弼《醒世要言》（1859年）和《真教问答》（1859年）、嘉约翰《经验奇症略述》（1860年）等[2]。鸦片战争后，原在广州的一些西方人士逐渐转移到上海。1857年，裨治文、卫三畏、艾约瑟、雒

---

[1] 沈国威：《打造专业术语：以19世纪的英汉词典为中心》，载郎宓榭等著：《新词语新概念：西学译介与晚清汉语词汇之变迁》，济南：山东画报出版社2012年版，第299页。

[2] 熊月之：《西学东渐与晚清社会》（修订版），北京：中国人民大学出版社2011年版，第129—130页。

魏林等18人决定成立“上海文理学会”，后来它成为皇家亚洲文会北中国支会[1]。上海的西方人士办报著书的越来越多，使上海成为传播西学的最大中心，但广东仍有叶纳清（1864年去世）、花之安（1839—1899）等人在从事译撰活动。花之安于1886年去上海，但其主要著作是在广东时完成的。

广州作为晚清最重要的西学中心之一，其西学传播从来就没有停止过。上文显示，在广州以至广东的西学著作以宗教类和医学类为突出，马礼逊、梁发、合信、嘉约翰都是显著者。一些用粤语翻译的文学著作，如《天路历程》、《人灵战纪》、《辜苏历程》（即《鲁滨孙漂流记》），在粤语文学中有一席之地，可视为《虾球传》的先驱。即便在近代国际公法方面，也是广州的伯驾节译瓦泰尔《国际法》在前[2]，丁韪良翻译惠顿《万国公法》在后。

由于开放最早，广东得风气之先，其西学视野领先内地一步，不少广东人从事西学的介绍或引进。如鸦片战争前，对西方最了解的中国人是梁廷枏，他著有《海国四说》《夷氛纪闻》等。跟随马礼逊和米怜学习的梁发，其《劝世良言》直接影响了太平天国运动。洪仁玕在香港与传教士韩山文、理雅各等人交往，阅读他们出版的中文著作，使他能够写出中国近代第一个现代化纲领《资政新篇》。再如跟德国人关系密切的东莞世族王家，第一代王元琛是郭士立的弟子，王元琛之子王炳耀和王炳堃跟叶纳

[1] 王毅：《皇家亚洲文会北中国支会研究》，上海：上海书店出版社2005年版，第11—13页。

[2] 谭树林：《美国传教士伯驾在华活动研究：1834—1857》，北京：群言出版社2010年版，第179页。

清、花之安等人有师承关系，交往密切，王炳耀与孙中山也有深厚友情，其子王宠惠后来成为民国外交部长和总理，他们都有西学著译问世。再如南海人何进善（福堂），他是理雅各在马六甲任教于英华书院时的学生，著有宗教书多部，其子何启是维新派思想家，女婿伍廷芳曾任清廷驻美公使和民国外交总长。像王元琛、何进善这样的世家尚有不少。至于郑观应、康有为、梁启超、黄遵宪等思想家，张荫桓、何如璋等具有新思想的官员就不多说了。甚至康有为的弟子、创办孔教会的高要人陈焕章，也到美国拿了一个博士学位（1911年），其英文著作《孔门理财学》还被马克斯·韦伯引用过。陈氏对儒教的认识已经是在全球化的视野中，含有与西学比较的问题意识，跟传统的儒家大为不同。广东人久在西学熏染中，自觉不自觉地以西学促中学，以中学解西学，融会贯通，创立新学。康有为之参照基督教创立孔教就是一例。

四、编选说明

我们这套丛书，选取了晚清西学中较重要的一部分进行校注。在“西学”范围上，我们不做严格限定，而大致指跟泛称“西方”有关的知识和思想。在时间方面，我们所说的“晚清”，限定在1807—1911年之间，若有个别作品或作者实在重要而延伸至明末清初或民国，也可做灵活的处理。比如，某些译者或作者的选集文章发表时代横跨清朝、民国两个时期。在地域方面，凡是以汉文译撰的著作，不管它们是在南洋、港澳或内地产生的，都可以入选。在作者方面，不管是西方人还是中国人，是直接翻译还是借鉴后独创，都可以入选。由于是立足于广州和广东，我们会侧重广东的西学传统。

我们选书的考虑，大致有如下几个方面：

第一，对晚清思想界和社会产生过影响的西学著作，比如，影响过晚清经世派、洋务派、维新派、革命派甚至保守派的著作。产生影响的译撰著作不一定是在西方本身重要的著作，但在当时晚清的形势下，它们影响了很多中国人，甚至改变了中国的历史进程。如《佐治刍言》《泰西新史揽要》《百年一觉》《大同学》《中东战纪本末》《中西关系略论》《治心免病法》《西学略述》《列国变通兴盛记》《时事新论》《西学考略》《格物探原》等。

第二，有些书的影响较小或几乎没什么影响，但它们在西方本身有重要的历史地位，也有永久的价值，因此是值得重视的，如哲学名著培根的《格致新机》（即《新工具》）[1]，以及一些文学名著，如《天路历程》《鲁滨孙漂流记》等。这些名著在民国还有不同的译本，甚至直到今天还在产生新的译本。回过头去看晚清的译本，一些词语和概念的不同译法，显得别有一番风味。

第三，还有些是因为晚清译本提供了另一种翻译的可能性，具有语言考古价值。晚清译述出现在日语转译之前，译撰者尚未受到和制汉词的影响，而根据汉语自身的规则与历史进行翻译，因此为今日西学的翻译提供了另外的可能性。比如颜永京、丁韪良关于心理学的著译，艾约

[1] 邹振环：《影响中国近代社会的一百种译作》，北京：中国对外翻译出版公司1996年版，第80—87页。该书较详细地介绍了《谈天》《重学》《佐治刍言》《心灵学》《泰西新史揽要》《治心免病法》《文学兴国策》《百年一觉》等书。

瑟、傅兰雅关于政治经济学的著译，里面很多关键词语的译法跟现代汉语译法（大部分为和制汉词）颇为不同，值得玩味。这就如同在文学上，新文化运动掀起白话文革命之初，涌现了很多种白话文的可能性，在今天语言越来越趋于统一和相同的情况下，回过头去考察白话文革命之初的种种表达方式，有可能像敞开新的空间一样。在一种语言的构成中，词语是基本细胞，作为思想的直接现实，语言意味着思想的界限，重新审视汉语革命的历史，也就是对现代思想史的一种反省。近年来，学界对中国哲学史、思想史有过反思和争论，如现代中国人用“现代汉语”来研究中国古代“哲学”等，是否等于“汉话胡说”，是否在“以西解中”？对于近代以来学科的分类、变迁，基本词语和概念的巨大变革，我们可以借由对这些处于变革前夜的晚清西学译著典籍的“渐变”所进行的微观考察，来重新把握和理解现代中国人思维内容与方式变革的过程，也对诸如“自由”“哲学”这类重要译词是否能准确表达西文原词展开反思和探讨。与此相关，对于一些在和制汉词中传过程中起到了重要作用但今天很少被人提起的转译本，我们也会予以注意。比如王国维翻译桑木严翼的《哲学概论》、元良勇次郎的《心理学》及《伦理学》等等，就既对王国维本人的思想发展起过作用[1]，也对哲学类和制汉词进入中文世界有所影响。在译述和转译之间，相对来说，我们会侧重于译述时期的译撰著作。

第四，虽然我们所理解的“西学”是广义的西学，但

[1] 可参考佛雏：《王国维哲学译稿研究》，北京：社会科学文献出版社2006年版。

由于出版数量有限，我们会侧重于考虑各领域的代表作。比如天文学，晚清相关著译是相当多的，我们可能只选最早也最具代表性的伟烈亚力和李善兰译述本《谈天》，以及他们两人译述的《几何原本》和《代数学》，艾约瑟和李善兰译述的《重学》，合信编译的《博物新编》。当时有开创性的植物学、动物学等自然科学著译也将酌情选入，当然，如果今天其他出版社已有出版，我们会尽量避免重复[1]。晚清历史、地理的著译相当多[2]，我们也只选有代表性的。在人文社会科学方面，可以考虑比较中英法律、详细介绍英美陪审团制度的哲美森《华英谳案定章考》，中国人介绍英法政治制度的刘启彤《英政概》《法政概》，徐建寅《德国议院章程》，李佳白比较各国政治制度的《列国政治异同考》，详细介绍美国宪法的林乐知《环游地球略述》，以及舒高第、郑昌棪译述的《美国宪法纂释》（1907年）等。在西方思想的译介上，虽然只是到了"转译时期"才大盛，但译述中也有不少，比如李提摩太和马林对社会主义的介绍，尤其是马林发表在《万国公报》上含有基督教社会主义成分的关于地租、公正、平等的文章，对孙中山等人产生过影响。在宗教方面，宣教著作我们不会选，但比较有特色或者有历史价值，或者在今天仍有比较宗教、比较经学和比较神学意义的少量译撰著作，会适当选入。韦廉臣、艾约瑟对古埃及、波斯、希

［1］韦廉臣、艾约瑟口译，李善兰笔述：《植物学》，上海：上海交通大学出版社2014年版。该书原于1858年由上海墨海书馆出版，拟定了许多专有名词，对后世有影响。该书此次是作为刘华杰主编的"博物学文化"丛书中的一本出版的。

［2］艾约瑟译的《希腊志略》《罗马校略》得到出版，参考陈德正、韩薛兵校注：《〈希腊志略〉〈罗马志略〉校注》，北京：商务印书馆2014年版。

腊、罗马的宗教情况做了较多的介绍。在哲学思想等方面，艾约瑟、林乐知等人介绍了古希腊、古罗马和中世纪哲学，林乐知的包含十四本书的《自历明证》丛书，就详细介绍了基督教八大教父中的两位即奥古斯丁和金口约翰的生平与学说，以及日本明治维新时期同志社大学的创办人新岛襄的传记，其篇幅在中文世界里都是前无古人的。在文学方面，比如艾约瑟对弥尔顿、库柏诗歌的译介，都堪称最早。

第五，如前所说，广州在晚清西学东渐中有特殊地位，西学对广东敢为天下先的近现代文化有着潜移默化的影响，并随着广东人走向全国而在全国产生影响。我们将选择有广东特色的译撰著作，包括方言作品，以呈现一个鲜活的广东近代西学传统。

第六，虽然晚清西学著译不少，但我们侧重于以往不太受重视和整理的那些著作，而对于已得到很好整理、校注或市面上易得的著作，如严复的译著、容闳的《西学东渐记》等，则尽量避免重复，因此我们的选择含有一种“补遗”的意味，以呈现一个更丰富、更立体、更多面的历史。

五、致谢

在倪梁康教授的主持下，中山大学在2006年成立西学东渐文献馆，搜集、整理西学东渐文献与资料，并定期出版《西学东渐研究》，目前主要有法国籍的梅谦立教授做明清天主教文献研究，倪教授本人做唯识学和现象学的比较研究。我本科毕业于中山大学哲学系，中山大学是我的母校，我跟中山大学有特殊的情谊。近些年我在做晚清新教研究，涵盖的范围从太平天国到广学会和康有为、梁启超维新派之关系，正属于“晚清西学东渐”范围。因我父母在广东，每次我回家探亲，都会去看望在中山大学的师友，如哲学系的陈立胜老师和中文系的新进学者姚达兑。姚达兑是80后学者，他对近代西方文学的中译颇有研究，对出版晚清西学很有兴趣。2015年夏天，我与陈立胜老师拜见倪梁康教授，谈起西学东渐，说起我和姚达兑约了几个海内外同人想做晚清西学校注，只是出版资金一时遇到困难。倪教授听闻后，觉得此事有益于西学东渐研究，也有益于社会和学界，乐意促进此事，于是决定将这套丛书置于西学东渐文献馆的项目当中，通过广州市人文社会科学重点研究基地“广州与中外文化交流研究中心”及广州市科创委“西学东渐与广州21世纪海上丝绸之路”专项基金的经费予以资助。我们决心放眼长远，编出一套有参考价值的丛书。

晚清西学的校注与普通古籍的校注尚有不同，在文言之外，尚有外语（英法德日）及西学知识的问题，校注起来有额外的难度，相关人员寻找起来非常不容易。为找到这套丛书每本书的校注者，姚达兑和我可没有少在网上和微信上讨论。最后，对丛书的校注，我们找到了几位学贯中西、学养上佳的年轻学者，他们都是海内外名校毕业的博士，有的长期从事中西文化比较的工作，堪称“合适的人做合适的事”。

此项计划的完成，有赖于一些机构和个人的帮助。尤其是以下机构：中山大学西学东渐文献馆、广州与中外文化交流研究中心、南方日报出版社、“十三五”国家重点图书出版规划、国家出版基金和“西学东渐与广州21世纪海上丝绸之路”专项基金；以下个人：倪梁康教授、张伟教授、梅谦立教授，以及加盟本项目校注工作的学者肖清和、马永康、赵璐、张洪彬、李彬、王雨、龚昊、孙若圣、韩晓、葛小辉、窦新光、杨汤琛、叶杨曦、陈思行、张锦冬、司佳、吕飞跃等。姚达兑在联系校注者和出版社方面付出了大量劳动，很多实际的工作也是他在做，在此我要特别感谢他。希望我们的丛书能够有益于读者与学术界，越做越好。

2017年6月26日

2020年3月22日略有修订

《富国策》导读

张锦冬

一、《富国策》作者及其所处的思想史背景

作者亨利·法思德

1833年8月26日，亨利·法思德（Henry Fawcett，1833—1884）生于英国索尔兹伯里（Salisbury）的一个贫苦家庭。他曾经在奎恩伍德学院（Quinn Wood College）就读，1852年10月进入剑桥大学学习。1858年9月17日，他与父亲去打猎，父亲的来复枪走火，射中儿子的脸，导致法思德双目失明。法思德没有因此灰心丧气，反而继续完成了剑桥大学的学业。经过不懈努力，1861年法思德成为政治经济学俱乐部的成员，1863年成为剑桥大学的政治经济学教授。同时，他还是英国历史上一名出色的国会议员，并在首相威廉·尤尔特·格莱斯顿（William Ewart Gladstone，1809—1898）提名下于1880年担任国家邮政总署署长，任职期间，他将邮政和电报业务经营得非常成功。作为英国维多利亚时代人定胜天的成功典范，他的事迹激励了包括英国著名经济学家凯恩斯的父亲在内的很多人。

1861年秋，法思德开始写作《政治经济学提要》（*Manual of Political Economy*），该书于1863年由英国伦敦剑桥的迈克米兰出版公司出版发行。法思德的《政治经济学提要》一经出版，就受到英国社会的高度重视，为法思德赢得极高的声誉。此后这本书多次再版，1863—1907年间共出版了8个版本，其受欢迎程度可想而知。学术界一般认为汪凤藻翻译、丁韪良鉴定的《富国策》是根据1874年第4版或1876年第5版翻译的。除了《政治经济学提要》外，法思德还写了《对黑尔先生改革法案的简化和说明》《英国工人的经济状况》《贫困——其原因及消除办法》《自由贸易与保护政策》《印度财政》以及《关于目前政

治问题的报告》等著作和报告，他还和妻子[1]合写了《关于政治和社会问题的论文》。

英国当时的政治经济状况促使法思德写出了《政治经济学提要》这本书。法思德生活的时代，资本主义处于充分的自由竞争阶段，英国已经完成工业革命，成为世界上最发达的国家，在世界贸易领域居于垄断地位，1870年英国对外贸易占世界贸易总额的22%[2]。但是，当时英国工业品严重依赖国外销售市场。在这种情况下，以关税为核心的贸易保护政策成为当时英国工业对外扩张的主要障碍。为适应这个社会实践，英国政府采取了一系列政策，诸如废除谷物条例、废止航海条例、议会逐渐取消了200多种商品的进口税等等，这些调整使英国由重商主义时期进入自由贸易时期。1848—1868年，代表工业资产阶级利益的自由党执政，自由贸易政策因此成为当时英国的国策，英国由此成为推行自由贸易的国家。经济实践的变化促使经济理论随之而变化，代表土地贵族利益的英国古典政治经济学[3]走向衰落，代表工业资本家利益的庸俗经济学[4]逐渐

[1]亨利·法思德的妻子是米利森特·法思德（Millicent Garrett Fawcett，1847—1929），她比法思德更有名，是英国妇女参政运动的主要领导者，1924年受封女爵士。

[2]姜德昌、向子祥主编：《世界通史纲要》（近代部分），长春：吉林文史出版社1985年版，第212—213页。

[3]古典政治经济学，是西欧资本主义产生时期的资产阶级政治经济学。产生于17世纪中叶，完成于19世纪初。主要成果是奠定了劳动价值论的基础，并在不同程度上探讨了剩余价值的各种形式，如利润、利息和地租等问题。受历史条件的限制，它把经济关系和各种经济范畴都看成是自然的、永恒的，不可避免地存在着庸俗的因素。古典政治经济学在英国从威廉·配第开始，中经亚当·斯密的发展，到李嘉图结束。

[4]庸俗经济学，是经济学的一个发展阶段，产生于18世纪末，大致结束于19世纪70年代。大卫·李嘉图把古典经济学发展到最高阶段后，随着政治的日趋进步，经济学进入了以维护自由市场经济为主要特征的科学经济学阶段，其主要代表人物有西尼尔、穆勒、萨伊、马尔萨斯等。

成为主流。当时的法思德作为自由党议员，极力主张自由贸易政策，正是在这一背景之下，他写作了《政治经济学提要》一书，阐述自己的政策主张。

法思德撰写《富国策》所处的思想史背景

在法思德《政治经济学提要》出版之前，1776年亚当·斯密出版了《国富论》，1817年大卫·李嘉图出版了《政治经济学及赋税原理》，1848年约翰·穆勒出版了《政治经济学原理》。法思德从这些经济学家的著作中汲取了营养，不可避免地受到了启发和影响，这一点在他的书中表现得十分明显。

法思德在书中多次提到亚当·斯密的《国富论》，他将斯密的书译为《邦国财用论》，认为这本书是第一本关于经济学的伟大作品。在《政治经济学提要》第一卷第四章中，法思德的观点是，一般意义上看工价[1]“以资本人功之消长为率”。但具体探讨工价高低的影响因素时，他赞同斯密的观点，认为工价高低主要受行业特点的影响。斯密认为不同行业有不同特点，他将行业分成五个类别：托业有苦有不苦；学艺有难有不难；工作有常有不常；责任有重有不重；成败有可必有不可必。正是因为归属不同的类别，所以各行业的工价有所不同。在论述税敛时，法思德也采纳斯密关于政府征税的四个基本原则：一曰均输；二曰定额；三曰因时；四曰节费。但并非全盘接受，对于斯密的均税方法，法思德认为“斯密氏[2]均税之说，推行

[1]工价，营造、制作等在人工方面的费用。

[2]斯密氏，今译亚当·斯密（Adam Smith，1723—1790），英国经济学家、哲学家、作家，经济学的主要创立者。

初无实效。即能效于一，而不能效于百者也”。

法思德极其推崇约翰·穆勒，他认为穆勒的《政治经济学原理》可能是19世纪最伟大的作品，因此，他参照穆勒一书的框架和观点撰写自己的《政治经济学提要》。在《政治经济学提要》首次出版的序言中，他写道：“我认为所有对政治经济学感兴趣的人都会渴望掌握一些这门科学的知识。穆勒先生的论著很有系统、很完整，致使许多人不愿费大力气去掌握它。也许，为此他们会希望读一些相对容易或较短的作品。”[1]他在书中很多地方直接援引了穆勒的话，例如在第二卷第五章关于利息的内容：“密氏[2]谓利息视功费而定，功费之重轻，所因以为变易者有三：人功之利钝，一也；工价之大小，二也；粮食之贵贱，三也。三者并重，如体积之于长广高也。”由于法思德的这种做法，国内外很多评论家都认为法思德的这本书与穆勒的书有很多相似之处，是对穆勒著作的继承、简写甚至抄袭。法思德的朋友斯蒂芬指出，该书除有关合作事业的几节以外，不过是对穆勒所著《政治经济学原理》一书依样画葫芦，复述一遍，因为福塞特[3]受穆勒影响很深[4]。熊彼特在评价穆勒的书时认为，“约翰·穆勒《原理》一书的成功是巨大的……这本书的多次重版只不过衡

[1]张登德著：《求富与近代经济学中国解读的最初视角——〈富国策〉的译刊与传播》，合肥：黄山书社2009年版，第47页。

[2]密氏，约翰·斯图亚特·穆勒（John Stuart Mill，1806—1873），英国著名哲学家、心理学家和经济学家，19世纪影响力很大的古典自由主义思想家，支持边沁的功利主义。后文也将穆勒译为“密耳氏”。

[3]引文如此，现一般译为“法思德”。

[4]商务印书馆编辑部编著：《近代现代外国哲学社会科学人名资料汇编》，北京：商务印书馆1965年版，第740页。

量了它的直接的影响。就讲授而论，于此之外还必须加上由此而产生的一批其他教科书。即使在英格兰，学生和一般读者似乎也感到需要有一个更简单的本子。而这种需要就为福西特[1]所满足了”[2]。国内也有一些学者持有类似的看法。潘念之认为，法思德“在经济学上，大体继承穆勒的学说”[3]；唐庆增认为，法思德的学说“多袭自穆勒，其著述与穆勒所作者比较，仅讨论实际问题之处稍多而已”[4]；晏智杰指出，“约翰·穆勒之后，在英国出现了一些以穆勒的《政治经济学原理》为依据和蓝本的经济学著作，其中比较著名的有剑桥大学教授亨利·福塞特的《政治经济学指南》”[5]。

法思德也受到大卫·李嘉图的影响。关于地租的论述主要引用了大卫·李嘉图的地租理论，法思德认为李嘉图的地租理论“其法浅近著明”。许多文人学士对李嘉图的地租理论颇多非议，他们将“地主之利与佃工[6]之利，相妨者也”归咎于李嘉图的地租理论。法思德对此进行了驳斥，他认为李嘉图的理论：“法良意美[7]，殊无可驳之条也”，“相妨之说，不过论分财多寡之间彼此互为消长，乃自然之理。岂梨氏（李嘉图）之法使之然哉！”李嘉图

[1]引文如此，现一般译为“法思德”。
[2]约瑟夫·熊彼特著，杨敬年译：《经济分析史》（第二卷），北京：商务印书馆1996年版，第239页。
[3]潘念之、张采苓编：《思想家大辞典》，上海：世界书局1934年版，第838页。
[4]转引自戈宝权：《经济学——名词之溯源及其意义之变迁》，《经济学季刊》，1934年第5卷第3期。
[5]晏智杰著：《古典经济学》，北京：北京大学出版社1998年版，第232页。
[6]佃工，指租种地主或官府土地的农民，如佃户、佃农、佃客等。
[7]意美，愿望美好。

认为，地租者“实田亩出息[1]多寡之差耳”。法思德赞同这一观点，并对“出产”和“出息”两个概念进行了辨析，他认为：“举田之物产所值，统而言之，一切工价本利，未经开除[2]者，谓之出产，已经开除而所赢余者，谓之出息。”法思德认为，在角逐之道盛行的英国，“田租不出乎梨氏之法。今日租价，尽合乎梨氏之法”。李嘉图的地租理论提到“无论何国，必有下下之田，耕之仅足偿工价本利者”，法思德将其称作“田限”，是指“出息几于无有，故租价亦必几于无有”的可耕之地的地租。法思德认为，“梨氏之法，专主角逐而言”，在习俗势力强大的国家，如印度，其田制与英国迥异，所以“未可执此以论也”。

除了前述几位经济学家对法思德影响颇大外，还有一些人对法思德的思想产生了一定影响，例如英国生物学家达尔文（Charles Robert Darwin，1809—1882）、英国人口学家和经济学家马尔萨斯（Thomas Robert Malthus，1766—1834）、英国空想社会主义者罗伯特·欧文（Robert Owen，1771—1858）、法国空想社会主义者夏尔·傅立叶（Charles Fourier，1772—1837）、英国社会改革家布腊西（Brassey Thomas，1836—1918）、英国数学家查尔斯·巴贝奇（Charles Babbage，1792—1871）、英国经济学家巴克斯特（Dudley Baxler，1827—1875）和韦克菲尔德（Edward Gibbon Wakefield，1796—1862）、英国古典经济学家凯尔恩斯（J. E. Cairnes，1823—1875）等等。

---

[1]出息，获利。

[2]开除，除去。

二、《富国策》引入近代中国的历程

1880年翻译并出版的《富国策》是晚清的首部经济学译著，这本书首次把西方经济学的生产、交换、分配、消费等理论系统、完整地介绍给国人。自《富国策》出版以来，又有一系列类似的书籍出版，它们既对中国知识界和决策者经济学观念的形成影响深远，又促进了西方经济学说在近代中国的传播，更重要的是对中国近代经济思想史的发展具有很大的学术价值。晚清出版的《富国策》运用文言文和中国传统词汇翻译西方经济学，对现代中国人来说接受起来比较困难，因此，整理、校订并运用现代语言对《富国策》进行解释说明显得非常重要和必要。

翻译《富国策》的时代背景

第二次鸦片战争后，西方列强强迫清政府签订了一系列不平等条约，清政府内部掀起了办洋务的热潮。人们把发生在19世纪60—90年代的以求强、求富为目标的一系列措施称为洋务运动[1]。洋务派试图通过引进西方兵工技术达到富国强兵的目的。但是，长期的闭关锁国导致国人

[1]现在中国近代史上所说的洋务运动是指同治初年清政府确定了“灭发捻为先”，制外敌次之的国策之后，在中央设立了总理各国事务衙门，随后又在地方设置了南、北洋通商大臣等机构和官职；对外不仅同意外使驻京，而且出现了借洋兵助剿人民起义，以及与之相应的一系列政策。在这种新形势下所发生的大力引进西方科学技术办厂开矿，从造船铸炮的军用工业，逐渐向民用工业、交通运输、电信邮政、办学堂、译西书倡留学等方面扩展，以及借助西法练兵，筹海防，建舰队。这一切日益繁纷的新事务、新举措，核心是引进先进科学技术，促进社会经济发展，实现早期的工业化。这也就是洋务派所标榜的求强、求富的内容。参见丁贤俊著：《洋务运动史话》，北京：社会科学文献出版社2011年版，第6—7页。

科技知识的严重缺乏，了解掌握西方科技知识的人才更是寥寥无几，洋务派从事洋务运动在很大程度上借助于外国人，其中主要是传教士。

为了学习西方科学技术，必须发展文化教育，洋务运动时期的文化教育事业主要有四种形式[1]：学外语—习科学、学外语—译西书、学技艺—再留学、幼出洋—长留学。为了更好地学习外语，以恭亲王奕䜣为首的总理衙门奏准于1862年设立了同文馆（又名京师同文馆[2]）。

在美国传教士丁韪良担任同文馆总教习期间，组织教习和外语水平较好的学员翻译了大量西书，1880年由副教习汪凤藻翻译、丁韪良鉴定的《富国策》就是其中唯一一本经济学西书。之所以选择翻译法思德的书，一是因为对法思德非常欣赏，他在“富国策凡例”中写道：“法思德，英国当今之名士也！幼而丧明，仍矢志勤学，先充国学教习，嗣擢为国会大臣。凡政务之涉于斯学者，无不与议，遂著此书。”二是丁韪良还认为：“论此学[3]者在泰西以英国为最。百年来名家迭出，如斯美氏[4]、梨喀多[5]、弥耳氏[6]等，均未如法思德之详而且明。故同文馆

[1]引自丁贤俊著：《洋务运动史话》，北京：社会科学文献出版社2011年版，第116页。

[2]丁贤俊认为，同文馆是洋务运动中最早设立的外语学校，是变革中国传统教育制度的先导。

[3]指西方经济学。

[4]斯美氏，后文有“司美式”，今译为亚当·斯密（Adam Smith，1723—1790），英国古典经济学的主要代表人物。

[5]梨喀多，今译为大卫·李嘉图（David Ricardo，1772—1823），英国古典经济学的主要代表人物。

[6]弥耳氏，今译为约翰·斯图亚特·穆勒（John Stuart Mill，1806—1873），英国著名哲学家、心理学家和经济学家，19世纪影响力很大的古典自由主义思想家，支持边沁的功利主义。

向以此学课读诸生。”据光绪五年（1879年）的《同文馆提名录》记载，光绪二年（1876年）同文馆公布的八年及五年课程，均在第八年和第五年安排了“富国策”课程。

《富国策》引入近代中国的历程

1. 晚清西学东渐与《富国策》的翻译

提到西学东渐，在中国主要涵盖两个时期，明末清初时期的西学东渐是源头，晚清的西学东渐是前者的继续，两者既有紧密的内在联系，又各呈现不同特点，这里主要探讨晚清的西学东渐。晚清的西学东渐按时间可划分为四个阶段：第一阶段，1811—1842年；第二阶段，1843—1860年；第三阶段，1860—1900年；第四阶段，1900—1911年。从传播主体角度看，第一阶段的主角是西来传教士；第二阶段以西人为主[1]，但有少量中国知识分子参与其中；第三阶段是中西传播机构并存，方式是西译中述；第四阶段，中国知识分子成为主体。由此可见，在晚清的西学东渐过程中，中国知识分子逐渐由被动到主动、由附从地位到主导地位的事实[2]。《富国策》的翻译出版时间是1880年，应该归属在第三阶段。

2. 京师同文馆的设立与《富国策》的翻译

鸦片战争后西方列强强行打开中国国门，为了与列强进行交涉，急需外语人才。第二次鸦片战争结束后，主持对外交涉事务的奕䜣与桂良和文祥[3]奏请开办外语学馆，

[1]附录中鲍留云的《致富新书》便是其中的作品之一。

[2]熊月之著：《西学东渐与晚清社会》（修订版），北京：中国人民大学出版社2011年版，第12页。

[3]奕䜣是恭亲王，主管总理衙门，桂良和文祥是晚清总理衙门的两位大臣。

1862年6月11日，学馆在北京东堂子胡同的总理衙门正式上课，后被定名为“同文馆”。直到1866年，京师同文馆一直是学习英、法、俄三国语言文字的学校，每馆各有10名学生。1866年随着洋务运动的开展，总理衙门打算扩大同文馆学习内容和学生规模，但没有成功，1870年后才有所改观，原因之一是丁韪良担任同文馆总教习后，采取了一些改进措施。到1876年，同文馆规定，除了学习英、法、俄、德等外语以外，学生还要学习数学、物理、化学、天文、航海测算、万国公法、政治学、世界历史、世界地理、译书等课。1877年，同文馆有学生101人，中外教习10余人。1888年，增设格致馆、翻译处。1895年,增设东文馆，教授日文。1898年，京师大学堂成立，1902年1月11日，同文馆并入大学堂，其40年历史至此结束[1]。

京师同文馆所译西书的内容丰富多彩，大致可以分为三类：一是关于国际知识的，如《万国公法》《各国史略》；二是关于科学知识的，如《格物入门》《化学阐原》《富国策》；三是学习外文的工具书，如《汉法字汇》《英文举隅》[2]。

《富国策》是京师同文馆所译社会科学书籍中最为出名的一本，它的出版成为晚清政府和知识界了解西方经济学的一个窗口和开端。

3. 丁韪良、汪凤藻与《富国策》的翻译

在同文馆40年的历史中，只有两人担任过总教习，

[1]参见熊月之著：《西学东渐与晚清社会》（修订版），北京：中国人民大学出版社2011年版，第238—239页。

[2]参见熊月之著：《西学东渐与晚清社会》（修订版），北京：中国人民大学出版社2011年版，第248页。

其中一位便是丁韪良。丁韪良是美国人，号德三，别号冠西，美国长老会传教士。他1850年来到中国，最初在宁波布道，1863年来到北京从事传教和教育活动，1865年在赫德推荐下接替傅兰雅任同文馆英文教习，1867年兼任国际法教习，1869年任总教习，直至1894年因病回国，至此他在这一职位上工作长达25年。1898年，他又回到中国，担任新成立的京师大学堂总教习，直到1902年。此后他一直生活在中国直到去世。

丁韪良是同文馆历史上极为重要的人物，他不仅改进了同文馆的教学计划，还带领同文馆的教习和学生翻译西书，他在同文馆翻译和鉴定的书籍共11种，还著有其他中文著作16种。

丁韪良担任同文馆总教习后，对同文馆的课程设置进行了改进，在其制定的新的教学计划中，在五年制和八年制课表的最后一年课程中，都出现了“富国策”这门课，同时在八年制的最后一年练习译书也是课程内容之一。包括“富国策”在内的同文馆大部分课程都是第一次在中国开设，没有可用于教学的现成教材，因此同文馆通过教习自己翻译，或组织学生翻译，或教习与学生合译等不同形式满足教学的需要。正是在这一背景下，丁韪良根据教学需要，组织同文馆教习、副教习和学生翻译并编写了一批教科书。其中，经济学课程所用的教材由汪凤藻翻译，丁韪良校订，将书名定为《富国策》。

汪凤藻（1851—1918），字云章，号芝房，江苏元和县（今苏州市）人。经当地官员推荐，汪凤藻进入上海广方言馆英文班学习，由于各课成绩优异，他于同治七年（1868年）被选入京师同文馆继续深造，毕业后，他以户部主事留同文馆，任算学副教习。作为同文馆的高才生，汪凤藻英文和汉文俱佳，他参与翻译的书籍涉及西方法律和经济学方面，《富国策》就是其中一部。

关于汪凤藻，丁韪良在《富国策》凡例中写道："译是书者，为同文馆副教习汪生凤藻，夙擅敏才，既长于汉文，尤精于英文。"

苏精也认为，汪凤藻在同文馆虽多数时间用于学习外语和现代科学，不过并未荒废中学，除"幼承庭训"外，又历年受业苏沪一带著名学者，故在光绪八年（1882年）中举，翌年中进士，其"学贯中西并达到传统科举考试之巅峰，实属难得"[1]。

三、《富国策》的译名解读、翻译说明及内容概述

1881年，日本乐善堂书房在上海以乐善堂聚珍版的形式翻印了《富国策》，本校注就是根据这个版本完成的。乐善堂聚珍版前面是总署大臣崇礼写的序言，之后是同文馆总教习丁韪良写的凡例以及《富国策》目录。下面就是对该书进行的梳理，首先有必要对《富国策》这一译名的不同解读进行探讨。

《富国策》译名的不同解读

围绕《富国策》这个译名，存在不同解读。

有学者认为，京师同文馆将法思德的《政治经济学提

[1]转引自张登德：《〈富国策〉著译者考释》，《安徽史学》，2006年第6期。

要》翻译成《富国策》，是晚清中国人渴望“富强”这一特定历史背景下的产物[1]，符合当时中国人的心理需求。还有的学者认为，“中国古代对经济问题的研究，不是在‘经济学’的范畴下，而主要是在富国的旗号下进行的；中国古代的经济学遗产，主要表现为富国学的形式”[2]，“富国之学成了漫长历史时期中中国传统经济思想的主要理论形式。因此，当19世纪后半期开始接触到从西方传入的经济学或政治经济学时，中国士人就从自己习惯的形式出发，把它译为‘富国策’或‘富国学’”[3]。据方维规考证，1869年以后出版的各类英华辞典对political economy的翻译各不相同，有“国宝学”“理财学”“理国宝之学”“治国之法”“治国之道”等[4]。

鸦片战争后，中国开始“自强”运动，掀起“富强”思潮，传教士也开始在该议题下介绍西方富强经济的政策，因此，这一时期的译著大多以“富强”为译名。大约从1903年起，传入中国的经济学内容和译名都发生了很大变化。1903年初出版了章宗祥、戢翼翚和两个日本人合编的《最新经济学》，以及留日学生王宰善所著的《普通经济学教科书》，这两本书用“经济学”的译名取代了之前

[1]张登德著：《求富与近代经济学中国解读的最初视角——〈富国策〉的译刊与传播》，合肥：黄山书社2009年版，第27页。

[2]赵靖：《中国古代的“经济学”和富国学》，《燕京学报》，1995年第1期。转引自张登德：《求富与近代经济学中国解读的最初视角——〈富国策〉的译刊与传播》，合肥：黄山书社2009年版，第29页。

[3]赵靖：《学术开拓的主要路标——赵靖文集》，北京：北京大学出版社2005年版，第121—122页。转引自张登德：《求富与近代经济学中国解读的最初视角——〈富国策〉的译刊与传播》，合肥：黄山书社2009年版，第29页。

[4]方维规：《“经济”译名溯源考——是“政治”还是“经济”》，《中国社会科学》，2003年第3期，第188页。

的“富国策”“理财学”等译名，而且书的内容也由之前的仅限于自由主义经济学理论扩展为包括自由主义和干涉主义、自由贸易和保护贸易在内的多种经济思想[1]。

在了解了学者们对《富国策》译名的几种解读后，我们不妨从政治经济学的来源探究一下其本意。

政治经济学是经济学科的总称，“政治经济学”这一词汇来源于古希腊，在这个词汇中，“经济”一词先出现，其后出现的才是“政治经济学”一词，两者出现时间相差约两千年。公元前三四百年，古希腊思想家色诺芬最早提出“经济”这个概念。色诺芬是苏格拉底的学生，他在《经济论》一书中首次使用了“经济”这一词汇。“经济”的希腊文为“oikonoymikos”，其中“oiko”译为“家庭”，“noymikos”译为“管理、支配”，因此“经济论”可以直译为“家庭管理”或“家政学”。这本书以色诺芬与苏格拉底的对话形式呈现，他们在书中主要阐述了奴隶主如何组织生产、管理奴隶、指挥奴隶。此外，他在书中还探讨了奴隶社会的财富如何创造、行业如何划分，以及分配问题等等。而“政治经济学”一词的首次出现比“经济”一词晚很多。1615年，法国重商主义者蒙克莱田在其出版的《献给国王和王后的政治经济学》一书中最先使用“政治经济学”一词。他在“经济学”前面加上“政治”，只是想说明他所论述的“经济学”已经超出原来“家庭管理”的范畴，开始涉及整个社会或国家的财富增殖问题，是从宏观角度研究经济问题。因为“政治”

---

[1]戴金珊：《试论西方经济学在中国的早期传播》，《世界经济文汇》，1985年第4期。

（politics）一词，源于希腊文的“politikos”，有“社会的”“国家的”“城市的”等含义。因此，可以说“政治经济学”的希腊文原意中含有“国家财富的创造和增殖”等意思。从这个角度看，“富国”是“政治经济学”本来应有之意，将“政治经济学”翻译为“富国策”符合其本意。可见，丁韪良和汪凤藻选用“富国策”这个译名，既准确传达出这一词汇的英文原意，又与当时中国的时代背景[1]相契合，可谓两全其美，相得益彰。

《富国策》的翻译说明

1. 各章节的中英文对照

我们先列出《富国策》的卷章标题（已译成现代汉语），再在其后括号内附以法思德原著标题，以作对比：第一卷《论生财》（*Production of Wealth*），包括七章：第一章总论（Introductory Remarks）、第二章论生财有三要（The Requisites of Production）、第三章论人功（Labor as an Agent of Production）、第四章论资本（Of Capital）、第五章论三要滋生之力（On the Production Power of the Three Requisites of Production）、第六章论制造多寡之异（Production on a Large and on a Small Scale）、第七章论增益财用之理（On the Laws Which Determine the Increase of Production）。第二卷《论用财》

[1]邹进文和张家源认为，将Political Economy译为“富国策”还与当时正在展开的洋务运动追求“求富”“求强”的时代背景有关，“富国策”成为当时社会转型与文化变迁所留下的文化“符号”。参见邹进文、张家源：《Economy、Economics中译考——以“富国策”“理财学”“计学”“经济学”为中心的考察》，《河北经贸大学学报》，2013年第34卷第4期。

（*Distribution*），包括九章：第一章论制产之义与均富之说（Private Property and Socialism）、第二章论财所自分（The Classes Whom Wealth Is Distributed）、第三章论地租角逐之道（Rents as Determined by Competition）、第四章论工价（On Wages）、第五章论利息（Profits）、第六章论小农躬耕之法（Peasant Proprietors）、第七章论兴乡学以维工价（National Education and Other Remedies for Low Wages）、第八章论齐行罢工（Trades's Union and Strikes）、第九章论合本同功（On Cooperative Institutions）。第三卷论交易（*Exchanges*），包括十章：第一章论价值之别（On Value and Price）、第二章论物价贵贱之理（On the Causes Which Regulate the Price of Commodities）、第三章论农田物产贵贱之理（矿产附）（On the Price of Agricultural and Mineral Produce）、第四章论人功制造之货物及其贵贱之由（On the Price of Manufactured Commodities）、第五章论钱币（On Money）、第六章论钱币贵贱之理（On the Value of Money）、第七章论邦国通商（Foreign Commerce or International Trade）、第八章论金银流通各国之理（On the Transmission of the Precious Metals from One Country to Country）、第九章论邦国货币互易之法（Foreign Exchanges）、第十章论税敛之法（On the General Principles of Taxation）。

2. 中文翻译情况

法思德的《富国策》在1863—1907年这四十多年间，共出版了八个版本，可见这本书的受欢迎程度。学术界一般认为，汪凤藻所译的中文版《富国策》是根据1874年第4版或1876年第5版翻译的。原著中包括四卷共四十二章，在翻译过程中，汪凤藻没有译出第二卷中的第七章（Metayers and Cottiers, and the Economic Aspects of Tenant-Right）、第十一章（The National of the Land）和第十二章（On the Economic Aspects of Slavery）；第三卷中的第十章（The Function of Credit）、第十一章（The Influence of Credit on Prices）、第十二章（On the Rate of Interest）、第十三章（On the Tendency of Profits to Fall as a National Advance）、第十四章（Of Over-Production or Excess of Supply）和第十五章（On the Recent Gold Discoveries）也没有译出；第四卷只翻译了第一章（译者将其作为第三卷的第十章译出），余下的第二章（On the Income-Tax）、第三章（Taxes on Commodities and Other Indirect Taxes）、第四章（On the Land-Tax and Poor-Rates）、第五章（The Poor-Law and Its Influence on Pauperism）、第六章（Local Taxation）和第七章（The Incidence of Local Taxation）均未译出。由此可见，汪凤藻所译的中文版并未严格按照原著进行翻译，而是根据需要对原著进行了调整，有些进行了合并、省略，有些又加上了必要的注释，所以，调整后的中文版只有三卷共二十六章。

翻译是译者对原著的一种阐释和重写，这使得原著与译著无法做到完全对照。译者有时会将原著中的一段话简单译为几句话，有时会对原著中的某些内容加入自己的理解，这种情况在《富国策》一书的翻译中比较常见。

各部分内容概述

1. 第一卷主要观点

第一卷名为《论生财》，该卷共七章，在第一章总论中，作者首先将该书的内容概括为“富国策所论述者，乃生财、用财、货殖交易之道”。

第一卷中作者的主要观点：第一，劳力与劳心皆生财。他将产生财富（生财）的要素归结为三方面：人功、地利和资本，并对这三个概念进行了概括，作者再对人功进行了区分，认为“财非人功不能生，人功不必皆生财”，劳力和劳心均有生财之功，而此前并未认识到劳心者（塾师）的价值。

第二，资本重在用。在谈到资本时，作者的观点是，资本不只是金银，资本“无一定之物”，凡是能够运用于生财的都是资本，作者将资本分为运本和恒本[1]，并强调了资本的本质特征，“必自其见之运用者言之，非自其藏于勿用者言之也”。

第三，生财三要素必须相辅相成。作者认为，地利因时而异，关键是极其宜；人功因地而异，关键是极其能，分工与合作是其实现途径，二者相需而并重；资本不论多寡，重在极其用。人功与地利相济，资本则凭借人功、地利而愈厚。

第四，用财于嗜好并不是浪费。用财之道，分为三等：用财于有益之工、用财于无益之工和用财于好之物。

[1]运本，指工食及一切生料。运之用主乎暂，其利可以立得。恒本，指机器宫室及一切器用。恒本之用持乎久，其利必以渐收。这里的运本与马克思《资本论》中的流动资本一致，而恒本可以看作是固定资本。

人们一般认为用财于嗜好之物是一种浪费，法思德驳斥了这种世俗之见，认为嗜好也是重要且必要的，“富国策之学，所以示人以休息”。只有张弛有度，国家才能实现康乐。“民力之方，使之优游暇豫，得从事于弦诵，以扩其明聪。盖胥[1]一世而进于康乐者，富国策也。”

第五，国家之间的贸易有助于降低战争风险。在谈到国与国之间贸易的作用时，法思德得出的结论对当前的国际贸易状况仍然有重要的启示，他认为国家之间贸易往来频繁可以避免战争，“观于邦国通商之盛，庶几无轻启兵戎之患哉”。

第六，从国家角度看，贷财的效果取决于用财的方法。如果国家有额外之用，那么如何筹款？作者比较了贷财于民和征税于民的利弊得失，结论是“讲富国策者，所当变通尽利，因时因地以制其宜焉”。在比较了英国和印度的不同筹款方法后，作者得出“一政之举，为利为弊，不可执一而论”的结论。关于国家贷财之举，作者的观点是贷财之效，因乎用财之方，用之无益，则举国受损；用之有益，用以兴民间不能兴之事，则对国计民生大有裨益。

第七，小企业与大企业同样重要。制造方法（生成方法）虽然因时因地而异，但与生财之三要关系密切。功聚制造多，则利多，散不如聚；规模大的制造局优于规模小的，因为前者成本更低，但是小规模的制造局也有存在价值，它可以弥补生产的不足。生物多，利多，还取决于“其物销售之广狭”，而销售之广狭则因时因地而异。

第八，与股份公司相比，独业也具备某些优势。关于

---

[1]胥，通“须”，等待。

股份公司的优劣，作者认为，股份公司可以举大业，但其本虽足，其弊正多，与独业者相比，股份公司“工惰、费多、利薄”，由此导致“闭歇者”比比皆是。

第九，由于国情不同，增财的方法也各不相同。一般来说，增加土地收益的方法有两种：一是提高耕牧技艺，技艺越精细，开垦的荒地越多，土地的收益越大；二是人口增多使土地更易获利。此外，这里借鉴了大卫·李嘉图地租新说的观点，即土地收益多少取决于土地肥沃程度和所处地理位置。提高人工获利的方法：一是人工数量不变，通过采用机器提高功效；二是人工数量增多，销路变广，产量增加，进而获利增加。资本增加则是为求多盈利而保持节俭。作者通过对英国、印度、西印[1]、美国四国的比较得出，这四个国家的增益生财之道虽各不相同，但均因地制宜，各有特点：英国需要满足对粮食的需求；印度需要增加资本；西印迫切需要吸纳人工；美国虽然三个要素齐备，但也有地广人稀的忧患，因此英国与美国互补，英国所需粮食从美国购买，美国所需人工从英国吸纳，各得其所，“交相济实交相利也”。

2.第二卷主要观点

第二卷《论用财》的重要结论是“生财之道天定之，用财之道人定之”，因为用财之法由人立，或束缚于旧制（如意大利），或听人以角逐（如英国），唯各国自主之。主要观点如下：

---

[1]西印，即西印度：公元1492年，西班牙人哥伦布横渡大西洋，发现了美洲，他坚信自己到的地方是印度，也一直称这里为印度。后来为了与真正的印度地区进行区分，欧洲人便把南北美洲之间加勒比海中的群岛称为“西印度”，而真正的印度地区便被称为“东印度”。

第一，均富难以实现。关于贫富不均产生的原因，作者认为，因为人有私产，国愈富则愈不能均，天下古今均如此。均富之说的由来：英国的欧文和法国的傅立叶，虽然他们的均富方法有所不同，前者主张若干家通力合作，计利均分，相助相济如家人；后者的做法类似于劳力者和劳心者合伙经商，产出人各有份，余下的产出则由邑长将材力列为三个等级，根据工力、资本和才能付酬。法思德认为，均富之说“终不可行”。

第二，受制度和习俗两方面的影响，各国情况不同。财之生依赖于地利、人功和资本，因此地利的所得为地租，人功的所得为工价，资本的所得为利息。至于分财方法，则取决于维制[1]和方俗[2]两个方面。英国是三分其财，而法国、意大利和荷兰则是三者合一。角逐之道英国最为普遍，农业和百工商贾均遵循此道，作者认为，角逐之道益处多多，但有些国家由于存在顽固的习俗而难以施行。关于地利所得地租的多少，根据大卫·李嘉图的地租新论，主要取决于土地肥沃程度和地理位置的差异。作者区分了出产和出息[3]两个概念之后得出结论：出息多少以下下田（劣等地）为准。地利所得地租的多少则取决于农艺状况和人口数量，但“因乎自然者少，因乎人巧者多”。大卫·李嘉图的田租法是以角逐之道[4]为基础的，各国习俗不同，田制不同，因此不能一概而论。

[1]维制，约束制衡。

[2]方俗，各地方的风俗。

[3]出产，指物产所值，包括一切工价本利在内，即毛利；出息，指除去一切工价本利之外的所得，即净利。

[4]角逐之道，充分竞争。

第三，影响工资的因素有很多，但长期看工资涨幅会逐渐平缓。英国社会改革家布腊西认为，工价不仅随着资本与人功的消长而变化，而且也受到日用品的价格涨落的影响。总之，造成工价下降的因素主要有两个：给役者（劳动供给）增多、日用品价格上涨。民数（人口数字）的增长又受到天数和人事的影响，作者认为，迁徙出洋可以疏解人功之充塞。亚当·斯密将工价贵贱分为五类：托业有苦有不苦；学艺有难有不难；工作有常有不常；责任有重有不重；成败有可必有不可必。一国之中，工价不但因为行业不同而有所差异，而且即使同一行业，因为地价不同，工价也会不同。作者认为，迁徙出洋可以解决这个问题，但是无法实现，原因有三方面：愚昧，不离故乡；惧怕迁徙之苦；无积蓄用以迁徙。最后的结论是，无论何业，如果贸易大盛，工价必然会上涨，但是时间不会太长，最终会逐渐平缓，然而同业齐行[1]通过控制学徒数量可以使工价长期居高不下。

第四，利润是“俭”“虑”和“劳”的报酬，行业的利润差异更主要来自对“虑”和“劳”报酬的不同。利息[2]因资本而生，但不尽为资本之利。利息包括三部分内容：酬俭[3]、酬虑[4]和酬劳[5]。酬俭之利，百业相同，百业利息的差异主要由酬虑和酬劳产生。一国之内，利息通常

[1]齐行，即建立工会，又称职工协会。

[2]利息，《富国策》所论的“利息”，并非通常的银行利息，而是业主经营所得，即利润。

[3]酬俭，对节省的报酬。

[4]酬虑，对担忧的报酬。

[5]酬劳，对劳动的报酬。

以官利[1]为准，但官利也会因时因地而异，一般趋势是一业之利的厚薄会逐渐持平。世界范围内，利息因国而异，按照英国经济学家约翰·斯图亚特·穆勒的看法，利息由功费而定，各国功费不同，而功费受三方面因素的影响：人功的利钝、工价的大小和粮食的贵贱。

第五，农业中最适宜的生产方式是小农躬耕法。英国农业生产盛行租地招佃之法，地利、人功和资本分别提供，其一岁所获也由地主、租户和佃工三者分享，而英国之外的很多欧洲国家地利、人功和资本三者合一，农业生产则大多采用小农躬耕法进行，一岁所获，一家独享。在比较英国和欧洲这些国家的农业生产方式时，很多学者都主张采用英国式的租地招田法，而对小农躬耕法有诸多非议，只有约翰·斯图亚特·穆勒和威廉·托马斯·桑顿[2]根据实录，对小农躬耕法给予肯定。法思德认为，小农躬耕法更有优势，因为“至于躬耕之小农，自治己田，力之所施，全利归之。以视佣工于人者，生计之纾绌显异矣”，经过比较，得出的结论是各国唯有“因势利导”，根据本国的国情制定农业政策，才能“使民各行其自然”。

第六，教育是解决工民之苦的长久之计。对于如何通过维持工价减缓工民之苦，英国曾实行官定工价之法（推行八小时工作日）。法思德认为，这种做法不仅无益，反而有害，因为类似的济民之术只能解决短期问题，在比较了英美工民的差异后，他发现“美之工以学而能巧……

[1]官利，官卖所得的利息。

[2]威廉·托马斯·桑顿（W. T. Thornton，1813—1880），译文中称为“童氏”，1836年在东印度公司任职员。1846年他出版《人口膨胀与救济》一书。

创法用器，较敏较捷，故其国人功虽视英为贵，而所费功本，尤较英为轻”，据此，提出要想长久解决工民之苦，兴乡学（可以愈民之愚，正民之德），可以“使人功变而生巧，用本愈广，生财愈速。业主之利息，与佣工之工价，将同时并增而不相害”，再辅以各种维持工价的方法，最终实现“百物贱，百工兴，国计裕，民生厚，其利可普遍，可久长”的结果。同时，提出为确保乡学的顺利实施，需要建学塾[1]，延请师儒，制定科条，严令子弟及时入塾就学，违者严惩。

第七，以诚信为基础的合伙和股份经营可以避免业主和佣工的两败俱伤。关于齐行和罢工的关系，法思德认为，两者相表里。齐行的目的通常有两个：资助失业工人和合伙要挟业主。齐行的一大弊端是为了提高工价而限制从业人数，剥夺他人进入该行业的权利。通过建行会，实现齐行，要挟业主导致的罢工，最终结果是两败俱伤，而消除弊端的方法是使个人与业主休戚与共，可以通过合伙、股份收利和年终拆息等方法实现。同时，法思德认为，合伙和股份收利均以诚信为基础，而只有兴乡学才能使人诚信。使业主与佣工同心协力的办法还有合本同功，即全部股本都来自业主和佣工，这种方法1844年开始在英国采用。1869—1871年间，政府允许杂货行和贸易行等用货本外的存余买卖地产，建造房屋，于是它们纷纷建造房屋，之后租赁给佣工，使业主与佣工“同享便安之福”。作者得出结论：合本同功之法于国计民生大有裨益。

[1]学塾，私塾。

3.第三卷主要观点

在第三卷《论交易》中，作者的主要观点如下：

第一，物的性质不同，影响其价格的因素也不同。法思德将物分为三类："多寡有限，不能随时添制的，价必日贵，如古玩字画等；多寡无限，可以增给，工本越来越大，价必渐贵，如农产品；多寡无限，可以任意添制，价不增贵，如日用品。"

第二，农田物产的贵贱因时不同，其价格涨落受诸多因素的影响。上一年的丰歉状况、当年的收成甚至他国的收成等都会引起农产品市价的变动。从粮价来看，地租与粮价贵贱无关，粮价的贵贱随人口数量的变化而变化，而平抑粮价的方法主要有两个：农事加精，增加物产；或者采办洋米。

第三，人功制造之物的贵贱与农田物产有所不同，其贵贱受两个因素的影响：工本[1]大小和销售畅滞。

第四，作者对货币功能、货币选择标准、货币制度及流通中所需货币量的论述沿用至今。法思德将钱币的用处归结为两方面："凡物之值，由此核计；交易之法，以此为介。"而选择钱币时要遵循这样的标准："宜择物之出入至微者；宜择质自可贵者；宜择体小而值多者。"据此得出的结论是：只有金银等贵金属才适合充当钱币。

作者通过比较金本位制、银本位制和金银本位制等货币制度，对英国以金为本位，银铜作为辅币，通过"善法"维持，成功地避免取巧这个弊端表示赞赏。作者指出，流通中所需钱币数量，取决于"农工户口之多寡和货

[1]工本，乃兼物料工价及本业应得之利而言。

物转售的次数”，钱币与物价呈反向变动关系，即钱币越多，物价越贵，反之亦然。而对于国内没有金矿的国家来说，其所需的黄金皆由通商贸易所得。

第五，通商利大于弊。法思德认为，通商具有利国利民的优点，因为各国可以“以其所易，易其所难；以其所有余，易其所不足……国之财用益足”。同时他也强调，通商固然有益于国计，但通商之初由于物价可能上涨，会给“小民”造成“一时之失”，之后通商的益处逐渐显现，通商可以省资本、节人功，使百业利润加厚，小民的工价必然增加，这于小民是有益的。因此，应该鼓励通商，不可“因小害而弃大利”。

第六，通商需要尽可能保持进出口大体均衡，法思德不赞成实行贸易保护政策。如果进口多于出口，必运输钱币到异国进行支付，而国内钱币减少将导致物贱，为了获利必然使出口增多，所进口的外邦货物由于价高销行必滞，于是出口增多进口减少，这种变动直到进出口大体均衡时为止。法思德反对美国设立的保护本国产业的“偏护税章”时，他认为如果美国取消该税章，将使各国“贸达尽其利，人功资本各得其宜，于国计民生有益，足以弥补小民的一时之失”。

第七，税收要尽可能遵循公平的原则。作者认为，税收是一国理财之根本。根据亚当·斯密的观点，税收的基本原则是“量民力以均税；取民有常制；因时以便民；节费以恤民”。但是，法思德也认为，税民之法很难达到完全公平，只能做到对一两类民众有利，之后设法使之“渐近于均”而已。

四、《富国策》的版本、评价及其历史价值

《富国策》出版后，在中国以不同方式广为传播，在逐渐被各界接受的同时，也引发了当时的社会对其所介绍的西方经济思想的浓厚兴趣。

《富国策》的译文版本和相关评价

1880年同文馆出版《富国策》之后，陆续出现了不同的版本，主要有美华书馆刊印本、益智书会本、实学新编本、鸿宝书局的石印本，1903年上海会文学社出版了由昌言报馆编写的一卷本的《富国策》石印本。

《富国策》的出版还引起了日本人的关注，1881年日本乐善堂率先在上海复刻出版了由岸田吟香训点、中田敬义校订的《富国策》，而当时在日本尚无日文译本。据京都大学人文科学研究所教授森时彦考证，该训点本刊行后第3年，日本始出版日文译本[1]。

除了刊印不同版本的《富国策》外，还有一些报刊[2]通过不同方式将《富国策》的内容或目录介绍给读者，这均有助于加深当时社会对这本书的认识和了解。但是，当时对《富国策》的评价呈现两个极端，一些学者对其评价甚高，而另一些则给予较低评价。

梁启超高度评价《富国策》，他认为：“《富国策》精义甚多。其中所言商理商情，合地球人民土地，以几何

---

[1]参见森时彦：《清末中国吸纳经济学（political economy）路径考——以梁启超为中心》，“清代政治与国家认同”国际学术研讨会，2012年。

[2]其中包括《湘学新报》《无锡白话报》等。

公法盈虚消长之，盖非专门名家者，不能通其窔奥也。中国欲振兴商务，非有商学会聚众讲求大明此等理法不可。”[1]

还有学者从教学角度高度肯定《富国策》，认为：“《富国策》为此学最早之译本，今日坊间理财学之本，层见迭出，然细按之，则大半徒有佳名，其内容多不合教材之用，反不如此本之繁简得中、说理清楚为独胜也。”[2]

对《富国策》的负面评价大多集中在对其翻译准确性和所使用语言方面。陈炽谈到自己读此书的最初感受：“总署同文馆所译《富国策》，词旨庸陋，平平焉无奇也。”[3]胡寄窗曾经指出，19世纪80年代之初，西方经济学就已经开始在我国传播，不过1902年以前的译本“大多用文言文意译而成，对原书内容既有所省略，同时又常运用我国传统的旧经济概念与术语来附会外来经济学说，更使人难于理解原著的真正含义，也不易看出中西经济思想之区别”[4]。

---

[1]梁启超：《读西学书法》，载夏晓红编：《〈饮冰室合集〉集外集》（下册），北京：北京大学出版社2005年版，第1166页。转引自熊月之著：《西学东渐与晚清社会》（修订版），北京：中国人民大学出版社2011年版，第253页。

[2]《中国学塾会书目》，上海：美华书馆1903年版，第20页。转引自熊月之著：《西学东渐与晚清社会》（修订版），北京：中国人民大学出版社2011年版，第253页。

[3]陈炽：《重译富国策·叙》，载赵树贵、曾丽雅著：《陈炽集》，北京：中华书局1997年版，第274页。转引自张登德著：《求富与近代经济学中国解读的最初视角——〈富国策〉的译刊与传播》，合肥：黄山书社2009年版，第187页；关于汪凤藻所译《富国策》与陈炽所译《重译富国策》的比较可参见张登德的书第188—194页。

[4]胡寄窗著：《胡寄窗文集》，北京：中国财政经济出版社1995年版，第636—637页。转引自张登德著：《求富与近代经济学中国解读的最初视角——〈富国策〉的译刊与传播》，合肥：黄山书社2009年版，第178页。

《富国策》的历史价值

《富国策》是晚清中国出版的第一本西方经济学著作中译本，该书的翻译刊印产生了多方面的社会影响。

第一，《富国策》提到了西方古典经济学的主要代表人物，全面阐述了西方经济学理论，第一次把西方经济学介绍给中国人。该书涉及的古典经济学家包括司美氏、梨喀多、弥耳氏以及空想社会主义者英国的温氏[1]和法国的傅氏[2]等。书中叙述的生财之道、邦国通商、货币及其流通、贷财与税敛等经济学概念，对生产、流通、消费、货币流通和贸易过程等的论述，可以说基本涵盖了政治经济学的主要内容。这些概念和知识对当时的中国人来说很陌生，书中讲述的英国富国措施和途径有很大的启示意义，书中的生财、用财、贷财等对改变中国传统的贱利重义观念有一定作用。

第二，1880年《富国策》刊印后，引发了在华西方学者、传教士翻译编著西方经济学的极大热情，类似的书籍不断刊印，包括1886年艾约瑟翻译刊印的《富国养民策》、1892年傅兰雅的《富国须知》、1899年小万卷楼主编辑的《富强新书》、1899年英国人嘉托玛的《富国真理》、1911年英国人马林的《富国策》等等。在诸多介绍西方经济学理论的著作中，《富国策》在内容和影响力方面都居于领先地位。这本书甚至被一些学校包括教会学校当作系统学习西方经济学的教材大量使用，对西方经济学

[1]温氏，今译为罗伯特·欧文（Robert Owen，1771—1858），英国空想社会主义者、企业家、慈善家。

[2]傅氏，今译为夏尔·傅立叶（Charles Fourier，1772—1837），法国哲学家、思想家、经济学家、空想社会主义者。

理论在近代中国的传播贡献突出。

第三，《富国策》及之后出版的西方经济学书籍所倡导的富国途径，对中国近代经济思想的演变产生比较大的影响。清朝时中国处于封建经济时期，其典型特征是自然经济占绝对统治地位，农业为最主要的经济部门，商业居于非常次要的地位，“抑商”成为一种普遍现象。龚自珍甚至提出尽量缩小商业规模，限制货币作用的主张。鸦片战争爆发后，西方商品经济开始输入中国，对中国封建经济的冲击逐渐显现。中国人开始被迫了解和接受西方。魏源提出“师夷之长技以制夷”的主张，还提倡“崇利”，开始打破“抑商”局面。第二次鸦片战争后，西方各国的商品大量涌入中国的同时，与西方的交往也越来越频繁，在这样的背景下，以王韬、薛福成、马建忠、郑观应等人为代表的一批知名人士，开始逐渐接受西方国家的经济思想和政策主张，并根据当时中国的现实情况有选择地吸收《富国策》的思想[1]。王韬在其书[2]中提到，“至今日而欲办天下事，必自欧洲始。以欧洲诸大国为富强之纲领，制作之枢纽”，同时通过学习西方富强之道，“兵力，商力二者并用，则方无意外之虞”。郑观应则主张通过仿行

[1]叶坦认为，当时有识之士将西学理论方法同中国传统的经济概念与思维方式相结合，试图诠释或改新当时社会经济状况，并逐步展开对本国经济学说和理论的探究著述，这是中国经济学术从传统到现代转型的特征，也是抵御西方列强与发展本国经济的时代需要。参见叶坦：《中国经济史学的新发展——以1896年的经济学术公案为中心》，《贵州社会科学》，2016年第9期。关于19世纪西方入侵对中国近代历史产生的冲击作用，美国一些学者倡导以中国为出发点，深入探索中国社会内部的变化动向和形态结构，柯文称之为“中国中心观”，可参考柯文著，林同奇译：《在中国发现历史——中国中心观在美国的兴起》，北京：中华书局2002年版。

[2]王韬编：《弢园文录外编》，北京：中华书局1959年版，第380页。

西方的公司制发展民族经济，在《盛世危言·商务五》有“英国颁行公司定例甚善，我国亟宜通饬仿行，以杜奸商舞弊也”。

第四，《富国策》中使用的经济学概念和词汇，例如资本、罢工、合同、价值、股分公司（现常用“股份公司”）等沿用至今。同时，书中还有一些词汇被稍加改造后加以使用，例如，将“利息”改为“利润”，将“工价”改为“工资”，将“税敛”改为“税收”。虽然《富国策》中所论述的诸如“生财”（财富的创造）、“分财”（财富的分配）、“用财”（财富的使用）等经济学基本原理和概念当时还很少被使用，但20世纪前后，在日本留学的中国人开始通过日本把西方经济学的相关概念和理论引入中国，当时的《申报》《大公报》开始运用西方经济学的相关知识分析中国问题，由此西方经济学开始在中国广泛传播。

第五，《富国策》在变法运动中受到维新派的重视，对维新派的思想和主张有一定影响。梁启超对《富国策》给予较高评价，把它作为商政之书列入《西学书目表》。康有为在“公车上书”中提出清政府应“及时变法，富国养民，教士治兵，求人才而慎左右，通下情而图自强”，具体的“自强之策”为：（一）富国之法：曰钞法，曰铁路，曰机器轮舟，曰开矿，曰铸银，曰邮政；（二）养民之法：一曰务农，二曰劝工，三曰惠商，四曰恤穷；（三）教民之法：包括兴办西式学校、开设报馆、鼓励游学等；（四）改革国政之法：包括裁汰冗员、广开言路、首停捐纳、增官俸禄。在康有为的“自强之策”中不难发现《富国策》产生的影响。

目　录

富国策

乐善堂聚珍版

[英] 亨利·法思德　著
[清] 汪凤藻　译
[美] 丁韪良　审定
张锦冬　校注

亨利·法思德（Henry Fawcett，1833—1884），《富国策》原著者，19世纪中期英国经济学的主要代表人物

汪凤藻，《富国策》翻译者

丁韪良（William Alexander Parsons Martin，1827—1916），《富国策》审定者

《富国策》1881年日本乐善堂书房翻刻铅印本

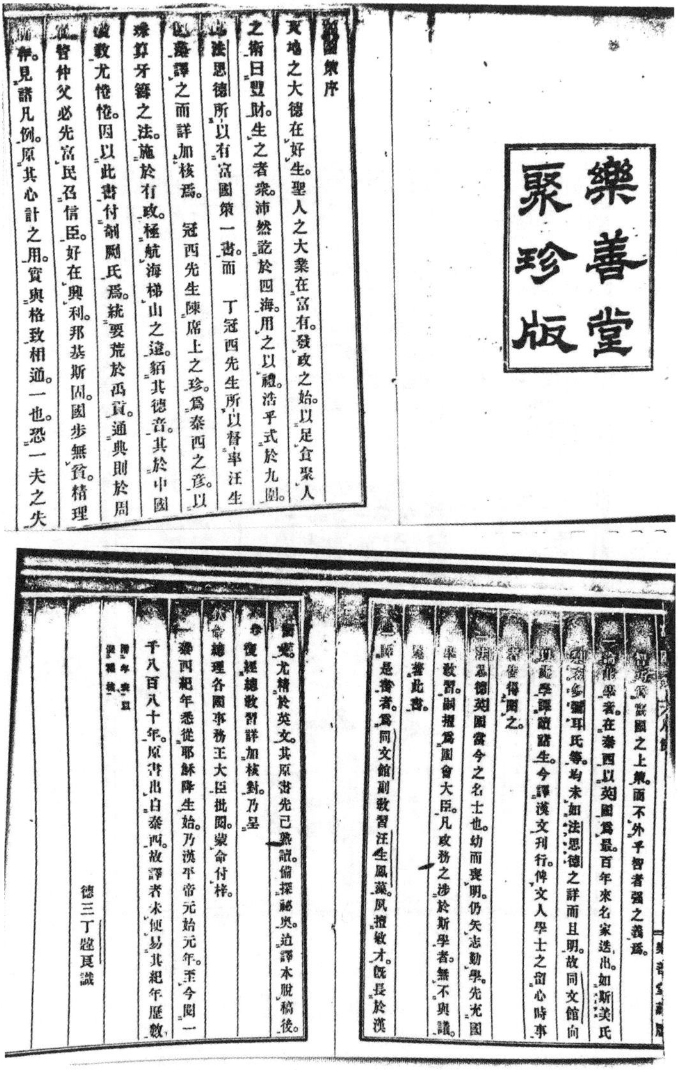

樂善堂聚珍版

富國策序

天地之大德在好生。聖人之大業在富有。發政之始。以足食聚人
之術曰理財。生之者衆。沛然訖於四海。用之以禮。浩乎式於九圜。
[illegible]法思德所以有富國策一書。而　丁冠西先生所以督率汪生
[illegible]藻譯之而詳加核焉。　冠西先生陳席上之珍。爲泰西之彥。以
珠算牙籌之法。施於有政。極航海梯山之遠。豬其德音。其於中國
[illegible]數尤惓惓。因以此書付剞劂氏焉。統要荒於禹貢。通典則於周
官。管仲父必先富民召信臣。好在興利。邦基斯固。國步無貧。精理
[illegible]靜。見諸凡例。原其心計之用。實與格致相通。一也。恐一夫之失

[illegible]寓戰國之上策。而不外乎智者强之義焉。
一[illegible]此學者。在泰西以英國爲最。百年來名家迭出。如斯美氏
[illegible]彌耳氏等。均未如法思德之詳而且明。故同文館向
[illegible]學譯諸生。今譯漢文刊行。俾文人學士之留心時事
[illegible]得閱之。
一[illegible]思德英國當今之名士也。幼而喪明。仍矢志勤學。先充國
學教習。嗣擢爲國會大臣。凡政務之涉於斯學者。無不與議。
[illegible]著此書。
[illegible]譯是書者。爲同文館副教習汪生鳳藻。夙擅敏才。既長於漢
[illegible]文。尤精於英文。其原書先已熟讀。備探祕奧。迨譯本脫稿後。
[illegible]復經總教習詳加核對。乃呈
[illegible]命總理各國事務王大臣批閱。蒙命付梓。
一泰西紀年悉從耶穌降生始。乃漢平帝元始元年。至今閱一
千八百八十年。原書出自泰西。故譯者未便易其紀年歷數。
附年表以便稽核。

德三丁韙良識

《富国策》乐善堂聚珍版崇礼序页书影

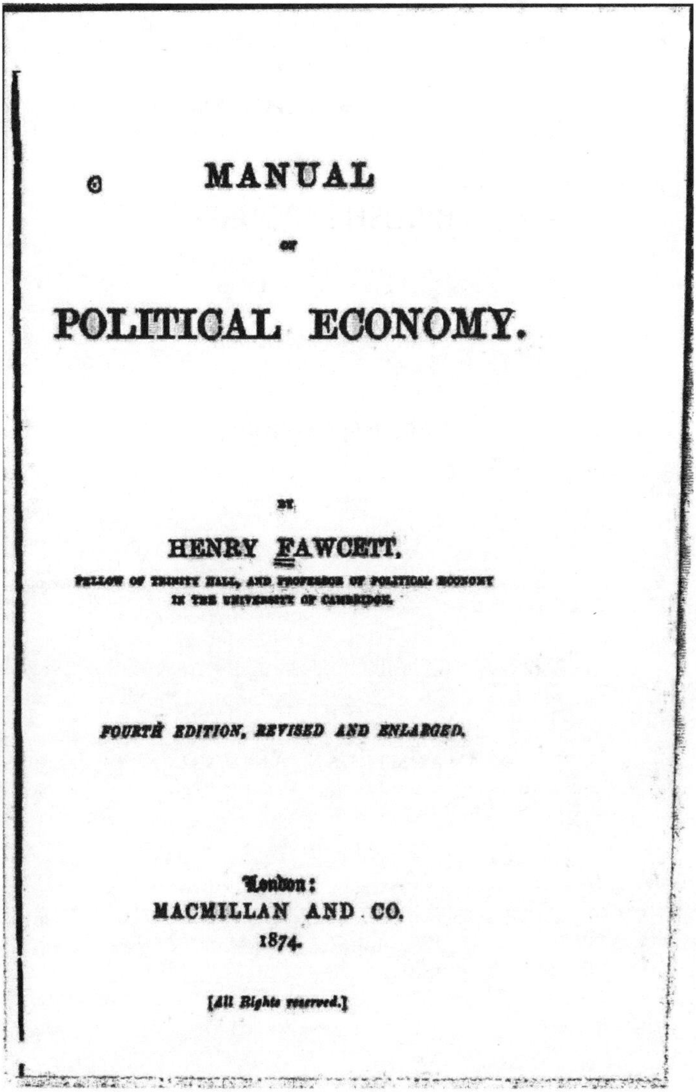

MANUAL

OF

POLITICAL ECONOMY.

BY

HENRY FAWCETT,

FELLOW OF TRINITY HALL, AND PROFESSOR OF POLITICAL ECONOMY
IN THE UNIVERSITY OF CAMBRIDGE.

FOURTH EDITION, REVISED AND ENLARGED.

London:
MACMILLAN AND CO.
1874.

[All Rights reserved.]

亨利·法思德《政治经济学提要》第四版

THE ECONOMIC POSITION

OF THE

BRITISH LABOURER.

THE ECONOMIC POSITION

OF THE

BRITISH LABOURER.

BY

HENRY FAWCETT, M.P.

FELLOW OF TRINITY HALL, AND PROFESSOR OF POLITICAL ECONOMY IN THE UNIVERSITY OF CAMBRIDGE.

Cambridge and London:

MACMILLAN AND CO.

1865.

亨利·法思德1865年出版的《英国工人的经济状况》书影

序

天地之大，德在好生；圣人之大业在富有。发政之始以足食，聚人之术曰丰财。生之者众，沛然讫于四海[1]；用之以礼，浩乎式于九围[2]，此法思德所以有《富国策》一书，而丁冠西[3]先生所以督率汪生凤藻[4]译之，而详加核焉。冠西先生陈席上之珍，为泰西[5]之彦，以珠算牙筹[6]之法，施于有政；极航海梯山之远，貊[7]其德音[8]。其于中国政教尤惓惓，因以此书付剞劂[9]氏焉。统要荒于禹

[1]四海，意同天下。

[2]九围，九州。

[3]丁冠西，即丁韪良，“冠西”是他的别号。

[4]汪生凤藻，即同文馆副教习，《富国策》的翻译者。

[5]泰西，泛指欧洲、美洲各国。

[6]牙筹，象牙制的筹码，计数用。

[7]貊，通“寞”，寂寞。

[8]德音，善言。

[9]剞劂，雕版、刻书。

贡[1]，通典则于周官[2]。管仲父[3]必先富民，召信臣[4]好在兴利，邦基斯固，国步无贫，精理所存，见诸凡例。原其心计之用，实与格致[5]相通，一也；恐一夫之失所，俾万邦之协和，二也；以财发身，则上好仁而下好义，三也；修文偃武，则以玉帛，不以兵戎，四也。富居五福之一，而好学爱人，务本息争，又具四美焉，其利溥哉，为用宏矣，遂承属而为之序。

光绪庚辰季春沈阳崇礼[6]序

[1]禹贡，尚书夏书篇名。大约成书于周秦之际。篇中把当时中国划分为九州，记述各区域的山川分布、交通、物产状况以及贡赋等级等，保存了我国古代重要的地理资料。后来地志之书，自汉书地理志、水经注以及后来各代地理专著，无不以禹贡为依据。历代解释禹贡之著述甚多，成为专门之学。清代胡渭所撰《禹贡锥指》，是一部总结性的著作。

[2]周官，尚书篇名。篇中叙述周设官分职和用人之法。

[3]管仲父（？一前645），春秋齐颍上人。名夷吾，字仲。初事公子纠，后相齐桓公，主张通货积财，富国强兵，九合诸侯，一匡天下，使桓公成为春秋五霸之首。

[4]召信臣（生卒年不详），字翁卿，九江郡寿春（今安徽寿县）人，西汉官员，为官清廉，有“召父”之称。见班固《汉书·召信臣传》。

[5]格致，格物致知的简称。谓穷究事物的原理而获得知识。清末于西方传入的声、光、电、化等自然科学统称为格致学。

[6]崇礼，字受之，汉军正白旗人，总理衙门大臣。

凡　例

——《富国策》为西国之新学，近代最重之。其义在使民足衣足食，无一夫失所。至强兵一道，虽在所不论，然亦有不期而自得之理存焉。

——《富国策》系属内政，而不属外交，重在偃武修和。盖自古殃民穷国之举，未有如黩兵之甚者也！

——《富国策》虽旨在广发财源，而未尝遗乎仁义。缘若绝仁弃义，则无论再有何策，终难利国矣！

——《富国策》虽不究夫学业，而间亦旁逮格致诸学，并专以开发智巧为富国之上策，而不外乎智者强之义焉。

——论此学者在泰西以英国为最。百年来名家迭出，如斯美氏、梨喀多、弥耳氏等，均未如法思德之详而且明。故同文馆向以此学课读诸生。今译汉文刊行，俾文人学士之留心时事者皆得阅之。

——法思德，英国当今之名士也。幼而丧明，仍矢志勤学，先充国学教习，嗣擢为国会大臣。凡政务之涉于斯学者，无不与议，遂著此书。

——译是书者，为同文馆副教习汪生凤藻，夙擅敏才，既长于汉文，尤精于英文。其原书先已熟读，备探秘奥，迨[1]译本脱稿后，复经总教习详加核对，乃呈钦命总理各国事务王大臣批阅，蒙命付梓。

——泰西纪年悉从耶稣降生始，乃汉平帝元始元年，至今阅一千八百八十年。原书出自泰西，故译者未便易其纪年、历数（附年表以便稽核）。

德三[2]丁韪良识

[1]迨，等到。

[2]德三，为丁韪良的号。

目　录

第一卷　论生财

第一章　总论

尝谓著书立说，莫难于入手数章，此在博习艺术者，无不知之。是故动理垂于重学，而入门或昧适从；公论著于几何，而专家犹多问难，良以物理之微，久则自悟，骤则难通也。审是言富国策者，遽欲综论其指归，推原夫奥窔[1]，又安望初学之相说以解哉？然学者不得因公论自然之理，有所未定，而遂废几何；则亦不得因诸家于此学有所论难，而遂废富国策。所愿有志是学者，去其成见，由浅及深，迨至名物事理，荟萃于心胸，贯通于一旦，然后信此学之益人非浅鲜也。

富国策所论述者，乃生财、用财、货殖交易之道。昔斯密氏首创是学，名其书曰邦国财用论，其实此学所论财用，固合民生国计而言之也。盖财用者，人生衣食之源，天下林总之俦[2]。熙来攘往，不惮经营力作者，无非为植财治生计耳。独是财之一字，难日用所习见，而其义非经解说，恐难尽人而知。大凡利于贸易之物，皆谓之财，而贸易之利，必生于以有易无，所谓交易而退，各得其所也。若夫清空之气，固生人呼吸之所需，然取之无尽，用

[1]奥窔，室内的深暗角落。

[2]俦，同辈、伴侣。

之不竭，我非有余，人非不足，即无利于贸易也；水之为物，几于无地无之，亦不得谓之财。然遇通都[1]大邑[2]，人烟稠密之区，雨水不足供其用，则必借人力以运之，于是乎有贸易之利，而水亦居然财矣。安威耳山[3]，泉所自出也，一渠之水，贱与空气等，及其运至都城，迁地不过十数里，而业水遂足以致富。彼纽利佛公司[4]，其明验也。是故物之贵贱无常，一视人之好尚有无以为准。有贸易之利者，斯为生财之物，财岂可以拘墟囿[5]哉！

贫富之不同，不独国与国有然，即一国之中，亦有随时变异者。昔英国贫乏，与今之山番[6]等，彼其时岂无财源之可开哉？今英国所赖以致其富守其富者，不外煤铁等物产。昔皆有之，而不知用，斯不得谓之财耳。是故造物生财，不限疆域，而取财理财之方，则视其国之声教[7]以为广狭也。

厥[8]初生民，大抵猎兽而食，一变为游牧，再变为耕稼[9]，而教于是兴，国于是立矣。今之蛮[10]夷[11]，以渔猎为生，回部以游牧为业。盖荒陋之习，犹未变革。他若东方

[1]通都，四通八达的城市。

[2]大邑，古称王畿、侯国，大夫采地曰邑，尊称为大邑。

[3]安威耳山，现在一般译为安威山。

[4]纽利佛公司，公司名。

[5]墟囿，村落园囿的意思，囿在此处指一块被限定的区域。

[6]山番，又译“三藩市”“圣弗朗西斯科”，今译为旧金山。美国加利福尼亚州太平洋沿岸的港口城市。

[7]声教，声威和教化。

[8]厥，其。

[9]耕稼，翻土下种，泛指农事。

[10]蛮，粗野、不通情理。

[11]夷，旧指外国或外国的。

之国，其民聚族而居，立长而治，亦见古世之遗风。中国兴教最先，立国最久，特其人狃于[1]信古，故流风遗俗，至今犹有存者。凡此贫富之殊，由于物产者少，由于人事者多，而天下之大，万国之众，或则日进于富疆，或则转流于贫弱，或则历久而如故，此其中莫不有所以然之故。英人勇于自新，日思富强其国，而国亦日臻于盛。彼历久如故者，不解其何以不进不退也。是故，富国策之学，不独言日进富强之理，亦以明不进不退，及不进而退之故焉。

百年以前，斯氏[2]之书未出。人之论财者，辄谓国非金银不富，此大误也。夫国家之有通宝[3]，所以为易货之币，乃声明文物之一证。虽在教化未盛之国，莫不有之。盖自钱币行，而物之贵贱，不难于核计。设麦一石，值银一两；米一石，值银三两，即知米贵三倍于麦也。又自金银为万国之通宝，而人之懋迁[4]有无于以便。设人载麦一舟，将以贸他物，但售麦得银，而他物俱可价买。向使无钱币之用，则欲以麦易布者，必得一有布无麦之人，方可交易而退。一物如是，凡物无不如是。商贾无由通，即政教无由隆，是钱币之深利于家国也，而人之误以金银为财者，正因乎此。彼见物价之贵贱，悉以钱币计，百货之有无，悉以钱币易，遂谓天下之宝，莫若金银，金银以外无

[1]狃于，因袭、拘泥。

[2]斯氏，今译为亚当·斯密（Adam Smith，1723—1790），英国古典经济学的主要代表人物。

[3]通宝，流通的货币。

[4]懋迁，犹贸易。

所谓财。其在邦国，通往来，重商政，亦沾沾[1]为积金之计，不知国之所以富，与财之所以生，不徒在是。今之人仍蹈此误者鲜矣，然积习之久，中于隐微，正有未泯故见者，是书所为不惮烦言也。（详见后文论钱币诸章上）

[1]沾沾，形容自己觉得很好而得意的样子。

第二章　论生财有三要

天地之所钟毓，山川之所韫藏，皆自然之利，财用之源也，然取材以致用[1]，则在乎人。试观煤产于山，诚天生之利薮[2]，而不有人力以取之运之，则无以资其用。特智巧[3]之施，必有所凭藉[4]，机器之制巧矣，而非铜铁不能成，故地利、人功[5]，二者交相济，亦交相需也。

所谓三要者，何也？人知因地之利，施人之功，百物可以成，即财用于是足，而不知百物之成，资乎百工[6]。百工之养，资乎饩[7]廪[8]。不有蓄食，何以食[9]百工？不藉人功，又何以有蓄食？盖必为之于先，积之于素[10]，因往以鸠[11]来，而后百工可兴，百物可成。犹贾[12]者必积本而

[1]致用，付诸实用。
[2]薮，比喻人或物聚集的地方。
[3]智巧，智谋和巧诈。
[4]凭藉，亦作“凭借”，依靠、依赖。
[5]人功，人力。
[6]百工，指各种工匠。
[7]饩，古代祭祀或馈赠用的牲畜。
[8]廪，米仓。
[9]食，以食与人，亦作饲。
[10]素，平素、往常、旧时。
[11]鸠，聚集。
[12]贾，居货待售者，指坐商。

后可以营利也。然则生财之道，资本又其要[1]矣。

是书论资本之要，多所问难[2]，学富国策者，但视其于此理明不明，即知其于此学能不能，诚能洞徹[3]资本之理，则全书之贯通，可操券[4]获矣。所谓资本，其说非一端，姑举其一言之，曰资本者，撙节[5]之余。此非谓有所节，遂有所生也。人功之所效，不能遽以应取求。农夫力田，需数月之久而谷始登，食始裕。此数月中所恃以养者，乃耕余之食耳。推之百工，莫不有然。盖惟有所节以为养，斯能奏其功以有所生。若是乎资本之关系于生财者，又岂在地利、人功下哉！

---

[1]要，要点、纲要。

[2]问难，诘问驳辩。

[3]洞徹，同“洞澈”，透明、明白透彻。

[4]操券，执持契券。谓有凭证在手，以喻事成有把握。

[5]撙节，节制、节约。

第三章　论人功

生财必藉乎人功，上章已显其理，兹更推论夫功之所由施，斯见物之所由利于用焉。惟天生材，而饬[1]材创制，以适生人之用者，人功也。市廛[2]之货，日用需之，究其制，率非一手一足所能成。试以棉花论，植之者美国也，织之者英国也，衣之者印度也。苟为之溯其原，究其竟，始知盈丈之布，所需之功，殆[3]有不可胜计者。其在美国，始而种植收采，继而束缚捆载，由内地运至海口，以备商贩，固在在需人矣。其至英国也，非船不能载，则有造船之功；船不能自行，则有航海之功；抵岸必起货，则有人夫挑运之功。他若陆运藉乎铁路，有创造铁路之功；织布赖乎机器，有创造机器之功；而百工之兴作，恃乎饔[4]飧[5]，则更有积本以食之之功。因端以竟委，触类而引伸，由钜至细，自粗及精。盖区区一布之微，其人功之众且大若此，他物不从可知哉！

独是财非人功不能生，而人功不必皆生财。故以两类

[1]饬，整顿、使整齐。

[2]市廛，集市。

[3]殆，几乎、差不多。

[4]饔，早饭。

[5]飧，同“飱”，晚饭。

括之：曰生财之功，曰不生财之功。此其异就名而言，虽未尝从事此学者，亦无不稔[1]知之也。

欲明二者之分，又必申论夫生材取材之故。盖万物生于天，聚于人，成于聚。人之不能生物，犹天之不能聚而成之也。如谷之有麦，天之所生也；人之取麦磨之而成面，和之以水与酿，蒸之以火与气而成饼，而后人得市而食之。是其交易之利，出乎人功，而凡致物有交易之利者，皆生财之功也。若农若工若商，其选也。农所以力耕，工所以制造，商所以懋迁有无，皆生财之显者。推之巡街之捕役、查夜之兵丁，所以靖[2]盗寇、保商贾，亦足与于生财之列。惟是生财之功，亦有时而不生财。一工之创，或既举而旋废，则前功尽弃焉。如近年某地之铁路是已。其工方竣，而事主乃以故毁之，其地复售归原主，岂非弃全功于一旦，而至有用之功，竟不难化为无用哉！

天下品类之繁，托业之不一其途，复有作为有益，而其功不迳能生财者。如闾里[3]之塾师[4]其一矣。数年前，人不重读、识字之工贾[5]，视与不识字者等。傭[6]工之业主，方以为读则妨工。今日有塾，不如昔日无塾，当其时塾师之功，即不谓为有害，必谓为无益，岂果无益哉？特其生财之功不显耳。迄于今，文教日兴，人知读之可贵，始信塾师之有利于国计民生者，非浅鲜也。盖论读书

[1]稔，熟悉。

[2]靖，旧指平定，使秩序安定。

[3]闾里，乡里，泛指民间。

[4]塾师，家塾的教师。

[5]工贾，工人与商贾、工商。

[6]傭，受雇为人劳动。

之益，不独巨商大贾为然，下至负贩[1]小民，一技一艺之末，莫不心力并重。能识字知算者，必于所业有裨。然则教人以道艺，牖[2]人以明聪，师傅之功。岂不深有造于富国之道乎！若此者，其始不见生财，徐而思之，虽不迳能生财，而实未尝不生财也。不但此也，夫作无益，害有益，人情耻之。不知无益之耗费固可惜，而生人[3]之乐趣亦不可无。欲尽举耳目玩好之事而废之，非惟势有所不能，抑亦情有所不必。何也？一国升平之象，可觇[4]民物而知。其得优游闲暇以行其乐者，必其国之阜[5]于财，足于用者也。况乎人生有作必有息，劳倦之余，得一舒散，而精神顿振，力作[6]愈勤。由是言之，虽供人耳目玩好之事者，亦不尽无益，即不尽为不生财之功也。

审乎此，则所谓生财之功，可得而推其类，定其限矣。旧说，生财之功者，劳其力以利物之用者也。愚谓以此立限，未足赅括。盖按此说，彼教人技巧之工师，必不得与于生财之列。然百工之技巧，实富国之要端。工非师，无以生其巧。工失其巧，国即损其富矣。特是人之论财用，以有形言，遽以无形之技巧为财用，未免失之矫。今第小变其说以立之限，曰：生财之功者，或劳力，或劳心，以利物之用者也。如是则师傅之功既可赅，而与世之

[1]负贩，担货贩卖。
[2]牖，引、同诱。
[3]生人，生民。
[4]觇，看、窥视。
[5]阜，盛、多。
[6]力作，尽力劳作。

论财用者，亦无凿枘[1]之势焉。

生财不生财之分，有益无益之别也。人功既有此别矣，而货物之消耗亦如之。盖天下不能无游民[2]，游民不劳心，不劳力，不耕而食，不织而衣，其所消耗者，犹是农工勤苦之所生，而不能更生一物以裨世，是无益也。故有有益之消耗，有无益之消耗。讲富国策之学者，又不可以不知之。

夫作为无益之人，其所消耗，固皆无益矣，而作为有益之人，其所消耗，正不皆有益。何也？人即甚贫，不能无所费于衣食之外。凡外于衣食者，皆非其所需也，非所需而费之，虽出于良工勤农，亦无益之消耗也。此其分于下文论资本章，所关为甚要焉。

[1]凿枘，“圆凿方枘”之略语。枘凿本相入之物，后人沿用而去“圆”“方”二字，因以不相容为凿枘。

[2]游民，无业流荡之人。

第四章　论资本

资本之要，与人功、地利而并重，其说已明，其理易显也。盖百工居肆[1]，不能即所制之物以为养，则必有蓄于素者供厥取求，而后可从容以成其事。此蓄于素者，资本之谓也。是故邦国之资本，亦节用之余，用以滋生物力，以益其富者而已。

前言人之论财用者，惟金银是宝，诚为世俗之通误，而学者于资本之谓，苟执初见言之，恐亦易蹈此误。盖计资本之多寡，与论财富同。非藉钱币，无由核其数，于是人遂以资本专属诸金银。凡金银而外，皆不得谓之资本矣。显持此说者，或鲜其人，独至奥义[2]所在，议论所抒，则往往习于误而不自知。是虽辨足饰[3]非，而究于此学无当也。然则何谓资本？资本者，无一定之物，凡积蓄于素，以为生财之本者，皆是也。今使执农人而问之曰，尔有资本几何？诚必以若干金对。顾此若干金者，非真有若干金也，乃据其牲畜、田器、籽种之所值，合之现存之银，都为此数耳。夫农夫何以需资本乎？曰市田器也，市牲

[1]肆，旧时指铺子、商店。

[2]奥义，高深的含义。

[3]饰，假托、遮掩。

畜也，市籽种也，雇佃工也，则是农夫虽真有若干金，犹必易市诸物，而后田事可成也。资本之谓，顾可以金银囿哉！

人知资本之无定物，即知一国之资本，不尽见诸运用也。试以谷论。大抵今年之所入，备明年之所出。或问此所入之谷，应以若干分为资本，曰，举田主所欲用之于有益者，资本之数也。然人无恒心，今日欲用之于有益者，明日或用之于无益，故一国资本，初无常数[1]，惟通一年计之，庶几[2]可核而知耳。

说者曰，食为民之天，人即奢侈，断无暴殄[3]其谷者。审是则一国所有之谷，何不可尽视为资本乎？曰，否。田主不难货其谷以姿挥霍也。说者又谓谷货于人，谷之用仍在。殆物之类乎谷者，其能否为国之资本？并非物主所得而主欤？惟然而又一难义生矣。要之资本之理，未可更端问难，使学者苦于捍格[4]而不通，是贵有以辨之，何以辨之？曰，假如田主收谷百石，以五十石易银，供其嗜好之费，则五十谷之所值，已耗于无益矣。此五十石之谷，能视为资本乎？不然也。盖就谷而论，虽经易主，其足以为人朝夕饔飧之需者，曾不少异。然使田主以所易之银，不耗于无益之嗜好，而用于有益之经营，则其国之资本，不更多此五十石之谷乎？或谓此嗜好之物，既有业之者，必有售之者。即不售于田主，亦必售于他人，其业本无益之业，似损国之财者，不在售主而在业主也。不知人无嗜好，何以有嗜好之物。业主成之，实售主有以启之。

[1]常数，一定之数或通常之数。

[2]庶几，也许可以，表示希望或推测之词。

[3]暴殄，任意糟蹋。

[4]捍格，相抵触。

是故国之资本，增损在民，奢侈则损，节俭则增。所谓资本者撙节之余也。撙节云者，非藏之于勿用，乃用之于有益，以为生财之本耳。适言凡人奢侈，则损国之财，节俭则增国之财，由是知人之耗其财以恣嗜好者，不独无益于国家，并无益于工贾。其有益工贾者，乃铢积寸累，经营植产之流也。此说世俗咸非之，世俗于纨绔之子，挥金如土，则曰彼虽损己，而实利人，其济世之功有足多者。若躬行节俭之人，则反无此美誉，而一遇荒歉，辄为众怒之所归，比比然也。

不知一国之资本，百工所赖以赡养者也。资本愈多，则工食愈富，兴作[1]愈众。今试有人于此，初则货其谷以恣挥霍，继则改行，以挥霍之资佣工人，一变易间，其所系于工人者为何如乎？当其挥霍也，惟美食鲜衣之是务。就其一端言之，设以千金制华服，在织匠多售千金之货，必增雇织造之工。是若人以千金制美衣，不啻以千金佣织工，似有益于织业也。然而其衣一敝[2]，则千金立尽，衣之者虽炫耀于一时，而要不能更有所滋生。假使迳以千金佣工作，则所作之工，皆滋生之财，而国必益富矣。

或者谓此就一国之所系而言则然，若第就工贾而言，亦有以异乎？夫举百工而合计之，损于此必益于彼。若人以佣佃之资而制衣，天下少一佃工，即多一织匠；以制衣之资而佣佃，天下多一佃工，即少一织匠。诚无所出入于其间。然织匠因制衣之人少而汰其工，工汰则本轻，本轻则有余资，有余资则将别托一业以营利。是天下少一

[1]兴作，兴建。

[2]敝，破、坏。

织匠，不独多一佃工也，故雇工之人愈多，则役工之人愈众，有必然者。

独是前言人之嗜好，并无益工，工贾其说至不易明，欲急索解人不得焉。试申论之。有人以千金之产，变价而市绣，宜其有益于业绣之工，而与无端毁其千金之产者异矣。不知人而毁其市绣之金，业绣者必将汰其工，必将有余资以别托一业，如前所言然，其经营也如故，其获利也如故，曾不以市绣之人少而有所损也。少之既无所损，多之岂有所益哉！然则嗜好信[1]无益于工贾，而民之足以富其国者，乃断断在节俭而不在奢侈也。

夫耗其财以适一己之口体者，信与国计民生，两无裨益矣。若出资雇工，以为无益之举，如造苑囿、凿池沼等事，不独有裨于工匠乎？试论之。设人以百金凿一沼，天下固多此百金之工价也。故就工价而言，则较诸口体之是适者，耗财同而公与私有间[2]矣。顾与适口体者较，则此为愈；与作有益者较，则此究为无益之耗费也。何也？作有益者，所成之工，必更有滋生之效，而此则无之也。是故用财之道，凡分三等：一、用财于有益之工。既可赡养工人，又可滋生物产。凡业农、业贾之类是也。二、用财于无益之工。虽亦赡养工人，而不能滋生物产。如筑亭凿沼之类是也。三、用财于嗜好之物。既不能滋生物产，又不能赡养工人。凡役志于口体者皆是也。（或富国策为教人以为我之书，夫为我者，正以娱耳目、适口体为事者也。乃富国策不以此辈为有裨于工贾，则其非为我之学，

[1]信，的确。

[2]间，差别。

岂待辨哉！）

此章言财之用于有益以滋生物产者，谓之资本。如制造之机器、商贾之屯货、农夫之耕具，暨赡养百工之工食，皆资本也。乃一国所用之资本，每不能尽其利，不能尽其利，则不啻[1]伤其本矣。何以言之？工不巧，器不利；一役之兴，或废于已始；百工之食，恒浮于所需。凡此皆足以伤本。工食浮于所需，何以亦伤本也？盖工有余资，则有嗜好。即英国之工人论之。统计吸食烟叶之费，岁糜[2]银九百万两。夫食烟叶，非徒无益，而且有害，有害则此九百万之用，不独不能滋生物产，并足以消耗物力，非伤本之尤哉！

说者谓一国之资本，诚无丝毫之糜费，则本以愈积而愈多，既无运用之地，将有壅滞[3]之虞，故必有所糜以疏通之。盖资本者，撙节之余。本之日益增，由于俗之日益俭。富者节其嗜好之费以佣工，工既多，所成之货亦必多。业者众而售者寡，壅滞之形，可想而见。虽讲是学者，不免持世俗之见，以为富者之浮费，必不可无，而不知非也。资本一增，情形顿异，试执两说以衡之，一则财加多而民亦加多，一则财加多而民不加多也。其民亦加多者，以所增之本，赡所增之民，出入相抵，财之不患壅滞也易显。其民不加多者，百工已有职业，本虽增，又何加焉？此非申论之不明也。夫富者以浮费[4]之所节，易而佣工，而国本无游民，则此所增之本，诚似无所用之。盖人

[1]不啻，不异于。

[2]糜，糜费、浪费。

[3]壅滞，阻滞、不流畅。

[4]浮费，不必要的开支。

既节无益之费，则向之业无益者，不难改其业以务有益，其本仍在，固于新增之本无所需。然所谓国无游民者何欤？必百工各勤于业，以作工几何，得价几何也。夫百工未有不愿增给其价者，特以资本只此数，故工价亦只此数耳。今资本既增，则工价可长，工价长则向之仅足给衣食者，今且得从容自适于衣食之外。而人之以陶情玩好之事为业者，昔惟富室是赖，今且见售于耕作之人，而其业加盛矣。而或者曰，资本日益增，工价日益长，久之民生各足，无欲不偿，是率天下以惰者，此说也。不知家给人足，生民之庆。劳力者，由是可以节其劳，纾其力，不至如今之疲惫困苦，欲罢而不能，岂不美乎？况人之禀性，初非好劳，迫于衣食，斯不得已耳。是故治国之道，莫善于使民有以节其劳，观于民之犹未得所休息，而知斯世已臻上理之说，殊[1]失之夸也。

夫民有心思而不知辟[2]，民有筋骸而不能息，蚩蚩者[3]历数十百年而如故矣。富国策之学，所以示人以休息。民力[4]之方，使之优游[5]暇豫[6]，得从事于弦诵，以扩其明聪。盖胥一世而进于康乐者，富国策也。彼鄙视此学者，亦思体国经野[7]，有裨世道之书，曾无有窬[8]于此者乎？

资本为撙节之余，言之详矣，自有此说，而人误以财

[1]殊，副词，极、很。

[2]辟，疏通。

[3]蚩蚩者，指无知、痴愚之人。

[4]民力，民间的人力、财力。

[5]优游，悠闲自得。

[6]暇豫，悠闲逸乐。

[7]体国经野，营建国中的宫城门途如身之有四体，管理郊野的丘甸沟洫如机之有经纬，后泛指治理国家。

[8]窬，从墙上爬过去。

之藏于勿用者当之，此大谬也。盖资本不见之运用，不能有滋生之效，以价佣工，工价即资本也。然工必以所得之价，易市衣食，而后可以成其事。设人有谷若干，其得谓之资本者，以其能赡养百工也。若徒储于仓而不用，即不得谓之资本矣。推之一切器用亦然，如火轮气机一具，纵极耐久，亦仅能成工若干，终有敝败之时，惟器用能代人之力以生财，至于敝败而后已，故器用亦谓之资本。是以一国之资本，无论何物，必自其见之运用者言之，非自其藏于勿用者言之也。

特是虚言其理，尤贵实征诸事。试举一二端言之。假如一国为敌所陷，肆其蹂躏，府库[1]为之匮，仓廪[2]为之虚，宫室器用为之毁烬而无遗。若是乎国之资本几尽丧，而生财之道绝，宜其一蹶不复振矣。然而兵燹[3]之余，往往不数年而顿复旧观者，何也？良以一国之资本，恒有所虚糜，其所生之利，原无需所用之本之多也。即如工价之给，每有余于衣食之外，凡衣食所余者，皆去之无伤者也。故一国虽经兵燹，苟田器犹存，则但有一年之食，百工依然可作，农夫依然可耕，诚无妨于生财之道，即无异乎兴复之速也。若并田器而无之，斯为害较大，兴复较难矣。

邦国自通商以来，国计[4]日裕，则恒产[5]日多。以英国论之，铁厂之多，铁路之广，商舶之众，制造之盛，机器之巧，具见其储财之富，而布帛粟米之充积于市廛者不

[1]府库，官府储存财物兵甲的仓库。

[2]仓廪，储藏米谷的仓库。

[3]兵燹，因战争所遭受的焚烧破坏。

[4]国计，国家的经济。

[5]恒产，指土地、田园、房屋等不动产。

计也。使英国而遽丧其所有之食，苟百工犹足以疗饥，则一年之久，不难复其旧。若一旦敌国凭陵，蹂躏遍境，举其宫室器用之类而尽毁之，则元气必不能骤复，而所受之害，视古昔小弱国之失陷者为远甚矣。是故国之恒产，年多一年，即战之祸害，日甚一日，施受之际，易地皆同。观于邦国通商之盛，庶几无轻启兵戎之患哉！

或问国家有额外之费，如征伐剿抚等事，其将贷于民乎？抑将增税敛乎？英国之政，则主贷民，故所负国债，甲于欧洲。惟一千八百五十四年，葛兰司登[1]掌度支[2]，尝建议更张，嗣[3]后兵费，悉以加征赋税给之，俾无贻[4]后世子孙累。一时国会深是其议，以为法至良意至美也，然终格于势而不行。故其时攻俄之役，复贷民五千万磅焉。夫称贷于民，诚不免贻后世累，若权其损益轻重，当何所为之限制，正未易片言断也。

借贷之款，非出于国人之资本，即出于浮费之所节。国家贷民之财，偿民以利，民固未有不愿者。民之财，即农工商贾经营事业之资本也。有所贷于上，必有所减于下。使国家以所贷之财，仍用之于国中，则谓于资本无所损可也。惟国家有事称贷，往往以为军火之用。举凡枪炮、药弹、水雷等物，既不可赡养百工，又不能滋生财用。苟其用之，莫能复之。审是则贷民之举，诚有损于其国之资本，而百工亦隐受其损者也。

然此特就用于军火者言之耳，若以所贷之财，用诸

[1]葛兰司登，人名，当时的英国财务大臣。

[2]度支，官名。掌管全国财赋的统计和支调，故名度支。

[3]嗣，继承、接续。

[4]贻，遗留。

有益之工，为民兴利，如濬[1]河道、造铁路、屯田、开矿等事，非国家为之，民孰能为之？如是以为用，则贷民之举，不独不伤民之财，且能增国之富。又况国家此等巨款，大半恒贷自异邦，如俄罗斯之官铁路、印度之各项工程，取贷于英国者甚巨，其于本国之财，岂非所动支者少，而所增益者多耶？

夫用诸军火，则损其财，用诸要工，则益其富。若是乎，凡称贷于民以兴创工程者，其皆有利无弊矣乎？而不然也。大抵有所营造，官办恒不如民办。官办则虚糜恒多，实济恒少，虽其事非国家莫能举，而终不能无此弊。观于印度之工程局，斯可知矣。

或问所贷之款，自国家耗之，其损国也，甚于民间自耗之，何也？夫执一说以衡之。今使欲通核一国之财，则凡贷其财于上者，其所执之契券，必去而弗计，否则重出其数矣。譬诸甲有田百项，以五十项契于乙，此五十项之契，固为乙之财，而不得谓为甲之财，缘此五十项者，即在甲田百项以内，非乙别有五十项也。彼民之贷财于上者，亦犹是耳。诚使所贷之款，尽出自国人，则虽朝廷概置弗偿，于国之财用曾无毫末之增损，况乎上有所称贷，则下益务节俭。上贷于民而耗之，与上不贷于民而民自耗之，诚无以异也。特是民自耗之，不过耗之而已，上贷而耗之，又必岁偿其息于民，此其所以异耳。

其贷财于下，则下之资本减，而百工因受其损，似也？然而其功效有不可掩者。盖诚能用之要工，则非惟不损国本，抑且能增国本。其增之之道，或民俗以此而益

[1]濬，疏通、挖深。

俭，或异国之本假以为我用也。夫如是，则百工且立受其益矣。印度铁路之费，几几[1]尽贷自英国内一千一百万磅（一磅约当三两三钱）。为国人营造铁路之工价，是印度工人显得此一千一百万磅之利，即如其国佣工之资本，忽增此数也。至于国计之利益，则视乎铁路之功用。印度铁路之所入，犹未足以偿贷款之息，乃加征赋税以补之。是故国家贷财之举，苟可增益其资本，则虽用之于无益之工，其工人必受其利。所不利者，惟雇工之富户，盖资本既加，工价因之以昂耳。

然则贷财之效，因乎用财之方。用之无益，则举国受其损；用之有益，以兴民间不能兴之利，则于国计大有裨也。

所谓以军火之需，列诸无益之耗者，非谓武备可以不修[2]也。国家有事征伐，动糜巨万，诚耗费矣。然兵不足，器不利，则无以御外患。一旦有变，民失其恃，其于国计民生之故，所关岂浅鲜哉！是故军火之需，乃国家不能已之经费，正以为利用厚生计也。

夫国家额外之用，筹之于称贷者，其利弊有如此矣，若筹之于加征则何如？大抵加征之法，各国不同。以英国论之，则不外二法：一曰入款税，一曰货物（如茶、糖之类）加征税。入款税者，或取自入款，或取自资本。设有富户应征入款税一千磅，彼不难节其浮费以给之。以所节之费纳税，则并不减其本[3]，本不减，则百工不致受其

[1]几几，几乎、差一点。

[2]修，装饰、整治。

[3]本，本钱，旧时用来做生意、生利息的资财。

损。故征入款税，必以不伤本为要义焉。或者谓民间因入款有税而节费，节费则嗜好减而市物少，市物少则销路滞，而百工因以受其害。不知人之嗜好，不独无益于国计，并无益于民生者也。诚使所征之税，尽出于入款，而非出于资本，则百工非惟不受损，抑且受其益矣，何也？国家既筹是款，必有运用之方。或以制造船只，或以兴办要工，莫非工人之利也！或又谓入款之税，可无损于富户，不能无损于工作贫民。此又不然。盖工人自食其力，仅足以给身家，初无入款之可计。故英国入款税，未尝征诸工作之民。富如英国，虽加征甚重，亦不致遽伤资本。不过有余之家，浮费顿减，不能穷其奢极其欲耳，而于生财之道，固无妨也，独是加之不已，则国即至富，其究必至伤本，本伤则民失其业，而生财之道失矣。是故入款一税，在贫国行之，则易为害也。

称贷如彼，加征如此，二者果孰愈[1]乎？第就生财一端而论，自以加征为愈。盖称贷之数多，不免取之自本，只可遇税已至重，无可加征之时，不得已行之耳。然此未可执为定论[2]也。讲富国策者，所当变通尽利，因时因地以制其宜焉。试以印度论，印度之财用，恒处于不足，有所营造，非贷财于异国不为功。故使印度一旦有事干戈，欲筹兵饷，而称贷于国中，非计也。然称贷于国中则非计，称贷于英国则甚宜，何也？贷英国之财，以为印度之用，虽半皆耗之于军火，而要其营造战具，必佣工人，则

---

[1]愈，贤、好。

[2]定论，确定不移的原则或论断。

工人食其利，修路造桥，以为军旅也，而平世[1]商贾利其便。若是则岁偿之息，其所生之利足以给之，即不然，其所伤国本，亦不至如贷于国民之甚也。

由是观之，一政之举，为利为弊，不可执一而论。印度之不宜贷于国而宜贷于英，固已。然而印度，英之藩属也，贷于英者愈多，则其民离畔英国以图脱累之心亦愈甚，则是贷财于英，印度之利，乃英国之患矣。是故贷财之举，不独当审诸富国策之理，又必揆[2]乎时，度乎势，期于有利无弊而后已，是在执政者有以权而决之也。称贷与税敛[3]，二者之利弊互见。然则定税法者，可不力除其弊，以求无伤于资本乎？是故货物可税，质料不可税。今使税布者，不税诸已成之布，而税诸未织之棉，则业户必将出其本资以纳税，而业本减矣。若俟其织布而后税之，彼不难稍昂其价以为偿，于业本固无毫末之损也。

是章论凡足以济生财之用者，皆谓之资本。故资本不可以工食概，必兼机器、宫室及一切器用而言。惟工食之为资本，与机器之为资本，其为用有不同：一则消之顿尽，利在运[4]；一则经久始敝，利在恒。故别其名曰运本，曰恒本。二者之分，关于要议者甚多。试论之。运本之用主乎暂，其利可以立得；恒本之用持乎久，其利必以渐收。农夫雇工力田，一年所给之价，一年之收获足偿之。若购一灌田机器，则所费不能取偿于一年之内，必历多年，而后徐收其利也。又一切生料，皆为业户之运本，

[1]平世，政治清明的时代。

[2]揆，揆度、揣测。

[3]税敛，税收。

[4]运，运用、灵活使用。

如棉花生料也，织户织之成布，售其布，顿偿其本矣。惟运本之用，可一而不可再，故其所生之利，必稍有余于本资之外，而后不穷于给。夫资本纵有运与恒之别，而或速或迟，其究必同归于消耗，所以能历久而常存者，赖有滋生之道耳。故运本之消耗速，其滋生亦心速；恒本之消耗迟，其滋生亦不妨迟也。

二者之为用，其不同有如此矣。今使以巨万之资，向惟用之为运本者，今变而用之为恒本，其得失当何如？夫向之用为运本也，以其消耗速，故滋生亦速。今既改为恒本，则消耗迟矣，消耗迟则滋生亦迟矣。试以营造铁路言之。假如本银一千万磅，向以之雇农夫，今以之雇工匠。农夫得食以力耕，其功作所成，顿有滋生之效，而本资可以遽复，工匠得食以造铁路，其有益于国，与农夫等，甚且驾农夫而上，而特不能遽有滋生之效。此在国家，失于彼者得于此，曾无毫末之损。惟养给百工之食，或因此少减，而百工不免受损于一时。盖百工之食，固给自运本者也。然此一时之损，不难以机器之巧，铁路为用之广偿之。盖机器愈巧，则制造愈富；铁路愈广，则懋迁愈利。制造富，懋迁利，则商贾之业日益盛，而百工均受其利矣。况就英国论之，全以机器、铁路致其富，其易运本为恒本也。消耗甚巨，而弥补亦甚捷，故谓英国之工，并无此一时之损可也。

顾[1]概而言之，则百工不必因资本之变易而有所损。分而言之，则受其损者正不乏其类焉。今试有人于此，以七年之久而精一艺，艺精故受食独多。他人以七日得工

[1]顾，但、但看。

价银一磅者，若人[1]以七日得银四磅，良工之所以异于众也。一旦机器（用以制造而代人工）出，而巧者无所施其巧，则将降而与众工伍。而向得四磅者，今亦只可得一磅矣。是若人以有机器，而所得失四之三，计一岁实少银一百五十磅，无异积产者，一旦骤失其四之三也。是故一机器之创，必有工作小民，起而沮[2]其用。论者以为无故阻挠，非无故也，彼实受其损耳。朝廷知其受损，又非出于彼之所自致，则当曲[3]加怜悯而设法以体恤之，与之婉言利害，告以愈阻挠则愈益其损，未尝不可解居而散也。工作小民，不幸遇此，莫妙于舍其旧而新是图，择其艺之相近者为之。如英国南境之织布匠，自有织布机器，而其利遽夺，持之愈久，其害愈深，向使改而业丝于北境，则迁地为良，不远胜于旧业是执乎！

[1]若人，犹言此人、那人。

[2]沮，阻止。

[3]曲，曲折、婉转。

第五章　论三要滋生之力

生财之要：地利、人工[1]、资本，三者既并重矣，然论其滋生之力，则各有多寡、大小之不齐。或因于时，或因于地也。以地利言之。今英国有数郡之地，物产至富，昔仅泽国[2]耳，邱墟[3]耳，以人力智巧[4]之转移，遂使硗瘠[5]者变而为肥美。昔弃之如敝屣，今争得之为良田，此地利之因时而异者也。以人工言之，犹是刈[6]稻粱也，英国一人一日之所作，抵俄人者三。犹是造铁路也，英国一人一日之所作，抵法人者二。其故固由于体气强弱有不同，亦由于技艺巧拙有不等，此人功之因地而异者也。以资本言之，昔所不能兴之工，今以智术之精、机器之巧，莫不创而行之。如开煤、开铁等事，昔有本而无所施，今则用之以尽其利矣。织呢、织布等业，昔用力多而成功少，今则用力少而成功多，且百倍其利矣，此又资本之因时而异者也。审是则欲求地利极其宜，人工极其能，资本

[1]人工，应为“人功”。

[2]泽国，境多沼泽之国。

[3]邱墟，邱同“丘”，废墟、荒地。

[4]智巧，智谋和巧诈。

[5]硗瘠，地坚硬不肥沃。

[6]刈，割（草或谷类）。

极其用，非旁通[1]乎？格致之学，博涉夫术艺[2]之精，无由变通[3]而尽利，有断然[4]者。

独是富国策者，理财之书也。所讲求者，生财、用财、贸迁[5]、交易之道耳。必欲推寻夫滋生物力之所以异，则将举化学、医学、算学，暨一切格物之学，合为一书，其势有所不能。然则富国策一学，不可无以限之也，明矣。限之奈何？曰，只论其当然，而勿论其所以然。当然者，如言地利，则第据其肥硗之异，以论其出产之殊。至于肥者何以肥，硗者何以硗，此化学事也，非所论也。言人功则第据其强弱之异，以论其功力之殊。至于强者何以强，弱者何以弱，此医学事也，非所论也。是故下文所论三要滋生之力，大抵皆当然之故，就其事势之显异者言之耳。

财之生于地利者，固视土之腴瘠为多寡，而实不尽在土之腴瘠也，何也？天地生物，原以给生人[6]之用，而所以致之合用者，则非人功资本不为功，故计地利者，又必兼计功本之所需，而后可以定。美洲密息江[7]一带，平阳之地，土极肥饶，而所产之麦，运至欧洲者居多，则功本大而利为之减矣。苟使其地生齿日繁，以土产之麦，供土著之民，田不加肥，而利必倍厚，为其无输运之费也。由此言之，凡有便利转运之法，皆为增益地利之方。今天下

[1]旁通，四方通达。

[2]术艺，指学术道艺。

[3]变通，事物因变化而通达。

[4]断然，绝对。

[5]贸迁，贩运买卖。

[6]生人，生民。

[7]密息江，疑为密西西比河。

良田美土，半皆弃之于不耕不种者，徒以距城市太远，输运之费无从出耳！不然，彼瑞士诸山所产之杉木，材大而质美，宜为工师所争购矣，何听其砍伐朽腐若此耶！

是故生齿日益增，则地利日益厚。澳大里亚[1]之草田，向以牧羊为息，然往往贵皮而贱肉。以皮之为物轻，易于输运，肉则居人稀而食之者少，又不便贩运，故弃之无可惜。与英国之贵肉贱皮，正相反也。自金矿开而工人云集，户口大增，羊之肉顿贵，即牧羊之息顿厚，盖草不加肥，而利则加厚矣。

若夫人巧滋生之力，则与地利交相需，亦交相济[2]也。欲计功之多寡，不难以若干人作若干时，就一日之间计之。要其所生之财，则视乎所因之地利，与所作之人功，以为多寡也。其系乎地利者，上文言之详矣，兹即其系乎人功者论之。

大抵所需于人功者，莫若勤与巧，而民之勤惰巧拙，则因乎一方之风俗人情。如英国阿尔兰岛[3]民，恒不若英吉利岛民之专且一。勃氏[4]所著考工一书，论各国工人优劣甚详。而以英人为第一，谓英国工价，虽较昂于欧洲诸国，然建桥、造路、凿隧等工，在英国为之，所费犹略小云，此勤惰之较也。

至于巧[5]者，技之所由效，非读书无以致之。今天下

[1]澳大里亚，今译为澳大利亚。

[2]济，补益。

[3]阿尔兰岛，今译为爱尔兰岛。

[4]勃氏，疑为柏腊息（Brassey Thomas，1836—1918），英国政治和社会改革学家，著有《工价考》一书。

[5]巧，技巧、技术。

百工，废读者多，故未知巧之系乎生财者重且大也。夫力田之农工，似无所用其巧矣。然识者谓同一腴田，在苏各兰[1]南鄙[2]，较在英吉利而所值尤多者。无他，苏各兰之工人农夫，大抵视英人为务学，读书较多，故智巧较胜，而其营利亦因之较厚耳。诚使英国农人，皆知务读以益其巧，则获益之大，不啻其地之加腴矣。不但此也，工人读书，则知敦品[3]。知敦品，则欺诈泯而忠信昭，可无事于监督稽查之费。盖工无忠信，侵亏窃逃之弊害犹浅，监督稽查之费害实深。以多所资，即少所生也。他若烟酒嗜好，皆足以妨巧，工能改其行以务于正，所裨于生财之道者，岂细故[4]哉！

至于资本滋生之力，又因所凭之人功、地利而殊。人功足，地利美，则滋生亦厚。然亦有不系乎人功、地利者，则器尚焉。所用之器愈精，其所生之利必愈厚。今英国一岁生财亦云多矣，使无机器之助，恐倾国之本为之，所生亦不能逮其半。故滋生大而功本轻，用莫妙于机器。世之权本利者，动[5]以一己之出入计之，如力田之农夫，因用机器而生财倍多。彼则曰，我租田而耕，田之生物，固益盛矣，田之租价，亦增昂矣，倍于入者倍于出，于我何加焉？不知据一己之言，利诚不见其有加，合物我而论，则必有分受其益者矣。是故论资本滋生之力，必据其所生之财综而核之，不在一身一家之私计也。

---

[1]苏各兰，今译为苏格兰。

[2]鄙，边远的地方。

[3]敦品，品格淳厚、笃厚。

[4]细故，细小的事情，形容不值得计较或无关紧要。

[5]动，往往。

凡所以节省人功者，亦足增资本滋生之力。试以佃工言之。设田主雇工二十人，必另以一人立之监，否则工必惰。此监工之人，受食恒优于工人。假如工人月受银四两五钱，监工月受银十两，都计[1]监工十取其一，此什一之费，浮费也。夫使佃工皆知敦信尚勤，无事于监工之设，则田主工价之费，遽省其十之一矣，工价省而生财不加少，则其资本之所节，又可推广其用矣，此省功以节本之说也。

欲工之勤且敏，必使之以所事为切己[2]而后可。欲工之切己，必使佣工与业主同心同德而后可。其道在与之合伙，合伙则得失均受，休戚相关，工不督而自奋。非惟恶习可以除，且使功本滋生之力，皆由此而增，诚无穷之利也（详见后文诸章）[3]，惜此法世未知之耳。

以上所论三要滋生之力，特举其大略言之耳。进而详之，则增益之法，尤有要者。如斯密氏所论佣工分职之利，其一端矣。今夫针之为物，至小也，而一针之造，凡更历者几八十役。铸钢而成线，截线以合度[4]，由是而锐其端，利其锋，磨之砺之，整齐而束缚之。使以一手而兼诸役，虽至巧者，日不过造针二十而已。今第分司其役，而一日之间，一人之手，可成五千枚之多，其速二百余倍，即其利亦二百余倍矣。按斯氏之说，分职之所以加速者，其故有三：专一则能生巧，一也；无更役之劳则时不废，二也；各以私智创机器，则事半而功倍，三也。

[1]都计，总计。

[2]切己，关系到自己。

[3]（详见后文诸章），原文如此。

[4]度，依照计算的标准划分单位。

所谓专一则能生巧者，盖习久则技熟。凡身之使臂，臂之使指，莫不妙造自然。意之所到，目与手随之，其敏捷之神，真有指与物化[1]，而不以心稽[2]者。此不独居肆之百工为然也，彼奏乐之技，亦犹是已。弹琴者手挥五弦，众音毕奏，指法之捷，几几[3]不可思议，而其应弦合节，声之高下疾徐，曾无毫发之爽。自非习熟，何以能此？故专则熟，熟则速，执技者所以不贰事焉。又况工之技精，则饬财辨器，在在有以善其术，不致偭规错矩[4]，卤莽灭裂[5]，而有所糜，不又业主之利乎？

所谓无更役之劳则时不废者。盖自此适彼，其间不能无作辍[6]，数数[7]为之，失时良多，苟主一而无适，则静而有常，自无此弊矣。斯氏曰，凡人更适一役，往往舍业而嬉者有顷，及其就役也，又事非所习，恒不能得心而应手，盖身虽至而心犹未至焉。故当其始，非惟不能相示以巧，相陈以功，抑且近于玩愒[8]而不知慎。此荒嬉疏忽之习，在村邑[9]之工人，尤所不免。村邑之工，俄顷必更其役，易其器，一日之间，更历数十事，卒至因循懈怠。虽遇至急之务，而无由淬厉[10]其精神，岂不误乎？愚按此论

[1]物化，变幻、变化。
[2]稽，考核、计数。
[3]几几，简直。
[4]偭规错矩，也作偭规越矩，违背正常的法则。
[5]卤莽灭裂，指轻率败事。
[6]作辍，时作时息。
[7]数数，屡次。
[8]玩愒，贪图安逸、虚度岁月。
[9]村邑，指村镇，引申指故里。
[10]淬厉，也作淬励，磨炼。

自非虚谬，特[1]不若是之甚耳。

所谓各以私智[2]创机器，则事半而功倍者，其说虽不尽确，而要非无征[3]也。盖人各有专司，则因熟生巧，日思有以利其器善其事，较诸兼营并骛者，其心思之聚散利钝，固自不同。如火轮气机之合页，昔以一童子专司其启闭，其后自行合页，即创自此童子。虽有瓦德[4]之巧，未尝及此，所谓因熟生巧也。

愚谓佣工分职，不必为创造机器之由，而机器之创，实为工职之所由分，何也？机器能代人工作，而每作一工，必有人以专司之，如织布机器，自漂棉以至织而成布，其间凡历若干役，即分若干职，以专厥司。是分职之疏密，系乎机器之用也。又如舟艇之造，其初分职甚疏，自美国创行造艇机器，而一艇之制，不数时而工可竣，然工职之分，自此而密矣。

英国名算家拔氏[5]尝论匠工分职之利，尤有要者，曰技巧异等。诚斯氏之所未及也，即以造针之事明之。造针之工，精粗不等，工价亦不等。若针头之系，整齐束缚之事，一儿女子优为之。若钢线之铸，针锋之利，则非技巧精熟之工不能为之。故一日所给之价银，自五分以至六钱不等。苟不分职，则一手须兼众巧，而日得价银六钱者，亦将兼役价止五分之工。是使精工者分其功以司粗

[1]特，但、只。

[2]私智，个人的智慧。

[3]征，证明、证验。

[4]瓦德，应为詹姆斯·瓦特（James Watt，1736—1819），英国发明家，第一次工业革命的重要人物。

[5]拔氏，查尔斯·巴贝奇（Charles Babbage，1792—1871），英国数学家、发明家。

役，废时失事，孰有甚于此乎？拔氏尝核算之，谓工不分职，则用本多而成功少，势也。即使一人所造之针，能抵十人合造之针，针价之昂，犹几将四倍于今焉！又云，若以造时辰表一业计之，其所失犹不止是。盖表之制最细而巧，缕[1]析之可以分百役。若表面，若表匣，其工之较粗者也；至于机条之细，齿轮之精，如航海所用之时辰表，历久而不差毫厘，则擅此巧者甚鲜，惟能之者少，故工价之重，亦远迈[2]寻常，而人亦莫与之争衡[3]。苟使此奇巧之工，精粗并骛，则不独失时，亦且损其巧矣。故工职之分，莫妙于技工异等，使之各尽其所长，实于生财之道有裨焉。今制造之法，精而益精，斯工职之分，细之又细，用是各奏[4]其能，而生财至速也。

匠工分职之疏密，固系乎机器之用矣，然亦视货物销售之广隘以为衡。假使造针之业户，设肆于荒僻新垦人烟稀少之地，而仍详分其职。以十人言之，一日当造针五万枚，其地所售，或仅可销其半耳。苟又无外地通商，则所成之数，远浮[5]于所销之数矣。造针者不欲闭其肆，歇其业，势必裁汰工人而后可。设十人者而留其五，则以五人兼十人之役，分职不能如前之详，而一日所造之针，且不止减半焉。

工役之道，其要在乎分职，而其功又赖乎合作，二

[1]缕，详尽、详细。
[2]迈，超过、超越。
[3]争衡，在角逐中较量胜负。
[4]奏，呈现、做出。
[5]浮，超过、多于。

者盖相需而并重焉。合作有二类：韦氏[1]别其名曰同合，曰异合。同合者，同业相济，以若干人合作一役。如起一重，造一路，开一矿，建一桥，皆非一手一足所能成，故必合众力为之，所谓众擎易举也。异合者，异业相济，以若干不同役之工，合而成一役。如棉花一物，自种植以至织而成布，制而成衣，其间更历之役，类而推之，引而伸之，几几不可以数计，一不备则功不成，所谓不相谋而适相成也。

大抵生人日用之经[2]，其利在于互市[3]。此之所需，彼为致之；彼之所需，此为致之，不啻有成约[4]于其间，非然者，将如上古[5]之民，不相往来，凡一切饮食衣服器用，动须躬自为役，而力有所不暇给矣。国如是，国必贫。故凡开一疆，辟一土，经画[6]之要，深系乎此。英国之使民垦荒也，家给田若干顷，使之自食其力而世[7]其利。给田多则地广而人稀，居民之相去远。举凡往来交际，贸易有无之利，皆微之又微，而其地必不能渐进于富庶，是使之贫乏也，民何以贫，为其无异业[8]相济之利耳。盖一家之田，或独有所宜，以辽阔之故，致不能以所余者易其所不足，则必兼树[9]并艺，而土失其宜矣。纷

[1]韦氏，指爱德华·吉本·韦克菲尔德（Edward Gibbon Wakefield，1796—1862）。他提出了一个新开发国家的经济增长理论。

[2]经，常道。指常行的义理、准则、法制。

[3]互市，往来贸易。

[4]成约，现成的约定。

[5]上古，远古，指有文字以前的时代。

[6]经画，筹划、设计。

[7]世，继承。

[8]异业，不同职业。

[9]树，立、建立。

营旁骛[1]，而人失其时矣。若是者，虽天时地利，兼济其美，亦无补于民生也。是故韦氏极言国家使民开垦，不可给田过多，宜酌建城邑，使务农者环而居之，如是则联络一气，而合作互市之利以兴。居于城者勤于工，居于乡者勤于农，以有易无，各得其所，将见不数年而地日以富，民日以庶。要工举，大利兴，商贾集，骎骎[2]乎有通都大邑之观矣！

试以澳大里亚言之。方其金矿初开，群趋如骛，人疑垦地之民，皆将辍耕役矿，而穑[3]事之减色必多，岂知始虽有然，不久而仍复其旧，且更有进焉。盖以金矿开而城市户口[4]陡然大增，粮食顿贵，农夫利倍蓰[5]，故稼穑[6]之事日益进。维多里阿[7]一郡，向甚寥落[8]，不数年而繁华殷富，侔[9]于名都者，职[10]是故也。夫论澳洲之致富，不可谓非由于产金之多，而究其所以然，则噶氏[11]有言，不在能积其金，而在能散其金。惟散金于四方，而后四方有用之货物得尽致之。故金矿虽为澳洲致富之源，若就金论富，则所产之金，万不逮其所致之富也。盖户口繁则合作

[1]旁骛，别的事情。骛，同“务”。

[2]骎骎，进行得快。

[3]穑，收获谷物。

[4]户口，住户和人口。

[5]倍，一倍。蓰，五倍。

[6]稼穑，种谷曰稼，收获曰穑，泛指农业劳动。

[7]维多里阿，今译为维多利亚。

[8]寥落，空旷、衰落。

[9]侔，相等、齐。

[10]职，主要。

[11]噶氏，与文中的葛氏、甘氏为同一个人，指凯尔恩斯（J. E. Cairnes，1823—1875），英国古典经济学家。

交易之道广，不独农与工日趋于勤且敏，即地之生财亦愈多。何也？土产之物，昔常浮于所需而弃之，今则皆致于用而地无遗利矣，此其所以富耳。

独是人功合作之益，或异业而相济，或异地而相成，全系于转运之便利，转运愈艰，则获益愈细。印度之所以常处于贫弱者，道路不良，贸迁多阻，异地不能相与以有成耳。当一千八百六十年间，印度西北诸省大饥，米价在其地以居奇而甚昂者，在邻邑仅半其值，而竟不能以相济，岂非恨事，故印度一日不良于转运，即一日莫进乎富强。以种棉一业言之，售诸英国者，虽岁值数百万之多，而其业不见加盛，为其土人[1]必兼艺五谷，不知有无之可通。盖诚如邻邑之米，不能救待毙之饥，无怪其沾沾焉！惟食之是虑也。所谓异合之道，在于异业之相济固已，而凡人之运用资本，亦此道也。盖以一人所积之资，分而用之于百业，则百工莫不资之以为生。推之邦国之通商，何莫非相助相生之理？英国通商遍天下，即由是以致其富，而天下各国正未尝不赖以益富焉！

夫分职之利如彼，合作之利又如此，二者表里互资，功用各著，岂不诚相需而并重也哉！

[1]土人，土著、当地人。

第六章　论制造多寡之异

制造之法，有聚散利钝之不同，而生物之多寡因之，或因时而异，或随业而殊，其于三要滋生之力，所系非浅鲜焉。大凡机器之创，以工力聚制造多为利，如纺棉织布一业。昔归[1]手艺，业户散处分作，不相应求，其时诚无所用其鸠而聚之。自机器出而工始分职，人有专司。向之散处分作者，乃非萃[2]聚不为功，而生物亦必以多为贵矣。即机器纺棉局论之。纺针愈多，则成线亦愈多，固也。然以一局安置一万针，与以两局各置五千针，权诸本利，孰为愈[3]乎？业此者当能辨之，要之分设两局，规模较小，苟使置针过少，不足尽所用机器之力，则其利自不如大者。又使工职之分，彼详而此略，则利必不如彼。不但此也，大抵监工之费，无分于工人之众寡；司机之匠，无分于机器之大小，则又大者得计[4]而小者失算也。观于今英国制造各局，日益扩充，可见寡生诚不若多生之利。盖设如纺针一万之局，需本银六万两者，彼纺针五千之局，至少亦需银三万三千两，是功不止于减半，而本则未

[1]归，由、属于。

[2]萃，聚集。

[3]愈，贤、好。

[4]得计，合算。

及减半也。

生物虽利乎多，而要必视其物销售之广狭以为准。若所售之数，不敌其所生之数，斯其失计为何如乎？盖物滞于售，必将停制造以迟其生，于是机器闲置则锈坏，而本伤矣；工匠闲居则游食[1]，而本愈伤矣，得失攸关，乌可不计。至于销售之广狭，则因时地为变迁，大低[2]用愈繁者变愈微，用愈简者变愈大耳。

夫生物[3]之道，贵多不贵寡，其大较矣。然制造局有大有小，势不能遍废之，何也？彼有二万针之纺棉局，其成功固远多于他局，而其需本几十二万两之多。人之具有本银十二万两，又愿以之业纺棉者，不可多觏[4]，即纺棉局之有二万针者，或仅数处耳。此数大局所纺之棉，未必遂给于用，则小者不可废矣。故制造之营利，小恒不如大，而其业仍并行而不悖[5]者，为夫大者之不数数见也。

或谓制造货物，诚使业愈大者利愈多，又何虑资本之不足？富饶如英国，甚大之制局，独力能为者，纵不多觏。要无难以股分鸠资之法，合伙为之，如是则大业咸举，而小者可废矣。不知股合之公司，其本虽足，而其弊正多。夫制造铁路船只，开浚河渠等工，需本浩大，固非公司不能为。至若寻常之工，则公司为之，恒不如独业者之精勤而节省。盖公司之股分[6]，往往股多而分小。故

[1]游食，至所在为食。
[2]大低，原文如此，疑为大抵、大略、大概。
[3]生物，产生万物。
[4]觏，看见、遇见。
[5]悖，混乱、违反。
[6]股分，今为股份。

一切经画股主每不过问，惟凭一司事纪纲[1]之。人之为人谋不如为己谋，情也。此司事者而亦预[2]于股分也犹可，否则纵无背信欺蒙之事，要其心力之所用，视为己者必有间[3]矣。以独业者之尽心稽查，其工或犹不免于怠惰，况不甚切己之司事乎？工惰则费繁，费繁则利薄，公司之坐[4]是以致闭歇者，比比然[5]也。苟有术焉，使在事之人若工，同心同德，无不切己图之。斯公司之利，胜于寻常业户多矣，抑又有难者。寻常业户，可以零卖，而公司则不能，缘零卖则事繁而利小，愈非勤慎耐劳者不辨耳。

英国都城及北地诸郡，多有合伙开设店肆者，亦股分公司之类，而竟以零售获利，何也？所设之肆，不外日用衣食之需，其交易也，市[6]而不贯[7]，故无亏短之弊，固非他业公司所得而同焉。（按西国合伙设肆之例。恒约法，凡股主之家，日用所需，不得市诸他肆，故其获利如操券[8]云）

虽然股分公司一法，生财究广，实与国计有裨，是在朝廷有以鼓舞而董[9]劝之。盖民间资本，分之则不足，合之则有余。以千人计之，人有银百磅，或不足以经营事业，若合而为一，得银十万磅，则甚大之制局，不难立

[1]纪纲，管理。
[2]预，加入到里面去。
[3]间，空隙。
[4]坐，介词，因、由于。
[5]比比然，处处都是。
[6]市，做买卖或做买卖的地方。
[7]贯，赊欠。
[8]操券，执持契券，谓有凭证在手，以喻事成有把握。
[9]董，督察。

举，而国中多一巨贾，即少若干闲民，以其生财广而佣工众也。

至于农户之大小，种田之多寡，其理亦准此矣。英国数年以来，农业之扩充，远逾[1]曩昔[2]。膏腴之地，农人租田而耕，每户率二千余亩之多。今一二户所耕之地，数十年前二三十户分种之。究其故，则因乎机器之用耳。二十年前，打稻悉以棍牌，今则纯用机器，而农乐其便，欲使之复用棍牌，必夷然[3]弗愿矣。又耕田昔以人力，今以气机，其用亦年盛一年。故自有机器而农户用本倍多焉。顾打稻仪器一具，佳者值几四百磅，小户之农，非惟力不能致之，且所产较微，亦不足供机器之工作。盖其工作也，非有十数人分司之不可。今大户之农，亦未能家置一具，大抵租用者多，然其费颇大，且非应手可得，非计[4]也。若在小户，尤为失计。盖不独租器，兼须雇工以役之。凡短雇之工，其价必昂，又不能及时而致，故得不偿失耳。气机耕田，亦不利于小农者。小农之田恒小，围以藩篱，界以阡陌[5]，其弃地良多，而气机之用，宜乎宽广，每一回折，必废其时，两端阻于藩篱，则耕犁有不及之地，又须别为一行耕之，于彼于此，一转一移，徒多劳费耳。故同一气机，以之耕田一区方六十亩，较诸耕田二区各三十亩者，其时半之，其费仅三之二焉。

即以人功论之，亦大者之成效多，而小者之成效寡，

---

[1]逾，越过、超过。

[2]曩昔，从前。

[3]夷然，平静镇定的样子。

[4]计，主意、策略。

[5]阡陌，田界。

何也？牧羊八百头，需人若干者，牧羊四百头，亦需人若干焉。有田二千亩，需一仆夫者，有田一千亩，亦需一仆夫焉。凡此皆见大农之利，厚于小农。机器之用愈广，则大农之利愈厚，有断然者。盖田大而户富，则人力足而用本多，机器良则弃地少，是地利人功资本，皆因之而增滋生之力也。

然此为种谷之农言之耳，若以他事言之，如畜牛取乳、种植果品等事，则又惟小户是宜。盖此等事功最细腻，非爱养栽培，殷勤而调护之不可。欧洲之植橄榄、艺葡萄者，终岁劬劳[1]，爱护备至，如慈母之鞠其子。业牛乳者，慎其饲养，早夜经心，其辛勤况瘁[2]，断非大户之农所能胜云。

[1]劬劳，辛劳。

[2]况瘁，益加憔悴。

第七章 论增益财用之理

一国之中，若所谓生财三要者，已无不各极其能，则欲增益财用，非于三者有所扩充不可。如农田无遗利矣，则宜设法以益其地；百工无遗力矣，则宜设法以益其功；资本无遗用矣，则宜设法以益其本。故凡增地、增功、增本之法，合之皆增财之法也。

邦国土地有限，而未垦者必多。原其故，或以硗瘠，或以低洼，耕不偿费，斯弃之耳。诚如是，则虽欲开垦，民必无乐从者，可奈何？夫然而梨氏[1]之地租新说，不可以不讲矣。

夫国有荒地，既由于耕不偿费，然则凡垦一荒，其必有以转移土脉[2]，使之可耕也，明矣。转移之法奈何？讲求耕牧，其一端也。英国挪佛[3]一郡，昔为荒地，嗣[4]审其土，宜广植萝卜，居民以之牧羊，而获利特厚。又撒里司白里平原[5]之地，土本硗薄，自肥以鸟粪，而产谷极

[1]梨氏，今译为大卫·李嘉图（David Ricardo，1772—1823），英国古典经济学的主要代表人物。

[2]土脉，泛指土壤。

[3]挪佛，今译为诺福克，是位于东英格兰东安格利亚地区的非都市郡。

[4]嗣，后嗣、子孙。

[5]撒里司白里平原，今译为索尔兹伯里平原，位于英格兰威尔特郡。

富。又伊里岛[1]田向苦卑[2]湿，后用机器竭其水，土脉特肥，今每亩租价银一两五钱焉！此缘耕牧之艺日益精，而荒地因之开垦者也。至于民数加多，则民食不足，民食不足，则粮价增昂，而农易为利，于是乎荒田可垦。不独新垦之地，由无利而至有利，并使旧耕之田，莫不益厚其利。是民愈庶，则地之生财愈多也。今澳大里亚草田，荒弃尚多，异时必有以致其利者。如西澳之民，一千八百五十一年，其数八万，及一千八百六十一年，其数增至五十万，民数六倍于前，即需食六倍于前，故数年以来，澳洲之地粮价加昂，而地日益加垦焉。

邦国土地，其地利之厚薄不等。盖论地利，不独计其土脉若何，并当计其坐落若何。每有甚肥之田，以距城市太远，遂使耕不偿本而荒弃之，是与瘠土无异也。乃[3]世之论地利者，只以土之肥美当之，混而不分，于理遂多扞格[4]。若富国策所谓地利，必兼土脉坐落而权之，审乎此，而知地利之厚薄。视乎所需功本之多寡，所需功本愈多，则其地之地利愈薄。功本者，合耕种输运之费言之也。彼远于城市之良田，谓其利薄者，正以输运之费浩大耳。惟民数既增，民食不足，斯利薄之地，亦必以渐耕种，虽所获较微，而势不能不推广焉。然邦国财用之增，必有其限，以其地愈推而利愈薄，终必至于一无所利也。梨喀多氏创为地租新说，实本乎此。

夫利薄之地，既以不得已而推广耕种之，则其所产

[1]伊里岛，今译为伊利岛，位于英国剑桥郡。

[2]卑，低下。

[3]乃，连词，如果。

[4]扞格，格格不入。

之粮食，功本较大，价值亦必较昂，然粮价不可以独昂，则必使市价与之俱长，而后其货可售，其利可得。夫至于市价俱长，则旧业农者，功本犹是，而得价忽优，其利倍厚矣。所谓不独新垦之地，由无利而至有利，并使旧耕之田，莫不益厚其利也。

然则粮价之长，由于需食之加多；需食之加多，由于户口之加众。吾得于论生财之道，而为之立一说曰：民数增则食物有腾贵之势。曰势者，其效不必立见，而其理则有可决。凡富国策之论事皆准此（如算家论地心摄力之理，谓凡物下坠，苟无阻力，则一秒中行十六尺。今之物下坠，殊不尽然。物愈轻则速愈小，盖因风气上压之力阻之耳。然虽阻之使下坠之速小者，要不能使之终不下坠，则地之摄力无论有阻与否，固自有使物一秒下坠十六尺之势也。学算者，不得因有风气阻力，而谓重学摄力之理不可信；则讲富国策者，岂得因效之变易而遽议其非耶！）。顾英国之民，自一千八百四十一年至六十一年，二十年中加多四百五十万，而麦价反贱于前，何也？此其故夫[1]人而知之。当一千八百四十八年以前，英国禁洋米入口，今则禁纲[2]已弛[3]，海运日通，外洋入口之米，岁以二百万石。虽甚远之国，亦输运相接踵[4]。来源广故粮价非惟不贵，而反加贱焉。盖一弛禁之故，其所裨于英国者，不啻国中顿增若干膏腴之地云。向使密息江一带良田所产之米，运至英国，其价能廉于薄田之所产，不又将源

[1]夫，文言发语词。

[2]禁纲，法令，谓禁令布张如纲。纲，亦作“罔”。

[3]弛，放松、松懈、解除。

[4]接踵，足跟相接、连续不断之意。

源而来，而成英国之膏腴哉！此增益地利之说也。

若夫人功之增益[1]则有二：工不加多而功效倍捷[2]，一也；工数加增而功效随之，二也。其工不加多者，因乎机器之用，上章已论之矣。兹即工数之增者言之，大抵无论何项货物，销售广者需工必多。假如英国棉布，一旦盛行于中华，销路极畅，则英国织布局自必添雇多工，以大其业。或问此添雇之多工，果何自而来乎？曰国中需工既多，则工之滥竽[3]他业者，将舍其旧而新是谋；民之糊口异域者，将归求之而利自足。又况利之所在，天下归之，商贾集，百工来，何虑招徕[4]之无自乎！

夫需工之多，由于贸易之盛。贸易盛则工价优，而民生日以裕，于是穷民得遂其婚娶，而生齿[5]繁矣。英国户口册，查因面食价贱，而工作小民，得谐[6]匹偶者遽多，此其明效大验也。或谓贸易盛则工价优，理固可信，顾此增给之工价，又将安出乎？曰，自国之资本无疑。工价一增，则各业所用之本，必因之而增也。盖贸易既盛，商贾之利必益厚，故业主不独所获者较多，其所用者亦较多。或借贷以扩充之，或腾挪[7]以挹注[8]之可耳。或又问工数加多，则需食亦加多，将何自而给乎？曰，需食多，则粮

[1]增益，增加。

[2]捷，快、速。

[3]滥竽，比喻无其才而居其位。

[4]招徕，招之使来。

[5]生齿，古以人生男八月而生齿，女七月而生齿，官府俱登记其数，载入户籍。

[6]谐，和，配合得适当。

[7]腾挪，挪动、挪用。

[8]挹注，本指取彼器之水倾入他器，后来泛指财物的挪移通融。

价有腾[1]贵之势，使利薄之田可以推广耕种，上文固言之矣。

以英国近年之实效论之。商贾之业，则日新而月盛也。百工之数，则有加而无已[2]也。资本之用，则愈扩而愈广也。而且工价优于昔，生齿繁于前。工价优，生齿繁，皆足令需食多，故虽务农垦荒，国中无不尽之地利。而粮食之来自异国者，犹岁以巨万计。英国户口增而米麦并不加贵者，职是故耳。至于他项食物，不能得自异国，如米麦之易者，其价固无不增昂矣。如牛羊肉、乳酪之类，皆取给于本国者居多。数年以来，其价奚啻[3]倍蓰。非无入口，特转运之费大，不足以平市价。观此而知，民数增则食物有腾贵之势，其说信不诬[4]也。是故英国百工之盛衰，可以食物之贵贱卜之。使外洋入口之物，年多一年，国中耕牧之事，精而益精，俾所需食物不致加昂，则庶民日进而有功，反是则将见其退而不见其进矣，此增益人功之说也。至若增益财用，亦系乎资本之加多者。盖耕牧精，荒田垦，非本无以益地利。佣工伙，创制繁，非本无以益人功，此固与增地、增功之道，一以贯之者也。（自此节以至章末，原书别为一章，兹连类而合之）

夫资本者，节俭之余。无论为恒本，为运本，理无二致。故欲增本，必增俭。人之所以尚[5]俭者，其意有二：

[1]腾，物价骤涨。

[2]已，止、罢了。

[3]奚啻，何止、岂但。

[4]诬，欺骗。

[5]尚，尊崇、注重。

图[1]匮于丰，一也；营利求富，二也。凡财用之节，由于第一意者居多，而国家资本之消长增损，则一系乎第二意焉（按消长之故，其常而有恒者，可不繁言而解，其变而无定者，非条分缕晰[2]之不能明。如地球绕日乃无数摄力[3]为之，其诸行星之力，视太阳之力为甚微，然欲测其轨道，非详究诸行星摄力变易实行方位之理，则莫由得高卑[4]盈缩之差，富国策之学，亦犹是也）。大抵国之政教愈进，其民俗愈知远虑，以为后日之计。百年前，耶稣教会尝设教于巴拉怪国（南亚美洲小国），其俗浑噩[5]，人无心计[6]，教会给以籽种，使之稼穑，其人乃炊而食之，亦知播其种，则数月后之收获倍多，而顾不能以后日之大利，易其目前之小贪。人而如此，其灵于禽兽者几何矣？彼鸟知绸缪[7]牖户[8]以防患，海龙[9]知横木截水以得鱼。下至犬类，亦有知积储食物以为饥饿地者，可以人而不知之乎？英国之民，深以节用求富为计。论一人之身家，不能定其节财多寡之数，若合而言之，则无论人居何等，其日用所费，恒有其则，而所入余于所出之数，即其撙节之数也。是故节财之多寡，视乎国计之盈虚。苟其贸易盛，制造精，凡足以益人之入，继国之富者，即足以益财之节者也。

---

[1]图，谋取、希望得到。

[2]条分缕晰，即条分缕析，一条一缕地分析，形容分析得细密清楚而有条理。

[3]摄力，吸引力。

[4]卑，低下。

[5]浑噩，指浑沌无知。

[6]心计，指计算、计算的才能。

[7]绸缪，紧缠密绕。

[8]牖户，窗户。

[9]海龙，也称杨枝鱼、管口鱼，是一种硬骨鱼，动物学分类中归为海龙科。

民间日用之费，亦视食货之贵贱以为多寡，往往有物增贵而用减少者。昔印度国帑[1]不足，因加盐税，征百分之十八，及都一岁计之，所得仅百分之十二。可见，盐价增则食之者寡。又尝加征糖税，过重，竟至毫无益于库款，亦此理也。惟茶叶、面饼之类，就英国言之，率以为日用所必需，故其销售之数，不必因价值之长落而有所增减。使茶面而贱，则中户上户所费必减，费减则积财多，而资本因之有加。至于力作小民，罔[2]知生计，茶贱则食茶多，面贱固可有所节，而所节之费，又将他用，终归于无余而已。是故食货价贱之所利于贫民者惟二：日用易给，一也；富户费加少而本加多，工价因之以长，二也。

资本增损之故，每系乎营利之厚薄，上文既言之矣。盖利厚则人皆以积蓄相尚，而所积必多。凡国家需用巨款，不难贷之于民者，往往由此而给。大抵以本生息，随时而有定则，不及则不餍[3]人欲，有断然者。彼富户纵不因生息不餍所望，而遂耗费其本，亦将怠于储蓄，而积财有减乎？曰，有减无疑也。要知利息薄，则富户之资本，运用于国中者日益少。英国积本之富，甲于天下，利但厚，虽巨款不难立筹。国家有事称贷，数百万可猝[4]办，而于恒本、运本，曾无毫末之损。盖所贷之款，不皆取给于闲蓄之资。天下万国，几几无处无英人资本也。故第视国中制造之多，铁路之广，商船之众，而不思天下之贷财于英者，普遍于五大洲，则不足以尽英国之富也。若

[1]国帑，古时指收藏钱财的府库和府库里的钱财。

[2]罔，无、没有。

[3]餍，满足。

[4]猝，马上、突然。

俄、若土、若印度、若澳大里亚、若加那大[1]、若美、若南亚美洲民政之国，莫不贷财于英以应其要需。不独国家有然，外国商民因创办大工，借资于英者，亦不可枚举。如各国铁路，成于英本者甚多。加那大之铁路，贷银一千五百万磅焉。印度之造铁路，浚河、屯田、筑道诸大工，悉借英本为之。又南美洲山矿，其最佳者，半皆英商所办。观此而知英国一岁所聚之财，其迁[2]流运用于异域者，实十之六七焉。是故英国无论何项工程贸易，一旦需增款一万万磅之多，但一截留，可立致耳。然则英国之本，营运于境内者，其多寡不系乎所积之数，而系乎所留之数。欲衡其所留之多寡，虽不一故，而要以本国与外国利息之厚薄为权也。

前言英国贷财于民，虽巨款无损于国本，固也，然不可以例。法兰西等国，为其出口之财甚少，无可为截留之举也。如近年法为德所败，其军费及赔款，皆取贷于民，一时得数万万磅，筹之不可谓不速，然其款大半系商民营运之本，非闲蓄不用之财。盖法德之役蹂躏[3]遍国中，生意歇绝，故商民无所用其本，而得输纳如斯之易。尤为害者，罢战之后，所需赔偿德国兵饷二万四千万磅，又悉称贷于国中，则国本大伤，而兴复为益难矣。

他如印度之国计，与英亦迥殊[4]者。英之资本无穷，而未垦之沃土绝少，印度反是，故其生财之道，迥不相同也。就英而论，资本至足，不难扩充其用，但商业益盛，

[1]加那大，今译为加拿大。

[2]迁，迁移。

[3]蹂躏，践踏、踩。

[4]迥殊，相差很远。

则工价将长，工价长，工食多，而未垦之地又绝少，则食物必腾贵耳。若印度则地利人功，皆无不足，而独绌[1]于资本，非贷之异国，无以增益生财之道也。

由是观之，英之增益生财，道在广筹民食，使无腾贵之虞。筹之之法，或广为采办，或精求耕牧，或扩充田地皆可。若印度则道在增益资本，而其势非旦夕所能，何也？印度之沦于祸乱者，垂[2]数十百年，强弱相侵，民无宁岁，故人皆有不克[3]自保之虑，相率[4]以营财为戒，惧其贾祸[5]也。有所积，则大半埋藏之，惟恐人知，而不敢作资本之用，习久相沿，寖成风俗。故英人治其地，莫善于立法申禁，除暴安良，使闾阎[6]无侵夺之患，则人皆尚积蓄，务经营，增益资本之道无过于此。今印度亦稍获是益矣。任抚绥[7]之责者，慎无厚敛[8]于印民以重困之可耳。英国设官印度，非重禄[9]无愿就者，则此项经费，诚不得已，外此[10]当竭力撙节，毋使有所浮费也。

增益生财之道，英与印不相同固已，乃更有迥异于二国者。如西印度群岛（在美洲南北之间，古巴亦在其内），地利资本皆至足，而独少人功，所以然者，因禁贩黑奴入口也。方未禁之时，土既沃饶，又属于英，则资

[1]绌，不足、不够。
[2]垂，接近、快要。
[3]克，能。
[4]率，遵循、服从。
[5]贾祸，自招祸患。
[6]闾阎，泛指民间。
[7]抚绥，安定、安抚。
[8]厚敛，重敛财物，亦指征收重税。
[9]重禄，待遇好。禄，俸禄。
[10]外此，除此之外。

本无虑不给，而阿洲[1]黑人又复贩买无禁，则所谓生财之要，三者俱备矣。自贩奴有禁，而人功遂无所资，盖黑人既脱籍，动作得以自由，非复如向[2]之习耐劳苦，且束缚既久，人性沦失，浑浑噩噩，无欲无求，山果野蔬，不劳而给，饥得食，渴得饮，复何役役[3]为哉！大抵劳力者欲食其力耳，若天地自然之产，足以养之，无怪其甘心游惰[4]以毕世[5]也。是故其地则肥美如前，而半皆荒废，地主富于资而无所施。释放之黑人，既不肯力作，欧人又不能耐其苦，生财之道穷。向之田产，岁值银一万磅者，今弃如敝屣[6]焉。然则西印度岛，非得人功接济，别无生发之道，接济奈何？曰，厚给工价，使人自至，一也；生齿日繁，使居民渐知营欲，二也。盖工人远适异国，苟其情之所甘或所不禁。如华人之自赴澳大里亚暨美国者，以万千计。澳洲居民初未尝招之使来，且恐夺其利，令华人至澳者纳地丁银[7]十磅，以立之限云。使华人知西印度岛亦可获利与澳美等，吾知去者必络绎于道[8]，而人功不患不足矣。虽然今之去国无禁者，只英德与中华耳。英人德人不能居热道[9]，树艺于烈日之中。设华人终不愿至其地，则更无不期而至者矣。所谓不斯而至[10]者，无事招徕

[1]阿洲，即Africa，今译为非洲。

[2]如向，像以前。

[3]役役，劳苦不息貌。

[4]游惰，游荡懒惰。

[5]毕世，毕生。

[6]弃如敝屣，丢掉自认为没有价值的东西，比喻毫不可惜地抛弃掉。

[7]地丁银，我国古代的赋税制度，相当于人头税。

[8]络绎于道，又作络绎于途，形容人、马、车、船等连续不断。

[9]热道，热带。

[10]不斯而至，原文如此，疑为不期而至，指事先没有约定而意外到来。

之谓也。若夫雇工（古巴华工之类）乃他国派船携资，赴马拉加诸岛[1]雇募土人，搜罗[2]抉剔[3]，为之给川资，许为觅工，载之以去，如是以载至毛力失岛[4]暨西印度者，不可胜计。要其在路之凌虐，时或与黑奴无异，甚非不期而至之谓也。然此惟奉官[5]能为之，若出于私商，则无公然驱迫力作之权，其势必不能行。使私商而亦有是权，则雇工一事，直与贩奴无纤毫之别矣。

黑人以无所营求而惰于服劳，则欲去其惰以进于勤，非启其知识，诱以好尚[6]不为功。但令饮馔知求乎精，服御[7]知尚乎美，则日用将有所不给[8]，日用不给，则人自奋志功作，而其地无荒废之虞。英人之精勤无已，正事事与西印居民相反。惟其有好尚，有志愿，故举国皆勤于职业以冀其偿。惟天地自然之产，不足以供人取求，故非殚精竭虑，矢志有恒，无以为温饱之计。小民勤劳以食其力，中户敏勉以副[9]其志，英之富强恃此道也。

至于美国生财之道，其情形又有不同者。三要之中，惟人功较短，然其生财甚速，非如西印度之缺乏人功，田皆荒废也。以美较英则地亩贱而人功贵，究其故，凡游历美国者无不知之，而率[10]无有论及之者。大抵美国树艺之

[1]马拉加诸岛，今译为马来群岛。
[2]搜罗，到处寻找（人或事物）并聚集在一起。
[3]抉剔，搜求挑取。
[4]毛力失岛，今译为毛里求斯岛。
[5]奉官，接受官府的命令。
[6]好尚，喜好和崇尚。
[7]服御，指服饰车马器用之类。
[8]给，富裕、充足。
[9]副，相称、相配。
[10]率，大率、大概、大略。

事，视英为草率，田原之上，芜[1]莠[2]不除，所以然者？非其民情风俗有异于英也。使英之农人易而耕于美之野，亦必变计而从俗，何也？假如在英国种田六百亩，岁给地租银二百磅，又以二百磅为工价之费，其一岁所出，足偿其工本矣。若更以二百磅添雇佃工，加功耕作，其利虽不能以倍，而人愿以为得计，而不愿更租一田者，无他，地亩贵耳。至于美国，则地广而租贱。与其加功于已种之田，自不若更种一地之利。以故，美国农家所雇佃工，恒少于英，其所以草率者以此。一则地贵而工贱，一则地贱而工贵，其势然也。

此章论增功、增本、增地之理，合而为增益生财之道，即英、印、西印、美四国而衡量之，已可知因地制宜之义矣。英以足食为要，印以增本为需，西印以招工为急，美虽三要俱备，而终有地广人稀之患。今英美各以所有余，易其所不足，英所需在民食，而得之于美；美所需在人工，而得之于英，交相济，实交相利也。

生财之道，大要已备乎此。后文推论所及，随在更有以发明之。夫然而用财之道，可进详矣。

富国策卷一终

---

[1]芜，长满荒草。

[2]莠，又叫狗尾草，因该植物的穗形像狗尾巴而得名，比喻品质坏的、不好的人。

第二卷　论用财

第一章 论制产之义与均富之说

用财之道，已略见上卷，要其分散多寡之理未尝论究。举凡工价何以有低昂，利息何以有厚薄，地租何以随时随地而不同，皆有待于发明[1]是卷所论。实事求是，如工人罢工要挟，所系于工价利息者何如？古今各国田制[2]不同，所系于民生稼穑者何如？当一一详论之。其义在利济[3]困穷，振兴商贾，兼爱者固实获我心，为我者亦克偿奢愿，则是卷之有裨生计，不视上卷为尤要乎？

夫用财之道，以分散为义，必人已畛域[4]之分定，而后人得各有其产业，人各有产业，而后财用可以分。顾人之有产业，必赖国家设官立法以维护之，始无攘夺之虞。故邦国律例，半皆为维护产业而设，特因时因地，随在[5]迥殊。虽一国之中，有后先变异者。如黑奴未禁以前，英人蓄之如私产然，或买或卖，一维[6]其便。欧洲中古之

[1]发明，发挥、阐明。
[2]田制，关于农田的制度。
[3]利济，救济、施恩泽。
[4]畛域，界限、范围。
[5]随在，随处、随地。
[6]维，文言助词。

世，列国分土而治，耕其地者，供役使[1]惟谨[2]，有事则各出人马衣甲以助，此因时而变者也。他如英国例，民间田产，或遗令子孙永守，或传与遗腹子女，皆可自主。法国例，则子女均分，遗令不得而阻之。又如财产或多人共主之，或典[3]而据之。欧洲各国田地，大半皆属民间，而印度则属诸朝廷。凡此情形之歧异，非详述各国史载，无由得其所以然。夫各国分产属田之例，诚非富国策所暇论究，然于生财用财之理，大有关系，则讲求是学者，正不可不审察及之也。

大抵生财之道天定[4]之，用财之道人定之，何也？天生材物，人功因之而财以生，要其所加功力之精粗多寡，必视其材质而施。又况天时有寒暖之殊，地脉有肥硗之异，权固操诸天也。至于已成之财，而分散以利其用，则法由人立，或束缚于旧制，或听人以角逐，惟各国自主之。特其制既定，于彼于此，不能无得失利弊之较，则非立法者所得自主，而考论之责，是在乎富国策矣。

听人角逐之制，惟英国最尚行之，他国或多以旧制为重，故是书所论功效，不可执英国以概其余。即如地租一节，英国贵贱悉听诸民，使自为之计，而义大里[5]则遵定制，半其所产以偿地租焉。又英国田地所出之利，地主、租户、佃工三项瓜分之，乃他国或地主与租户合为一手，

[1]役使，供差遣。

[2]惟谨，谨慎小心。

[3]典，一方把土地、房屋等押给另一方使用，换取一笔钱，不付利息，议定年限，到期还款，收回原物。

[4]天定，宿命论者谓人间的吉凶、福祸、贵贱等皆由天命所定。

[5]义大里，今译为意大利。

或租户与佃工合为一手，分其利者只两项耳。至若小农据田一区，躬耕自给，欧洲所在皆有，是直合三者为一矣。凡此歧异得失之故，不可不讲求也。

贫富之不均，由于人之有私产，国愈富则愈不能均，天下古今之常势也。于是有创为均富之说者，其策不一，而终不可行。使英国一旦遍籍[1]民间之财产，按数而均分之，吾知日积月渐，仍归于贫富悬殊而止，何也？斯人之材力、赋禀不同。其强而明者，以精勤而日致其富；其愚而柔者，以怠忽[2]而渐归于贫，其势固然。故既制私产，许民各治其生计，即不能无贫富之悬殊。若更许民间以遗令传产，已富者或益继其富，则贫富之相悬，且愈甚焉。

仁人长者，深悯夫贫人之苦，虽在至富之国而亦不免也，因思不去私产之制，必无以均民财，遂创议[3]立策[4]，革除私产，使人共享其利，此均富之说所由来也。英国温氏首创此说，其法令若干家联络一气，通力合作，计利均分，相助相济如家人。然不知此惟一家之亲能行之？欲使陌路之人而不分畛域，以今日人情而言，势必不能。夫均富之法，诚格于势，而当今不均之弊，亦有不可不思者。就英国民俗论之，人以材力相胜，强干多能者，角逐愈工，拥资愈厚；彼柔弱寡能之辈，则常处于贫乏。苦乐悬殊，未始非天地间憾事。但欲如均富之说，以为补救之计，则今日之人，实鲜其德。盖必心存克己，而又具仁慈宽广之怀，浑物我之见者，始能甘心劳役，以为己谋

[1]籍，抄没。

[2]怠忽，怠惰玩忽。

[3]创议，倡导建议、首先提议。

[4]策，策问、对策。

者兼为人谋也，而谓人心不古如今日者而能之乎？

法国傅氏之说，较为变通。其法以二千人为一邑，每邑受地方九里，制为恒产，世世相传，或劳心，或劳力，或供资本，如合伙经商。然其地出产，无分老弱壮者，各给以衣食之需，有余则计邑人之工力、资本、才能，而分之以为酬。分之法，由邑长[1]区别材力，列为三等（列等之法，由邑人公定），酌其多寡，称量而与。令邑人同作而不同爨[2]，异室而居，使其知所撙节焉。论者谓人皆得自然之养，则冻馁[3]无虞，必将怠于勤，而邑人之生计以坏，愚谓此与英国济贫法无异。今其国日富，未尝因此而有损于民俗之勤也。傅氏之说，所最难者，人未必甘服[4]于所列之等，则争竞[5]在所不免，一也；人生日用之计，最忌他人侵预，欲以邑长维制[6]之，其势甚难，二也；出产苟富，分财既均，则婚嫁之费易给，而邑之生齿必繁，其地将不足以为养，三也；食不足则价日昂，不久而人困于贫乏，四也。有此数难，其法复不可行，是故欲去民之私产以均民富，乃断断[7]乎其不能者。特创此说者，其悯世之心、爱人之意，则正未可厚非耳。

[1]邑长，邑里之长。

[2]爨，烧火做饭、灶。

[3]冻馁，寒冷饥饿、受冻挨饿。

[4]甘服，甘心服气。

[5]争竞，争执、计较。

[6]维制，约束制衡。

[7]断断，绝对，多用于否定。

第二章　论财所自分

夫财之生，既系乎地利、人功、资本矣，则所生之财，自当分属之。地主所应得者地租也，佃工所应得者工价也，租户所应得者利息也。之三者，乃财之所自分也，至其所得之多寡大小，固有维制之则，仍视乎方俗而殊。如英则地租贵而工价贱，澳大利亚则地租贱而工价贵，澳之租户可获什一[1]之利，英则止及其半。观于二国之歧异，而他国之不相同可知，所当一一推其故而论究之也。

地租、工价、利息诚为财之所自分，而三者不必恒分属诸异人，其分属异人[2]者，独英国有然[3]。英国之例，大率地主为一类，以地出租，功本非所问也；租户为一类，以本佣佃，耕作非其事也；佃工为一类，以力服役，资本无所与也。至于他国则殊不然。法兰西南境暨义大里、荷兰等国，多行小农躬耕之法。小农云者，有田一区，以为恒产，人功、资本，皆由自给，无待外求。所谓合地主、租户、佃工为一手者也。无地主、租户、佃工之分，斯无地租、工价、利息之判，而一岁所获，独享其

[1]什一，十分之一。什同“十”，

[2]异人，不同的人。

[3]有然，有。

利，似亦计之得矣，然欲实核其得失，仍必分计而知。分计之法，谓假如其田系租而得，则应给地租若干；其本系借而得，则应给利息若干；其人功系雇而得，则应给工价若干，总计所需而开除之，如其犹有赢余，则小农之利独厚，而三者之分，诚不如其合矣，后章当详论之。

若夫印度则又异是。田地皆属诸国家，农户量其功本之所能给，租田而耕之。或殷实之户，先租得官田[1]，而后转租于农民，是合租户、佃工之利于一手也。至于用黑人耕作之处，其主蓄[2]之为奴隶，役之如牛马，刍豢[3]而外，更无所需，是但有地租，而无工价之费也，其情形迥然不同，另详别章。

此章论用财之道，而只及农田耕牧之事者，以百工商贾之间，其财所自分，亦不外乎此。特较委屈耳。如羊毛，牧田之所出也，追织之为衣而其值倍昂，此即织户之利，为业主利息及织匠工价之所由给，盖一切物料既为业户所购，即为业户之资本，故分其利者，只功本两项也。

夫工价为分财三项之一，固指人功而言。然所谓人功者，不必其力迳能生财者也，如农田所产之物，当其将至城市也，水运则有船费，陆运则有车费，与佃工之需给工食无以异。推之，治道有修筑之费，巡街有兵役之费，农户莫不与焉，皆当归入人功而计者也（详见后文）。

至于地主等三项分财之多寡，或系乎角逐，或限于俗例[4]，往往相附而行。惟系乎角逐者多耳，俗例之有关

[1]官田，属官府或皇室所有，私人耕种、官府收租的田地。

[2]蓄，指保存、积聚、储藏等。

[3]刍豢，指牛、羊、猪、狗等牲畜。

[4]俗例，民间的风俗习惯。

于各业者，不可殚述[1]。举其大者要者言之，则如义大利[2]诸国，以田亩出产之半为地租定额，其一端也。大凡国政[3]愈敏，民生愈勤，则角逐之风亦愈甚。人无贪得之心，无以兴商贾之利。贪得斯角逐矣，然角逐之说，有似于征夺，高谈仁义者耻之，动[4]以为贪私鄙吝[5]，天下贫富不均，穷民之困苦，每因乎此。不知角逐之道，非惟无害于贫民，而且有益，何也？市贾角逐以求售，则百物之价贱，业户角逐以营利，则佣工之价优。是故角逐者，不独市贾用之，即售主亦用之；不独业户用之，即工人亦用之。卖者之不能索值于实值之外，犹买者之不能靳[6]予于实值之内也。佣主之不能刻减[7]于常价之内，犹佣工之不能求多于常价之外也。交相制[8]即交相利，曾何害于贫民乎？

角逐之道，行于各国者，有甚有不甚，而以英国为最。观于英之农工商贾，无所不用此道，几不料天下犹有拘于俗例。如租田、佣工、售货等事，悉制以定则[9]者矣。

人无贤愚，皆不免为习所囿，信哉是言[10]，而习之所结，浸[11]成俗例。国政因之，牢不可破。原其立意之初，

[1]殚述，详尽叙述，多用于否定。
[2]义大利，今译为意大利。
[3]国政，国家的政事。
[4]动，往往。
[5]鄙吝，过分爱惜钱财。
[6]靳，不肯给予、吝惜。
[7]刻减，削减、克扣。
[8]相制，互相制约。
[9]定则，公认的定理或法则、确定不移的原则。
[10]信哉是言，确实这样。
[11]浸，渐渐。

或未尝有所计较，而历时既久，得失判然。明明利之所在，用角逐而其效可睹者，以格[1]于俗例而不行。人之安于习也，若性之成，往往法令之所不禁，以事非素习而弗为。即如义国[2]地租一事，相沿[3]以所出之半为额，则人皆习焉不察[4]，不愿少亦不求多。虽其地所值不止于此，而彼亦不计也。他若讼师[5]之润笔，医生之酬劳，则有成例[6]焉。手艺学徒几何年，然后给工价几何，则又有成例焉。若此者不一而足，或泥[7]于限制，或稍有变通，要之不离乎习俗而已。

夫财之所自分，既不外地之租，本之息，工之价矣。今将合计各项所得之多寡，当先论角逐者所得如何，而次及囿于习俗者之所得，庶几两两相形[8]，而得失显焉。

[1]格，阻碍、限制。

[2]义国，指意大利。

[3]相沿，沿袭、依着旧的一套传下来。

[4]不察，不察知、不了解。

[5]讼师，指帮人办理诉讼事务的人，旧时以替打官司的人出主意、写状纸为职业的人。

[6]成例，指成形的做法，常规、先例。

[7]泥，拘泥、局限。

[8]两两相形，两个放在一起比较。

第三章　论地租角逐之道

今欲详述各国田制之原，则非博考[1]各国之史策[2]不可。盖一王兴起，征诛[3]得国，辄以地分赐元勋，以为报功之典[4]。今英国犹有世守其赐田者，皆其祖宗所受诸维廉第一[5]者也。夫地以力得，亦必以力守。当其初法律未统于一尊[6]，财产未臻于巩固，人之受封地者，自公侯以至卿大夫，各赖私邑[7]之民保守之，于是地主与佃户有维系固结[8]之势，有事则征以车徒[9]，资其指臂[10]，而田租弗论焉。自国法大定[11]，革封建之制，创一统之朝，人皆克保其身家，安据其产业，而地主租户始以市道[12]相交。地主以地招租，愿租者租之，人所不择也。纳租多者得之，

[1]博考，普遍广泛地查考。
[2]史策，同“史册”，史书。
[3]征诛，讨伐。
[4]典，标准、法则。
[5]维廉第一，即威廉一世。
[6]尊，同“遵”，遵行、遵从。
[7]私邑，犹封邑，指私人的领地。
[8]固结，团结坚实、不易分开。
[9]车徒，兵车和步卒。
[10]指臂，手指与臂膀，比喻得力的助手。
[11]大定，非常安定。
[12]市道，市场价格的状况、行市。

价所必争也，所谓市道也。

大抵地租之贵贱，视乎土脉之肥瘠者半，视乎坐落之便否者亦半。同一腴田，而去城市远则输运艰，租即因之有减，故欲定田亩之值，必兼斯二者而计之，此人所共知也。至欲得其多寡之数，以为随时之准，则未易以片语明焉。

一国之中，地利之厚薄，大相悬殊，甚且有邻近之田，而贵贱迥异者。假如有田二区，以土脉或坐落之故，一贵一贱，租价殊焉。其贵贱之差，即二田地利厚薄之差也。又如更有一田，耕之仅足以偿工价本利，若是者，其租必甚微而不足数，以租价甚微不足数之田，较诸善价之良田，则二田厚薄之差，即良田之全数租价也。（篇凡言地利厚薄皆内兼土脉坐落言之）

此即梨氏田租法所由创也，其法浅近著明[1]，学者方忽焉[2]而不加察，又岂料辩而驳之者，多出于学士文人哉。今试申论其说。窃以为法良意美，殊无可驳之条也。盖国中地利，不能无厚薄之悬殊者，势也。既悬殊矣，则必有下下之田以为之限，或因土瘠，或因地僻，仅足偿工价本利而无余。夫田愈厚则租愈大，论两田厚薄之较，必计其租之大小而知，而田之厚薄，又视出息之多寡为衡。然则地租者，实田亩出息多寡之差耳，此梨氏立法之常解也。特所谓出息，非出产之谓，二者迥异，不可不辩。

举田之物产所值，统而言之，一切工价本利，未经开除者，谓之出产，已经开除而所赢余者，谓之出息。假如甲乙二户，甲田出息较乙田多银一千圆，则甲能多给租

[1]著明，显明。

[2]忽焉，忽视。

价一千圆。使乙田下下，其租甚微不足数，即其出息亦必甚微不足数，然乙何以不舍此他适[1]？则以出息者，乃开除工价本利之余，其地之出产，固足以给其费也。夫甲以出息多乙一千圆，故能多给田租一千圆，所以无论何田，其租之所值，当其出息之数，而以下下之田为之准也。甲既力能给租一千圆，则以角逐之道论之，其地租当可多至一千圆，因工价本利已有所出。甲虽尽以出息偿租，而无伤素业[2]也。苟使甲户之地主，索租浮于一千圆，则其本利有减，甲必舍此而他适矣。故地主索租，必不能浮于所值之外也，至甲亦不能有所靳于应给之价者，则角逐之道迫之耳。明于田事者，不难预计其地出息之多寡，核知出息之数，不止甲所愿给租价之数，则人将增其租以夺之矣，甲何利焉？此之谓角逐也。

是故角逐之道行[3]，则田租不出乎梨氏之法。盖梨氏专主角逐之效而言，绝不计及他故之，或足以阻挠而扞格之也。譬诸地球为日所摄，绕日而行，皆谓成椭圆道，实则诸行星各有摄力，常使地球出入于椭道内外，特撼之甚微，可以不计。故天算家第依椭圆立法，而推测已能密合。今政俗如英国，角逐之道，通行于闾阎。田租一节，虽偶有旧习之乘，亦可不计，则竟谓今日租价，尽合乎梨氏之法，可也。

梨氏法谓无论何国，必有下下之田，耕之仅足偿工价本利者。今别之曰田限，明可耕之地，限至于此。其更

[1]他适，其他更适合的。

[2]素业，犹本业。

[3]行，流通、传递。

下于此者，苟无时势变迁之故，则不值开垦者也。所谓时势变迁者，或人心变而易餍，或地利变而加厚，是已。地利加厚之道有二：物产之销售广，而价为之昂，一也；耕牧之艺益精，而物产愈富，二也。上文设言乙户所耕为下下之田，出息几于无有，故租价亦必几于无有，所谓田限也。然未尝不可变易之，使其利足以给地租，而田限因之有降焉，试进论之。

民生之计，不外乎以本营利，而各国利息之厚薄，往往不同。在澳大里亚以银放借，利可什一，且有田契抵押，故其地富户不愿经商，盖经商之利，苟不能远过乎此，则不若此之逸而稳也。在英国放借，即五分息亦不易得，故经商者多，但得有什一之利，其心已餍足[1]矣。若荷兰则放借之利，视英尤薄，民间尝以二分息贷银于国家。假使英国一旦放借之利，亦薄如荷兰，则商民求利之心，愈加餍足。虽薄于什一，亦将以贸迁为务。夫如是，则农田之利，亦相形见厚，而田限可降矣。盖前此乙户之田为下下，以其利仅可什一而薄于什一者，人皆不愿耕之。今既利心有减，不必什一而已，丙田之更下于乙田者，亦皆可耕，而乙田无复居下下矣。乙田非下下，则乙当以今此下下之田，较其出息，而酌量纳租矣。然则且行之利息益薄，斯田亩之租价益昂，有断然者。异日澳洲必有所验，盖英澳利息之悬殊，其势不能持久。一旦澳洲放借之利，与英国等，吾知旷土[2]必以次开垦，而田限为之降，田租为之增焉。此人心变而易餍之说也。

---

[1]餍足，满足。

[2]旷土，荒芜的土地。

地利之系乎艺事[1]者何也？今稼穑之艺，视昔已精矣，若精益求精，必更有进焉。明其事者，谓以机器代耕，所费必省，果尔，则工本轻而各田之出息加厚，出息厚则租价将因之而增，租价既增，田限必降，因机器可以省费，故向之不值开垦者，今皆在可耕之列也。由此观之，用机器代耕，惟创行之始，其利暂归租户，久之则地租加长，而利专属之地主矣。顾租户亦终有与人共享之利，利何在？在日用易给耳。盖工本轻则物产多，而食物因之以贱（其故详见下卷）。审是凡足以减农户之工本者，必增地之租，反言之，则功本加多，地租必减少，理至显也。功本何以加多？工价长则加多矣。就英国论佃工之价，在百工为最轻，国家设法以均之者至周且备。立学塾以开其知识，使之声价[2]自增。造铁路以利其往来，使之去就[3]自择。而且假民以出洋之便，则百工不至拥挤。又不独业佃者之利也，夫财之分也，以地租、利息、工价为断，益于此者必损于彼，故佃工之价既增，利息、地租之数必减（此以出产之数仍其旧而言之），而租户之利息，必以通行利息之厚薄为衡。苟通行之利息无所减落，则租户必不肯自薄其利，而所损者必在地租矣。

按梨氏法，凡田亩之租，以其地出息所浮于下下田者为准，则遇佃工价长，当问田限有降否，田限降则田租无虑减色。如其物产未尝加昂，农事未尝加精，地利依然，而工价独长，则田限将不降而反升。前之居于下下，

[1]艺事，技艺。
[2]声价，声望和地位。
[3]去就，离去或接近。

而本利犹给者，今皆不值耕种而弃之，田租能不减色乎？由是言之，地主之利与佃工之利，相妨[1]者也。又使市面通行之利息加厚，则租户之利息亦必加厚，下下者不足取偿，势将弃之，而田限又升，地租又减，是地主之利与租户之利，又相妨者也。人之辩斥梨氏法者，大都以此，不知所谓相妨者，第就事势一端而言，非地主、租户、佃工三者之中，有所偏利[2]，即于国计大局有妨也。假如地利变而加厚，犹是田亩出产顿多，则三者之利同时加厚矣。是故相妨之说，不过论分财多寡之间，彼此互为消长，乃自然之理。岂梨氏之法使之然哉！按地租之贵贱，系乎户口之增减者尤大。英国数十年来，户口增四之一[3]，即需食亦多四之一。假令需添之食盖取给于国中，则必添种地亩。盖谷贵则农利加厚，故田限可降，田限愈降，则地租愈长。是户口一增，而粮价与地租必因而俱长也。地租之所以长，其故有二：假如纳粮完租，粮价既因销售之广而加昂，即租之所入亦加长矣。虽粮食昂贵小民所苦，英国特弛旧禁，放洋米入口，以平市价。通前十年计之，岁入米一万四千万磅之多。然近来英国荒芜之地，以次[4]开垦者不一而足[5]。可见农户之利究厚于曩时，而地租必已加长无疑，此其一也；户口增，农利渥[6]，则土脉将设法转移，卑湿[7]者干之，硗瘠者肥之，而地利因之加厚，即田

[1]相妨，互相妨碍、抵触。

[2]偏利，偏向。

[3]四之一，即四分之一。

[4]以次，依照次序。

[5]不一而足，指同类的事物不止一个而是很多，无法列举齐全。

[6]渥，多、厚。

[7]卑湿，地势低下潮湿。

租因之加昂，此其二也。

若是乎地利之厚薄，因乎自然者少，因乎人巧者多。今英国有数郡之田，昔皆菹泽[1]，今成膏腴[2]，苟非人巧，何以至此。夫以人力转移之故，而出产顿增，则此所增之出息，当即作为地租否？按此等地亩之租，与寻常因乎自然之厚薄者不同。就农户而论，但有余于工价本利外者，不难尽以偿地租，而于地利之出于自然与出于人巧，可不计也。惟人巧之施，必藉资本，而资本之给，不皆出自地主，则地租内当酌[3]提若干，以偿所用之本，是名[4]则一而实则隐判为二矣。近年英国著令，许地主借本以兴转移土脉之举。如用机器起水、雀粪沃土，及修治庄房等事，其债户应得本利，即于地租内逐年抽还，按其所借之数六分起息，以二十二年为限，本利一律清偿。在租户骤得此额外之利，租虽加贵，亦甚乐从。某姓贵族不治生计，家已中落，田地半皆荒废，今用借本之法，费银七万磅以治其田，而所收租价，除照例抽偿债户外，所余尚多，不数年而家业复盛焉。故此法之利于地主者，不待二十二年之后，方其始而已有获也。乃其利加此，而地主之绌于本者，犹不尽踊跃以图功，殊不可解。英国近数年治田之效，虽前此所未有，然各郡田亩之有待于讲求经画者，尚不一而足。何地主之自弃其利薮[5]耶？

[1]菹泽，亦作“沮泽”，水草丛生的沼泽地带。

[2]膏腴，谓（土地）肥沃。

[3]酌，考虑、商量。

[4]名，名义。

[5]利薮，财利的聚集处。

今由梨氏租田之说，而得一奇论[1]焉。曰，田租者，与粮价无涉者也。此说布格尔（英国文学名家）云，非好学深思者不能知之。愚谓其说虽奇，其理正不难解。假令英国一旦遍籍民间田产，豁免地租，使人受而耕之，将见所需之粮食如故也，所种之地亩亦如故也，惟粮价不加贱，故也。使粮价而加贱，则凡下下之田（其租本甚微，不足数[2]）。向之出产几几仅足偿工价本利者，皆将亏折而委弃[3]之矣。然需食未尝加少，即下下之田断难听其委弃。下下之田既不能委弃，即粮价断不能加贱，是[4]豁免地租，特良田农户之利，而无裨于民生日用之经[5]，无之不加贱，则有之不加贵可知，故曰，田租与粮价无涉也。惟是粮价之贵贱，视乎户口之众寡，而户口之众寡，田限之升降，又田租之贵贱所致也。田租贵，田限降，则粮价必昂，然则田租虽无与粮价，而粮价未始不可由田租而验[6]也。

梨氏之法，专主角逐而言，世有格于习俗，如印度等国，彼其田制之异，迥然不同，未可执此以论也。

[1]奇论，奇怪的论述。

[2]不足数，算不了什么。

[3]委弃，指唾弃、遗弃、扬弃、舍弃、丢弃。

[4]是，凡是。

[5]经，治理、管理。

[6]验，证据、凭据。

第四章　论工价

前言资本者，工价之所自给，然则工价之贵贱，必以资本、人功之消长为率[1]矣。人功不加多，而资本加多，则工价长；人功加多，而资本不加多，则工价落，其理易明。人之恒言曰：工价系乎应求[2]之故，意亦与此同，特不如是之明切耳。盖以本运[3]工谓之求，必资本富而后求工者多也。以功给役[4]谓之应，必人功足而后应工者众也。故言工价之贵贱，以资本、人功之消长为率。初非有异理，而意则显著矣。

此说所以究工价取给之原，亦以明资本、人功无增减，则通国之工价必无增减也，而所以济惠[5]穷民之术，即寓乎此。夫人心皆仁，中户以上，无不念切[6]悯贫，而不得所以加惠[7]之法。富国策固将推原其故，而思以恻隐之心，见诸济施[8]之实事也。以英国言之，佃工终月仅得

[1]率，规格、标准。
[2]应求，应和、响应。
[3]运，使用。
[4]给役，供应使役。
[5]济惠，援助施舍。
[6]切，急切、急迫。
[7]加惠，施予恩惠。
[8]济施，救济施舍。

银八九圆，于工价为最贱，人苟悯佃工之苦，其可不究其价之所以贱乎？按英国资本之增，至近年而愈速，诸国罕有伦比。其通商之盛，财用之足，实为前此所未有，薄书具在，班班可考[1]也。自一千八百四十九年至六十一年，此十二年中，出口进口税各加一倍，至今而出口税又岁增八千万磅，在一千八百四十九年为六千万磅者，今则为二万万磅焉。顾国家通商日见其盛，而工作小民未食[2]其利，非工价一无所增也，特所增甚微，而百物加昂，所入仅抵所出耳（百工中亦有食其利者，要特业[3]之数种而已）。国人柏腊息氏[4]工价考一书，记载详明，确凿可据。其书未出，鲜不谓工价亦与财用而俱长矣。兹试据其数端言之。布根黑郡[5]机器局，有工十三种，以一千八百六十九年较诸五十四年，内惟四种工价略增，三种无所增减，余六种则反有减焉。西耳纳斯郡[6]官船厂，亦有工十三种，自一千八百四十九年至五十九年，内惟三种工价略增，自一年[7]八百五十九年至六十九年，则概无所增。退姆斯江[8]沿岸各船厂，有工二十种，其工价在一千八百六十五年，视前十四年有增，而至六十九年复落如初。其所以增者，因其时美国军务平定，棉花麇集[9]，

[1]班班可考，事情源流始末清清楚楚，可以考证。

[2]食，享受、受。

[3]特业，特殊的行业。

[4]柏腊息氏，指布腊西（Brassey Thomas，1836—1918），英国政治家、社会改革家。

[5]布根黑郡，今译为伯肯黑德郡。

[6]西耳纳斯郡，今译为希尔内斯郡。

[7]原文为“年”，疑为“千”。

[8]退姆斯江，疑为泰晤士河。

[9]麇集，聚集、群集。

本轻而利厚，一时逐利者争业织棉，工价为之顿贵。迨一千八百六十七年，棉市拥滞[1]，业户大半折本，银行亏倒，工人失业者以数千计，于是工价复落，贫民生计艰苦倍甚于前，盖所得几不偿所失焉。柏氏[2]谓百工中，惟伦敦都城暨曼赤斯德郡[3]之业营造者，其工价所增为最优。以一千八百七十二年较诸前十九年，营造各业之工价，大抵增三之一，不可谓不优矣，然佣工曾未蒙其利者何也？假如所得工价增四之一，而同时房租、米、薪、服御等价亦各长四之一，则出入仍相抵耳，故第见工价有增，而不计日用之贵贱，未可定工利之厚薄也。英国自近年金矿广开，百物无不昂贵，通而计之，不下增十之三，而如煤、肉、牛乳、酪酥、乳饼等物，三十年来，所贵且不止十之三焉。所以百工中，仅有工价优增，而获利依然甚细，彼增而不优，及一无所增者，同此日用，同此居诸，其生计之益窘可知矣。推之佣书[4]、司阍[5]、巡捕、仆役之属，受禄均有定额，近二十年中，皆处入不敷出之势。观于此，则鲜不谓增益财用虽如是其速，曾无与于利用厚生之道矣。然则将工利之所以薄与夫工价之或反有减，推而求之，讲而明之，岂非富国策全书中第一要义乎？

夫工价之贵贱，既以资本、人功之消长为率矣，则工利之不加厚，必因人功与资本俱增之故。盖人功之见增，其端有二：佣户加多，一也；创用机器以省人功，而

[1]拥滞，留滞、阻滞、滞缓。

[2]柏氏，指布腊西（Brassey Thomas，1836—1918），英国政治家、社会改革家。

[3]曼赤斯德郡，今译为曼彻斯特（Manchester）郡。

[4]佣书，受雇为人抄书，亦泛指为人做笔札工作。

[5]司阍，指看门的人。

闲废者多，二也。英国数十年来，二者均有之。人功安得不见增乎？夫以英国民数而论，此数十年中，未必大有增益。要知角逐之道行，则求工者愈多，应工者必愈众，欲明此理，莫如查历年户口册。英国近年户口册所载下户[1]婚嫁，大率能及其时者居多，而尤以煤铁矿佣户为最，织布织呢者次之，佃工又次之。盖需工多则工价优，工价优则下户之婚嫁以其时，婚嫁以时，则生齿日繁而给役者众矣。是故工价之贵贱，每相倚伏[2]，而增即减之基也。

凡户口众庶之国，其民食恒不能有余，户口一增，则粮食必贵，有断然者。以英国论，稼穑之事，非不日求精进也，外洋食物，非不广为招徕也，然而民间日用所需之物，莫不昂贵有差，尤甚者，乳酪、肉之类，其质易败，而难于远求者也。盖凡一物，相需者忽多，而又必取给于国中，则其价立贵，如英国之煤是已。从可知户口增多，其足以减佣工之利者有二端：给役者众，则工价将贱，一也；食物昂贵，则工价之为值也少，二也。

前言人功之见增，不独在佣户之加多，而亦在机器之创用[3]。盖机器愈巧，省功愈多。假如百人之功，今以二十人代之，所省为五之四，所增即不啻五倍矣。英国二十年来，以机器之用，而生财之速，国用之增，无有伦比，然人功因此就废者，不可胜数。柏氏工价考载，铁业商总某呈报，该业各店铺，自用机器以来，工匠遽减其半，此明征也。

[1]下户，指贫困的人家。

[2]倚伏，互相依存、互相转化。

[3]创用，开始使用。

凡业户遇贸易利薄，或物料短缺，或人功昂贵，辄思创用机器以图节省。昔英国商户因美国内乱，棉花来源乏绝，购诸远邦，费本甚大，一时争创机器，人功遂以大省焉。美国之尚用机器，尤甚于英国者。美之人功最贵，故业户之筹思最切，农田机器，不惟所用者多于英，而且精巧日臻。英实取法乎美，尝考其国所创农田机器，凡足以减省人功者，日多一日。一千八百四十七年，计创四十三具。一千八百六十三年，计三百九十具。明年五百六十三具。越二年，一千七百七十八具。又明年，一千八百具，机巧[1]百出，正未有底止也。假使英国佃工，出洋者日益众，则工价必贵。食田之户，亦将多创农田机器无疑矣。由此以观，乃知生财加多，需工不必因之加多也。生财以机器而加多，则需工反因之加少也。人皆以为财用一增，则百工宜均享其利，殊不知获厚利者固多，而受重损者正复不少。盖一机器创，则必有若干类工人，顿无所用其手艺之巧，皆将赋闲失业，别营生计，用违所长，其苦不可胜道[2]。试观于铁业商总所报，工汰其半。被汰之工，必其手艺最巧，得价最优之工，忽然就废，其受损为何如？铁业如此，而受机器之害者，岂独铁匠而已哉？

审是则财用虽增，工利不必因之加厚明矣，所以然者，英国一岁所积之财，留之国中，以作资本之用者少，贷之外邦，以收生息之利者多。其贷之外邦者，利归本主，与工价无涉，故虽其款甚巨，而自百工言之，则有之一如未有也。欲知英国出贷之款，但观外邦积欠之数。大

[1]机巧，灵巧的机械装置。

[2]不可胜道，无法尽说，极言其多。

都欧洲各国财用，无一不出浮于入，其所不足，则大半皆取贷诸英者也（按欧洲各国财用皆患不足者，实始于法君拿波仑第三，创霸称帝，耀武观兵[1]，一时诸国从风[2]耀武，秣厉[3]争雄，而国用遂多糜费矣）。

贷财于英者，以俄罗斯、义大利、土耳其、埃及等国为最著。查自一千八百四十八年至一千八百七十年，此二十二年间，俄欠项由一万万磅增至三万万磅。义欠项由三千万磅增至二万八千五百五十万磅。土之借贷始于一千八百五十四年，自是而后，积欠至九千二百万磅。埃之借贷始于一千八百六十二年，凡历八年，借四次，积欠至三千六百万磅（以上各数，本拔克斯德氏[4]国债论），自是而后，所借更多。此外加美国因内乱而筹兵费，则称贷于英。印度造铁路（数年间借欠不下九千万磅，专为造铁路之用）、浚河渠、办屯田[5]，则莫不称贷于英。故曰英国日富，而百工获利甚微者，以其贷出之款多也。虽然工利之不加厚，则更有故焉。其故维何？曰，需工一多，工价一长，则婚嫁勤而生齿繁，机器出而人功省，此其所以沮抑[6]之者实大耳。

夫工价之贵贱，既与民数[7]之消长相因，则民数所

[1]观兵，检阅军队以炫耀武力。

[2]从风，比喻迅即附和或响应。

[3]秣，喂饱马匹。厉，磨快兵器。

[4]拔克斯德氏，指巴克斯特（Budley Baxter，1827—1875），英国经济学家、统计学家。

[5]屯田，招募农民种地。

[6]沮抑，阻遏抑制。

[7]民数，人口数字。

以增损之理，又不可不讲矣。英国马耳德氏[1]所著《民数论》一书，最为详备，每发诸家所未发，其论民数之所以阻其增者，其端有二：曰天数[2]，曰人事。凡人事无权，如饥馑、水旱、疫病，兵革[3]之类，皆系乎天数者也。自人身世[4]之谋益工，室家[5]之计益熟，而婚姻之迟缓者多，婚姻迟则生齿少，而户口不能增，此系乎人事者也。马氏[6]遍考列国之风土人情，各究其民数消长之故，以著为论。或因乎天数者多，或因乎人事者重，观风[7]者盖深有取焉。其书之出，于今数十年矣，而诸家之说，卒无能出其右者，其书不重可贵乎？

民数之不能有长而无消，盖亦造化[8]自然之理也。假令天下之众，婚姻各及其时，而又别无阻抑之故，则不独食不足以养，亦且地不足以容矣。走兽中惟象之生育最稀，间尝论之。设象生三十年而始育，至九十年而止，其间生雌雄各以三，循是以推，历五百年之久，一偶之所衍，已有一千五百万之多。观于兽道，而人道不从可知哉！甘氏[9]尝谓英国阿尔兰岛居民，自一千七百六十七年至一千八百零五年，此三十八年中，遽增一倍有余。大抵

[1]马耳德氏，后文也称“曼耳得氏”，指托马斯·罗伯特·马尔萨斯（Thomas Robert Malthus，1766—1834），英国经济学家、人口学家。法思德将马尔萨斯的《人口理论》译作《民数论》。

[2]天数，迷信的人把一切不可解的事情、不能抗御的灾难都归于上天安排的命运。

[3]兵革，指战争。

[4]身世，指人生的经历、遭遇。

[5]室家，泛指家庭或家庭中的人，如父母、兄弟、妻子等。

[6]马氏，即前面提到的马耳德氏。

[7]观风，替人守望，以便报告；观察动静以便暗中相机行事或向自己人告警。

[8]造化，自然界的创造者，也指自然。

[9]甘氏，与前文提到的葛氏为同一个人，均指凯尔恩斯，英国古典经济学家。

一国之户口，休养生息[1]得其道，每二十年而倍之。苟无天数人事之阻，将不数百年而充塞宇宙间矣。曼氏[2]云，亚细亚洲各国，暨昔日之欧洲各国，民数之阻于增，每因饥馑、兵革之故，而且于孩提则忽于抚育，于疾疫则拙于医治，而其致疫之故，则未始不因乎食之不足。或数年而一遇，或数十年而一遇，良[3]可哀也。今各国阻抑之端，视昔大有减矣，然亦未能尽免也。以英国言之，贫户之婴孩，夭殇[4]最多，究其故，无非抚育之失其道耳。计有五邑，其贫户婴孩，半皆不及五岁而死，此英国阻抑民数之大端也，其他各国则阻于兵革残杀者有之，阻于婚嫁迟滞者有之（挪威国例，男女必各蓄财若干足以养生方许婚嫁。瑞士国俗，男子年不及三十，女子年不及二十五，鲜有嫁娶者）。

夫民数之阻于增，正佣工之利也，然亦有民数日增，毫无阻抑，历久而工利不加薄者。如新辟之地，天气得寒暖之正，土脉尽膏腴之美，地广人稀，田畴未垦，则虽户口日增，不必遂相妨害也。至于繁庶如英国者，使亦无阻抑之故，行将人工充塞，而小民之生计益艰矣。盖中户[5]以上，智虑[6]较周，苟自顾其力不足以赡养妻子，使之一如己所享用而无所缺，则大抵宁鳏而不娶。而工作下户，贫而多愚，顾目前不计久远，往往以一时稍有生色，遂各

[1]休养生息，指在战争或其他原因引起的大动荡后所采取的安定社会秩序、恢复生产、增加人口的措施。

[2]曼氏，即前面提到的马耳德氏、马氏。

[3]良，很。

[4]夭殇，还未成年就死去。

[5]中户，指中等资产的人家。

[6]智虑，才智思虑，指洞察事物的能力。

踊跃婚娶。如英国户口册所载，因粮食价落，民间婚嫁之事顿增，其明证也。夫如是，则佣户之生齿，苟无天数之厄，宜其有长无消矣，而不然者，则别有阻抑之端也。英国婴儿未及五岁而殇者，在中户以上，仅十之二，在下户必十之四五焉，其所以殇折[1]独多者，或以贫窘，或以沉湎于酒，遂致忽于鞠养[2]，失于爱护耳。以前十年计之，苟抚养得宜，则今日国中当多幼孩一百十五万口，而人功自此顿增矣。果使民日迁善，去其酗酒忍很[3]之习，尽其恩勤[4]鞠育之谋，吾知英国户口之增长必速。然惟如是，而下户正不可无智虑矣，盖既无疏忽之弊，以凋伤[5]其幼稚[6]，又无身家之虑，以迟缓其婚姻，不将愈庶而愈益其贫苦乎？

天数人事而外，又有阻抑民数之增，而纾英国人功充塞之患者，莫如迁徙出洋一事。数年来，英民之适美国暨诸藩邦者多矣。自一千八百四十八年至一千八百六十四年，英民之出境者，都计三百三十五万，自是而后，去国者愈众。以一千八百七十三年计之，一岁中有二十八万之多。向使民无迁徙之一途，则此数百万人者，皆将抑食于国中，而工价必大落矣。然而所裨于国计民生者，此犹其小焉者也。盖去国者择地而蹈[7]，所适之邦，必其短于人功，财源有未开，沃土有未垦。一旦人功有所取给，百利

[1]殇折，夭折。

[2]鞠养，抚养、养育。

[3]很，古同“狠”，凶恶。

[4]恩勤，指父母尊长抚育晚辈的慈爱和辛劳。

[5]凋伤，疾病死亡。

[6]幼稚，幼孩。

[7]蹈，同本义，往往有冒险的意味。

渐兴，获利必厚，斯其致富也甚速，于是以彼土所产之粮食，济英国之所不足，而粮价以平，此其所裨于英国者实大也。然则凡户口繁庶之邦，苟无阻抑之故，又无迁徙之途，其足以艰困贫民者，不显有在乎？

凡田限降则百谷贵，而地租不与焉（说见上篇）。使英国一旦民数大增，而地利不能使之加厚，又无外洋米麦以接济之，势必田限降而食物无不昂贵矣，于此而不有迁徙之一途，则佣工必受损，损之者何？受佣者众则工价贱，一也；消耗者多则日用贵，二也。民数日增而物产有限，恐并衣食而不给矣，岂惟百物昂贵为可虑哉？

是故迁徙一途，既可免充塞之患，又可资[1]谷食之济，所以高工价者在此，所以抑粮价者在此，其有裨于百工，非细故也。惟是迁徙之利，必有底止，何也？以民生齿之易，苟使休养得其道，则向之地广而人稀者，不久皆人烟稠密矣。夫如是，又安所用其迁徙耶？

夫工价之贵贱，既以资本、人功之消长为率，而国家资本之增，纵极其速，万不敌民间生齿之速。由是言之，苟无天数人事之故，足以阻民之增，百工固无有不流于困苦者矣。是故繁庶如英国，其利在迁徙，尤在足食耳。

以上所论，特举工价贵贱之故浑言[2]之耳。至于工之托业[3]不齐，其价之轻重亦不一，且不独异业有贵贱之殊，即同业[4]亦有低昂之别。时势情形，随业而异，此其理亦不可讲也。司美氏分工价贵贱之由为五类：一，托业

[1]资，给予。

[2]浑言，指笼统地说，又称统言、泛言。

[3]托业，借此以为治生之业。

[4]同业，相同的行业。

有苦有不苦；二，学艺有难有不难；三，工作有常有不常；四，责任有重有不重；五，成败有可必[1]有不可必。

所谓托业有苦有不苦者，如挖煤之煤工，受价[2]反优于巧匠，以其事甚劳，其地甚险，摸索暗中，呼吸浊气，不优其价，谁乐就之？彼木匠一日之间，工作之勤，过于煤工，而价减一等者，其事不若是之苦也。

所谓学艺有难有不难者，凡精巧之艺，从学必有规费[3]，从学有费，则有力学习者少，且其业每有学徒帮工之例，往往历四五年之久，而不得工价，则习其业者功本愈大，收效愈缓，愿望愈奢，非若他功粗艺之可以捷获，故及其艺之已成，遂擅专长之利，声价自高，盖工价不优，不足偿其功本之费，理固然也。如航海所用之时辰表，其精巧细密，通英国之钟表匠，能之者什[4]不获一，具此天授之巧，则欲得工价之多寡，直可自彼命之矣，岂寻常艺事所可比哉！

所谓工作有常有不常者，如砖瓦匠之类，遇风雨则不能作，遇霜雪冰冻则不能作；而且今日有佣，明日或无佣；一工已竣，后工不可期，非若他项手艺之得按日工作以食其力也。故砖瓦匠之工价必较他业倍优，盖不优则无以为赋闲坐食[5]之地，人皆不愿托此业也。

所谓责任有重有不重者，如金银珠宝等匠，所治皆贵重之物，苟业主不得可托之工匠而委任之，则将日夕监

[1]可必，可以预料其必然如此。

[2]受价，接受的价格。

[3]规费，指按陈规所纳的费用贿赂。

[4]什，同“十”。

[5]坐食，指不劳而食。

督而费本益多。故凡业金银珠宝者，必得可托之人以为其工，其人可托，斯其价必重，理固然也，况业主厚其予，正所以食其报乎。

所谓成败有可必有不可必者，与寻常工人无甚关系，盖既习一艺，即成一业也。惟以技术为生，如业医、业刑名[1]之辈，大抵学成名著，而遂以致其富者少，学不见售[2]，而莫偿其功本之费者多。惟其成败难必，故其技有不售，售则必求善价[3]也。

凡此五者，固工价所以贵贱之大端，要[4]亦有不尽乎此者。盖工价不独随业而异，往往一国之中，同一业而其价随地不同，此在粗拙之工为尤著也。以英国佃工言之，其在约克县[5]者，冬月工价约一礼拜中可得小银钱十六七圆。在威尔县[6]笃色县[7]者，一礼拜中仅得小银钱十一二圆。同此力作[8]，而贵贱若此之异，非日用贵于彼而贱于此也，非威笃两县之佃工别有所利也，问何以同一业而工价有不齐？且何以威笃两邑之佃工不舍而之约克也？曰，所以不齐者，约克之地利较厚，即农利较厚，故工价亦较优也。所以不为迁徙之计者，威笃两邑之佃工，皆乡愚耳，不读书，不识字，僻处一隅，亦何从而知他邑工价

[1]刑名，清代各州、县官署中主理刑事判牍的幕友。

[2]售，酬谢。

[3]善价，高价。

[4]要，表示比较、估计。

[5]约克县，即今约克郡。

[6]威尔县，今译为威尔特郡。

[7]笃色县，今译为多塞特郡。

[8]力作，努力劳作。

之贵贱，此其一；习于颛蒙[1]，则狃于故里，而畏远徙之难，此其二；素无储蓄，则川资[2]不给，此其三。又况自立恤贫章程以来，民皆域于疆界，阻于迁徙。束缚之苦，莫此为甚。虽邻近之邑，工利倍蓰，亦心向往之，而身不能至也。其所以不能至者，非此之阻其去，乃彼之惟恐其贫无以自存，致糜公款抚恤，而不肯留之耳。然则人功太贱之处，欲使长其工价，徒恃业户之任恤[3]无济也。济之之术，惟增其地之资本，或减其地之人功而已。人功何以减？则迁徙是，远之徙乎异国，近之徙乎他邑，皆可也。

今英国兴利除弊，凡所以齐工价之不齐者，几几法无不备矣。数年前，道途转运维艰，商贾不便，彼之所有余，此之所不足，以故一国之中，货物贵贱悬殊，如鸡鸭之价，在伦敦都城，恒四倍于他邑。自有铁路而转运顿利，有无顿通，商贾便之，行旅便之。不独物价无贵贱之悬殊，即工价亦不至同业而异等，以程速费小，百工无难择地而蹈也。彼业佃之愚氓[4]，智识[5]亦渐开矣，何至复狃其畏葸[6]之习哉！

以上所论工价贵贱之理，其大较[7]也。若夫贸易之盛，因乎时势，虽不可恃以为常，亦有足长工价于一时者。英国资本至足，设一日棉市大盛，业户添本纺织，虽

---

[1]颛蒙，愚昧。
[2]川资，旅费、路费。
[3]任恤，诚信并给人以帮助和同情。
[4]愚氓，愚民、愚昧之人。
[5]智识，智力、识见。
[6]畏葸，畏惧、胆怯。
[7]大较，大概、大略。

一千万磅之多，不难立集，而人功则不若是之易得也。盖纺织之艺，必熟习始精，其间细巧之事，非童而习之不为功，故欲使他业之工，易而纺织，骤难期其得力[1]。夫如是，则凡素业纺织之工匠，俨然独擅专长，其工价有不大长者乎？一千八百五十九年及一千八百六十年间，尝有其事矣。其时业棉之户，获利至厚，争相益本，多多益善。就资本而论，固至足也。无如购置机器，建造厂局，皆须时日而成，故其时添工添料，有所限制。然业户之经营谋利，要必不留余力，则惟有争长工价以广招徕，而纺织工匠遂得优价矣。是故无论何业，苟其贸易大盛，必可长工价于一时。曰一时者，以利之所在，人必趋之，久则习其艺者渐多，而人功无患不给，人功给则工价又落矣。论其时之久暂，大抵其艺愈巧，擅利亦愈久，因他人习之愈难，而成之愈费时日也。托业艺事者，深知此擅长之利，故往往百计以保持之，不使学徒稍溢其额，此同业齐行之法，所由立也。（详见本卷第九章）

[1]得力，得益、见效。

第五章　论利息

分财之类有三：地主所得曰地租，佣工所得曰工价，业户所得曰利息。利息因资本而生，而资本为撙节之余，实由克俭所致。故利息者，所以酬平日之克俭，犹工价之所以酬勤也。凡人出其资本，用之于有益之事，一岁经营所入，其赢于原本外者，即利息也。假如业田之户，用本银五千磅，以给一切需费，如牲畜、器具、工价之类，则其利息，即举田产所值，开除本银五千磅之余。顾利息虽因资本而生，而不尽为资本之利，何也？即以业田者言之，所雇之佃工，暨一切耕耘收获之事，或须躬亲督课[1]，费时操劳，非若以财出贷者之可以坐收其利也。故凡业户经营所得之利息，必以若干分为酬劳之数，又贷资于国，坐收官利者，利可稳得，绝无意外之虞。若经营事业者，得失利钝，皆不可知。市面之衰落，帐欠之亏折，经手之侵渔[2]，兵燹之劫夺，在在[3]可虞。若是，则利息中又必有若干分以偿其虑患之苦，所以业户之利息，内分三项：一酬俭；二酬虑；三酬劳也。

[1]督课，督察考核。

[2]侵渔，侵夺他人的财物。渔，捕鱼，此处引申为得到财物。

[3]在在，处处、到处。

第一项应得之数，当以官利为准。官利者，以资出借，所可坐享之利也。或贷款于国家，或贷款于外邦，而本国为之保，或借人以财，而有田产、房产为之质，凡此皆利可稳得，而并无意外之虞者也，故其所入之利，纯乎因本而生，无所谓酬劳、酬虑之数。设官利二十五而一，则本银五千磅，可坐得利银二百磅。准此则经营事业者，假如用本五千磅，当于利息内提银二百磅，以作酬俭之数。

第二项应得之数，未易核计，然业户固有出费以资保险者矣，则此保险之费，即第二项之属也。今英国保火灾之险，几几遍行国中，此外商船保风涛之险，农户保冰雹之险（近且有保牲畜瘟疫之险者）。凡此所出之费，皆在利息项下开除。惟事业之险，亦有保不胜保者，如农田或因水潦[1]，或因蝗旱，全利俱失，岂能一一而保之？顾酬虑一项，其应得之确数，虽不易知，要之其事之险处愈多，则所得之酬虑愈厚。假如以本托人经商，一切经营运用，皆委之于人，人见其坐获大利也，不知其事之可危乃弥甚耳。今英商采铜一业，获利较厚，凡出资买股分者，可坐收什一之利。若官利不过二十五而一，是其利赢五十而三也。然采铜者，以巨本开一矿，或不崇朝[2]而铜源顿绝，其事至险，故计其利之所赢，即知业铜酬虑之数，为五十而三也。

第三项应得之数，自是开除前二项之余矣。若论其所得之多寡，则又因业而殊，与工价贵贱之故，大略相同。盖同一监查督课，而精粗异焉，劳逸分焉，苦乐判焉，即

[1]水潦，水淹。

[2]崇朝，崇通“终”，从天亮到早饭时，亦指整天。

所偿之利，必因之有厚薄焉。又况托业亦分高下，或以为雅而乐从，或以为俗而弗屑。此英国业田之利，所由较他利为薄也。盖农圃[1]之事，易学而知，且居乡无城市之嚣，课耕[2]有幽闲之趣。故富贵之家，往往乐于从事，以此为养心适体之方。而初不计其利，至若市廛列肆[3]，琐碎经营，业主勾稽[4]督察其间，劳瘁[5]形神，毫无乐趣。苟非利之是图，彼何不惮烦[6]若此？所以其利必加厚，不厚固不足以酬其劳也。

以上三项，为利息所由综，而酬俭一项，既以官利为准，则一国之中，一时之间，百业自当一律。言一时一国者，以官利不独随时而异，亦随地而殊也。即如英国官利，今不过二百而七，在二百年前，至少亦五十而四，而澳大里亚现在官利，则几可十而一，此其故当于下章详之。

夫酬俭之利，既通国所同，则百业利息厚薄之差，必因酬虑、酬劳两项而生矣。其业之利较厚者，必其事较危，可虑较多，否则必其事较繁，督察较劳也。是故凡百行业，其利息之厚薄，各有行情以为准则。至其所以长落之故，则与上章所论工价之情形无异焉。人皆谓百业利息，有渐趋于均平之势，岂其然乎？

何以不能趋于均平也？各业之安危劳逸，既在在不同，则托业愈危，固必获利愈厚，而后足以酬其谋虑之

[1]农圃，农田园圃。

[2]课耕，督促耕作。

[3]列肆，开设商铺、成列的商铺。

[4]勾稽，同“钩稽”，查考核算。

[5]劳瘁，因辛劳过度而致身体衰弱。

[6]惮烦，怕麻烦。

苦。初非一时偶然已也，使谓业之甚危者，酬虑之数，渐可与次危者均，业之次危者，酬虑之数，又渐可与无危者均，势必不能。惟是就一业而论，利若过厚，则为之者多，而厚者薄之。利若过薄，则舍之者多，而薄者厚之。此则有调剂持平之理耳，试进论之。

当一千八百五十九、六十两年间，英国棉市极旺，凡业纺织棉布者，皆获厚利。缘其时美国棉田大熟，来源既广，而亚细亚各国销路又畅，故工本轻而货价昂，其利倍蓰。未几美国内乱作，来源塞，而业户顿失其利矣。然即美国内乱不兴，来源不绝，英国业棉偏厚之利，亦不能以持久也，何也？布业之利，既厚于寻常，则逐利者多。凡素业纺织之户，莫不竭力增本以图美利，或收回他业之本以继之，或以重利贷本于银号而足之。富如英国，断无资本匮乏之虑。夫如是，则织布一业，必顿增资本巨万，而角逐之道，遂有以减其利矣，减之之故有二：业户之资本益充，斯收买棉花益多，收买者多，则棉花必贵，而一时布价又不能与之俱长，即其利已减；又况工本日扩，织造日多，势必所出之数，浮于所销之数，货物屯积，市价不得不落，利有不大减者乎？此其一也。布业利厚，则素非业此者，亦将改而业此，而增本愈大，出货愈多，销路愈滞，布价愈落，而利亦愈薄矣，此其二也。

特是增本之足以减利，要非[1]骤著其效也。即如一千八百五十九、六十两年中，英国织布各户，虽皆竭力织造，而一时所出之货，未必遽逾其限。盖各局之纺织机

[1]要非，总不是。

器，业已昼夜兼功[1]，则欲加工织造，非添置机器不可，而添置机器，别设局厂，皆须时日而成。故当此之际，旧业织布者，无不收获全利也。然惟如是，而减业户之利者，乃又有在矣。何则？业户既加工织造，昼夜兼功，则必争添人功，可知人功诚不易添雇（以艺非素习之故，详见前章），而旧雇之工匠，加功造作[2]，其价必长，工价长则业户之利有减矣。是故材料之贵、出货之多、工价之长，皆足令利之厚者以薄，此所谓过厚者薄之也。顾此所以薄之之故，往往相持太久，翻[3]使业户之利，有减寻常，而势复失之太薄，于是持平之理，又将起而维之。盖如水之有波，一掀一落，相循[4]无已云尔。

试更即一业市面之衰落言之。如一千八百六十二年秋间，英国布业大衰，缘其时美国内乱，棉花腾贵，业布者几几无不亏本，其未至于闭歇者，徒以织匠无位置故耳。当此之时，业户不得不减本裁功[5]者，势也。业户各裁其功，则出货少，久之所出之数，不足所需之数，而货价长矣。货价长，则业户渐有生机，而利复渐趋于厚矣，所谓过薄则厚之，亦调剂均平之理也。

布业之盛衰，犹事之偶然者，更即今日英国之丝市言之。或谓英国丝货，不如法国，因法国天气清朗，其人又好于制造细货[6]，故其丝色较鲜，而织法亦良。此虽言之

[1]兼功，加倍劳作。
[2]造作，制造、制作。
[3]翻，反而、却。
[4]相循，循环变化、周而复始。
[5]裁功，削减。
[6]细货，精巧的产品。

过甚，要就今日而论，则法国丝货，诚胜于英国也。盖自一千八百六十年以来，法国豁免丝税，而英国丝业遂大为减色，其利之薄有减平时。假令法国丝绸处常胜之势，则英国丝市必处常衰之势。问如是则业丝之利，亦将常处于过薄乎？曰，不能也。业户必不甘心于薄利，而终不为变业[1]之计也。惟是欲变其业，非可猝办，又必多所耗失，如机器局厂之类，非大费经营，不能致用于他业，且业户舍其所习，而就其所未习，亦非情所乐从，往往因循时日，勉强支持，迨至万不得已而后去之，而所失已多矣。故凡一业之衰，其初业户必受亏折之累者，此也。

至于工匠之所失，则尤有甚于业户者。诚使丝业之衰，年复一年，则雇工日少，给价日低，失业赋闲者，不知凡几。其壮而有志者，知不可郁郁居此也，遂及资斧之未罄，亟舍之而他，远则去其国，近则离其乡，其所失犹小也。其愚而偷安者，不思变计，犹希望于绝望之余，徘徊不去，徒恃官民赈捐以资存活，弥久而弥习于怠惰，终至流为丐乞而后已，哀哉！

是故因穷民失业，而官民捐资以赈之，往往非徒无益而又害之也。盖穷民有所恃以存活，则狃于便安[2]，而不思迁徙图就，反不如听其自然，而民受饥寒之迫，不能不作变计之想。即不然，以捐赈之款，作为川资，散给贫民，使之迁徙，亦不至受困如此之甚也。当美国祸乱之际，英国布业大衰，工民失业，四五年中官民所捐，积累巨万，悉以供赈济之费。一时国家行抚恤之政，仁人溥乐

[1]变业，改行。

[2]便安，便利安稳、便利安适。

善之施[1]，固无有信其贻害甚大者。不知其时英国布业虽衰，而别项贸易则大有生色。通一国之市廛计之，非惟无减，抑且加盛焉，然则工民被汰于此者，或相需于彼，特一转移间耳。救之之法，当助以资斧，使失业之工，舍其故乡，以适相需之地，斯捐弃少而裨益多。乃计不出此，而沾沾于姑息[2]之养，坐令[3]愚民苟安旦夕，习于惰偷，沦于丐乞而不可救，岂非大误欤！所以英国布业之衰，历八年之久，各局所汰之工，日多一日，斯无业之穷民，亦日多一日，不独于此见工人受困之深，亦见通国之事业，皆受其损也。

夫一业之利之厚薄，所谓有持平之势者，固以官吏之厚薄为准也，而官吏亦因时为低昂，随地而轻重，其故则何欤？

大凡商贾之业，其经营所得，业主与佣工分受之。业主所受曰利息，佣工所受曰工价。利息之数多，则工价之数少；工价之数多，则利息之数少，二者每相因[4]，然此特论其常耳。密耳氏谓一业之利，不但在工价，而亦视乎工效[5]。苟能精其艺，利其器，使事半而功倍，则工价不加少，而业主之利息加多矣。故凡有所凭藉，能使用力少而成功多者，皆足以增长利息者也，且不独利息可增，即工价亦可长。请以农田言之。土脉愈瘠，则费力愈多。

---

[1]乐善之施，爱做好事、喜欢施舍。

[2]姑息，苟且求安，无原则地宽恕别人。

[3]坐令，致使。

[4]相因，相互依托。

[5]工效，工作效率。

以二十人耕一薄田[1]，或不逮十人耕一良田所获之多。故治薄田者，工价苟不加少，利息必减而薄，为其功费[2]重也。观于英澳农利之悬殊而可知矣。澳洲地广人稀，沃野千里，已垦之田，最下者亦不失为中等，故其人功所凭藉，远过于英，而程[3]功较易。设以英国耕瘠田之农夫，使之耕澳洲最下之田（就已垦者言），用力犹是也，而成功必多矣。惟澳洲凭藉地利，用力少而成功多。故不独澳之租户利厚于英，且澳之佃工亦价优于英，何也？澳之佃工，价虽甚优于英，而业田之功费仍视英为轻，夫是以利息与工价俱增也。

顾或谓英国上上之田，较之澳洲上上之田，往往用力相同，而出产过之，则是英之程功，所不逮于澳者，惟耕下下之田为然耳，岂得谓英国业田之功费，必重于澳乎？不知业田功费之轻重，固必以下下之田为率也。盖地必给租，而后据而耕之。凡田沃者，租亦贵，沃田出产虽多，而租户之利不加厚，犹之次田出产较少，而租户之利不加薄。是田虽肥瘠不齐，而利则大略相同也。独至下下之田，其租几等于无，斯其利之厚薄，专系乎功费之轻重，而无复有地租可计。吾故曰，业田利息之厚薄，视下下田之功费而定也。所以一国之中，因民数增而田限降（说见前），非租户之利减，即佃工之价落，二者必居其一。然则利息之厚薄，各国所以不同者，必因功费轻重有不齐矣。夫公费[4]何以有轻重也？大凡一国之中，资本加多，

[1]薄田，不肥沃的田地。

[2]功费，工费、工程所需的费用。

[3]原文为“程”，疑为“成”。

[4]公费，原文如此，应为“功费”。

而佣户不加多，则工价必长，工价长斯功费重，功费重斯利息薄矣；佣户加多，而资本不加多，则工价必落，工价落斯功费轻，功费轻斯利息厚矣。审是不独工价视资本、人功为消长，即利息亦因此为低昂也。然而澳洲则工价与利息并厚，英国则工价与利息并薄，何也？盖工价与功费，不可混而为一。工价虽甚轻，功费或甚重也。英商之承造法国铁路也，不用法工而用英工，岂不知用法工则价可减半哉？以法人力弱，而英人一可当二。用法人功本不加轻，徒旷时日耳，此功费不徒因工价而重轻之证也。至于国中物产不丰，衣食昂贵，工人获价虽优，而生计依然艰窘，如是则业户之功费，又将加重，而利息因之以减。凡繁庶之邦，皆有民多食少之虑，英国所以弛禁采粮以维持之也。

明乎此，可无疑于密耳氏之说矣。密氏谓利息视功费而定，功费之重轻，所因以为变易者有三：人功之利钝，一也；工价之大小，二也；粮食之贵贱，三也。三者并重，如体积之于长广高也。

工价大小如故也，粮食贵贱如故也，而人功加利，则功费轻；人功利钝如故也，粮食贵贱如故也，而工价加小，则功费轻；又使粮食加贱，而工价如故（就所需衣食之费言之），则功费亦轻。是故邦国之间，利息之厚薄，功费之重轻，彼此相殊者，其故必不出乎此。学者所当一一而推求之也。若夫人功之所以有利钝，工价之所以有大小，粮食之所以有贵贱，则又各有其故焉。

人功之利钝，首系乎地力之肥硗。欲利人功，莫如讲求粪田[1]之法，使地利变而加厚，地利厚，良田多，则出产必富，粮食必贱，于是乎功费减而轻，即利息加而厚矣。彼澳洲工价虽高，而利息不失为甚厚者，正以此耳。

工价之大小，因人功、资本争消长（二者并增、并减，则工价无优；其一或增或减，则工价因而长落）。民数多，则佣工者众，而人功贱。邦国之民，或庶或不庶，其故详见曼耳德氏所著《民数论》（见前）。如英之各属部，及亚、美洲各国，大抵皆民数未庶者也。英国户口之众，其所以阻抑之者，或不一端，而要其消长之大原[2]，则在乎粮食之贵贱，粮贵则婚嫁少，粮贱斯婚嫁多。是故粮贱为佣工小民之利，而大半不得实惠者，以婚嫁一易，生齿顿繁，而人功日趋于贱，即工价终因之而低也。至于资本之多寡，增益之迟速，则又视各国之人情风俗以为衡。或有远虑，或无远虑，或奢或俭，民俗各殊。而要之积财之难易，大率视官利之厚薄。以英国言之，假使官利大长，则民益尚撙节，国本不难立增。然遇资本大增，则工价必昂，由是各业之功本重，利息轻，而官利即因之而落。迨官利减薄，而民间积财之心亦有减。故一国资本之增，必有其限，而盈虚消长，皆自然相因者也。昔荷兰官利仅五十而一，其民不以为少。英国今日，非三分息，无有愿以资出贷者。使英民虑益远，俗益俭，积财益远，又何难令官利之薄如昔荷兰乎？

至若粮食之贵贱，亦有系于功费之重轻者。假如业田之户，岁以银一千磅为工价之费，以英国佃工而论，都其

[1]粪田，给田地施粪肥。

[2]大原，根源、根本。

家口[1]计之，大率所得之资，去于食者十之四，是一千磅中，必以四百磅为买食之用，若一旦麦面（英国民食以面为主）贱四之一，向必用四百磅者，今第三百磅而已足，则向之工价必一千磅者，今第九百磅而已足。盖名虽减十之一，而其实用则同也。工价减而工不受其损，斯功费轻而业户得其利矣。或问是利也，业主之所独乎？抑仍佣工之所同乎？曰，非业主所独得也。功费既减，则业主之资本有余，可以扩充其业，如上言以食贱之故，业田者，可减省工价银一百磅，此一百磅者，岂置之不用哉！非添雇佃工，即别事经营耳，二者皆利于工人（通百工言之），可见粮食一贱，其利固业主与佣工同享者也。惟遇奢侈之户，不以所省之工价，用为业本，而只以供其嗜好之私，斯工人不能被其利，然此甚罕觏。盖利之所在，多多益善，而顾以奢糜弃之，非人情之常也。

独是食贱之利，所裨于佣工者，可暂而不可久，何也？以英国工匠言之，其识见[2]之卑微苟且，但得日用之间，稍觉宽裕，即纷纷婚娶，不久而生齿顿繁，人功充塞，其究也，不第[3]夺此额外之利已也，所以英国自弛粮禁以来，洋米入口者不为不多，而百工获益甚微。

人以为米禁一开，贫民皆有生计矣。岂知二十年来，贫民之苦，曾不稍减，且有降而愈下，变而愈多之虑。可见欲厚民生，必先正民德[4]，务使识见渐高，谋虑渐远，

[1]家口，家中人口。

[2]识见，见解、见识。

[3]不第，不但。

[4]民德，民众的道德。

而后可与计身家[1]，否则上日思所以纾其困，而民之困且日深耳。

利息稍长之故，至此亦云详矣，然犹有不可不论者，则贷本出洋一节，所系亦非浅鲜也。凡资本加多，官利必减；官利加厚，资本必增，二者迭相为经。富于资本之国，其一年积聚之财，必有若干分出贷外邦，所运用于国中者，特其余耳。贷出之数，于本国利息之厚薄，工价之低昂，不必骤有效验[2]。故论利息工价者，只据所留资本之数而言。然使外国之官利，厚于本国，则贷出之数必多，愈厚则愈多，势固然也。所贷者加多，所留者必减少，就国之全本而论，原未有所增损，而在市面，则成本渐形短少，官利必长，而工价必落矣。后文论增长工价之理，多本此义，学者慎无忽而忘之。是故人功不变而加利，出产不变而加多，而工价忽长，其势必不能以持久，以工价一长，则国中利息益薄，而出贷之本将愈多，运用之本将愈少，工价虽欲不落而不得也。

---

[1]身家，本人和家庭。

[2]效验，成效、效果。

第六章　论小农躬耕之法

英国今日租田之法，不可以例[1]天下各国。英之地亩，大半属于世家[2]，租其地者，以多为贵，率皆招佃承种，未有躬亲稼穑者。故一岁所获，地主、租户、佃工三项瓜分之，然此亦今日之情形耳。若数百年以前，其俗迥异于此。考之古史，人尚力田[3]，托业之高，老农为最。有田一区，躬耕自给，于世无求，田家之乐。诗人发为咏叹，赋诸篇章，用能民俗敦庞[4]，坚强不屈。民到于今，犹有遗风焉。今欧洲之法兰西、挪威、瑞士、义大里、比利时、布鲁士[5]等国，地亩分属于零星散户者甚多，谓之小农，小农各主其地，耕耘收获，躬率家人妇子为之。田地我有也，人功我给也，资本我出也。一岁所获，一家享之，初无地主、租户、佃工之别。以视英今日租地招佃之

[1]例，比照。

[2]世家，世禄之家，后泛指世代贵显的家族或大家。

[3]力田，努力耕田，亦泛指勤于农事。

[4]敦庞，敦厚朴实。

[5]布鲁士，今译为普鲁士。普鲁士是欧洲历史地名，位于德意志北部，通常指普鲁士公国（1525—1701年）、普鲁士王国（1701—1918年）和普鲁士自由邦（1919—1947年）。1947年2月25日，“二战”中的同盟国对德国军事管制委员会正式下令废除普鲁士建制。原普鲁士邦领土分别被并入波兰和苏联，以及英、法、美、苏四国占领区。

法，孰得孰失？富国策家论之者众矣。欧洲诸家，阅历身亲，皆以小农躬耕为得，而英人风尚所趋，见闻所囿，皆主租田之法，极议小农之非，独密氏[1]、童氏两家，不为附和，其书多采录实事，讨论详明，识亦高人一等矣。愚按英国诸家所以议斥[2]小农者，直未一明辨耳。彼第知治小田者为小农，不知同一小田，地主自治之，与他户或租或典而治之，情形迥不相侔[3]。小农之所以得计[4]，正在自治己田也。羊氏[5]云，予人以荒谷，人将变之为田园；租人以田园，人将变之为荒谷，善哉言乎？

上卷所论治田多则获利易者，就租地而种者言之，非据地主、自佃者言之也。英国租户之田，有增而多，无减而少，机器之用，日盛一日，可知租田愈多，农利愈厚，有断然者。地主所以并小田为大田者，非徒侈言[6]大也，亦以合之则租价较优耳。然此理虽确，要不足据以断小农之得失。缘小农以己力治己田，情形迥与此异也。今将论小农躬耕之法，大有裨于风俗人心。先论其治田之效，庶几得失利弊，犁然[7]各呈。关心于国计民生者，可以得所折衷焉。按小农与租田下户，事不同而所失有同者，如一切农具机器，功本至大，购置匪易。下户绌于资本，力

[1]密氏，即约翰·斯图亚特·穆勒（John Stuart Mill，1806—1873），英国著名哲学家、心理学家和经济学家，19世纪影响力很大的古典自由主义思想家，支持边沁的功利主义。

[2]议斥，拟议斥逐。

[3]相侔，相等、齐。

[4]得计，契合心意。

[5]羊氏，即阿瑟·杨（Arthur Young，1741—1820），英国农业家。

[6]侈言，夸大不实的言辞。

[7]犁然，释然。

不能办，故所用农器，每不逮上户[1]之精良。又如上户牧羊六百头，或一人司之而已足者，下户牧羊仅百头，而亦必以一人司之；上户有谷值银五百磅，乃费若干时日，赴市求售者，下户有谷仅值银五十磅，亦必费若干时日以求变价[2]。若此之类，皆上户得计而下户失计，小农同坐[3]之弊也。又英国下户，虽亦招佃承种，而督课之余，时复躬亲力作，兼营并骛，心力难周，遂至事多旷惰者，比比皆是。英人之所以租田务多，而断以上户为利者，正为此耳。然亦思租户增其本，利其器，精其艺，使出产加多，地利加厚，而曾不能长享其利乎，何也？租限一满，租价将昂，而全利顿归地主。是农器之精不精，在租户无甚出入也，况乎致精稼穑之道，有甚难而至细者，非其人存自治己田自植己产之见，断不甘心于辛勤劳瘁而为之。羊氏农田述见录一编，颇资考证。有云，余游历法国至某村，远望之，惟岩石而已，入其村，乃见桑麻蔬果，杂树隙地，位置有法，灌溉得宜，莫不欣欣向荣，极田园之盛。予深异之，喟然曰，何村人之勤乃事乎？使余当路于法，村人且受上赏矣。因思以此治田，何田不治？沙墟荒谷，悉可变之为膏腴，甚矣。以己谋己，力无不尽也（意村人必自有其地者，故云）。又云，有某户者，置山田一区，以沙为壤，其白如雪，地本不毛，某乃多筑庐舍，间以场圃，尽心粪治，遂成良田，噫，谋忠[4]植产，则沙变为金，观于某户，斯理益信。

---

[1]上户，富裕之家。

[2]变价，把实物按照时价折合（出卖）。

[3]同坐，为同一事获罪。

[4]谋忠，出谋划策、尽心竭力。

佛兰德斯[1]，比国之属地也，其民精于田事，欧洲各国无出其右者。论其地则瘠土耳，沙田耳，特以人事之巧，粪治之精，遂成沃野。向使其田属之世家，有听其荒废而已，以之招租，固不值一钱，即雇工垦种，亦断不能竭力尽瘁，转瘠为肥如佛人者。无他，佛人自治己田，自植己产，故不惮劳[2]也。凡游其地者，皆称其人治田之善。只患无地，不患无法，虽有至瘠之田，以佛人治之，必有所产云。又比国甘滨[3]地方，亦皆海岸沙田，土壤至瘠，居民尽心垦种，每相地一区，必界以沟洫，沙之松者实之，坟者平之。乃分种茅、苇、芋、薯、木槿之类，广采粪拥之料。一二年后，渐可艺麦，麦熟，益粪治之，而土脉肥美矣。盖因有芋、薯、木槿而可养牛，因有牛而可备粪，日起有功，不数年而转荒为熟，虽良田无以过之。凡此精于农事者，大都皆躬耕小农也，其所以克致精勤[4]者，以其治己田也。今英国农户读书较多，则心思宜敏，资本较足，则器具易精，然而治田之道，远不逮于佛人者，其故不显有在乎？（原书历举瑞、挪、法诸国小农治田之效，今删之以从简也）

英国农田之弊，尤在佃工之困苦，虽素持租田利厚之说者，亦不能漠然无戚[5]于心也。核其困苦之状，曾不若奴役之受豢于主人，犹堪一饱，此无他，工价太微，日

[1]佛兰德斯（Flanders），是西欧的一个历史地名，泛指古代尼德兰南部地区，位于西欧低地西南部、北海沿岸，包括今比利时的东佛兰德省和西佛兰德省、法国的加来海峡省和北方省、荷兰的泽兰省。

[2]惮劳，怕苦怕累。

[3]比国甘滨，今译为钱皮恩，位于比利时林堡省。

[4]精勤，专心勤勉。

[5]戚，愤怒。

用不给耳。凡去市镇远者，给价尤微，约一月（以冬季论），不过得银二磅有零。以英国食物之贵，仅欲糊其口而不足，何能更谋积蓄，为疾病养老计哉！一旦年老力疲，并此区区者，亦不可得。非流栖于工所（以工代赈之所），即乞食于赈施，困苦颠连[1]，莫此为甚。贫固可怜，而愚更足悯。国家广设学塾，经费浩繁，汲汲以教育穷黎[2]为念，然而佃工迄未能获其益者。盖子弟年至八九岁，即令弃读就耕，口所诵习，转瞬即忘，遂至浅近如新闻纸[3]，亦不能读，将咎其父兄之失教[4]乎？顾既贫且愚，初不识学之可贵，第知八九岁之童子，从事田间，月亦可得银半磅，谁肯舍之？夫佃工之贫且愚，原不独英国有然。特以英之富裕隆盛[5]而亦有此，斯愈可悲耳。由此观之，纵使英国租地招佃之法，诚利于生财之道，其利亦偏归于地主、租户，而佃工之困苦，终有民不聊生之叹，甚非所以惠爱穷黎也。

至于躬耕之小农，自治己田，力之所施，全利归之。以视佣工于人者，生计之纾绌显异矣。佣工者，必不能鼓舞尽神[6]，使之振奋，无冀倖心[7]，无求胜心，并无患失之心，冥顽不灵，蚩蚩毕世而已。或谓无思无虑，不识不知，岂不愈于躬耕者之谋深虑远，心力俱劳乎？不知谋虑者，乃处世之要，人无谋虑，何能致其精勤？凡纪述

[1]颠连，困苦。

[2]穷黎，贫苦百姓。

[3]新闻纸，报纸的旧称。

[4]失教，指父母对子女缺乏教育。

[5]隆盛，昌盛、兴盛。

[6]尽神，疑为“精神”。

[7]倖心，侥幸之心、非分之想。

小农者，固无不以精勤不已为可嘉也。瑞、法、比、德等国，躬耕其地之小农，早作晏息[1]，寸阴[2]是竞，耕耘灌溉，加意[3]护持，断非佣工之所能及，至有议其过于操劳者，岂非谋己之心，有以使之然乎？至其节俭之风，尤与英国佃工相反。英之雇工小民，全无心计，顾目前不顾日后，虽使工价有增，亦徒恣其婚媾[4]醉饱之谋，不能为蓄旨[5]御冬之计。盖惟克勤[6]者克俭，勤俭之德，岂下愚[7]所知，即或知所撙节，而为数甚微，不足运用，亦无望于发迹改行，稍高其位置也。苟能设法如合伙生息之类，使知积若干年，即可置恒产若干，则雇工者皆将踊跃奋兴，以所事为切己，而不责自勤，不教自俭，心思日辟[8]，智虑渐生，其裨益为何如哉！乃观于躬耕小农，何其俭德可风乎？衣食之恶，居处之陋，一若甚贫也者。非贫也，彼深知节用所以厚生，积银数磅，便可更市一牛，或更置一器。多一牛，多一器，即人功多一助，田事多一利也。昔布朗[9]居丹国京城[10]，为英领事官，尝述丹民田家之乐，云，丹人俗尚俭勤，每有所蓄，辄首置时辰钟一具，以知时。次买马一匹，牛一头，出贷可获厚利。资本渐充，即以买田躬耕为务。丹人身世之乐，固无有如小农者，以佃

[1]晏息，休息、安息。

[2]寸阴，日影移动一寸的时间，指极短的时间，形容时间极其宝贵。

[3]加意，特别注意、特别用心。

[4]婚媾，嫁娶。

[5]蓄旨，贮藏美食。

[6]克勤，能勤劳。

[7]下愚，极愚蠢的人。

[8]日辟，渐渐透彻。

[9]布朗，当时的驻丹麦英国领事官。

[10]丹国京城，指丹麦首都哥本哈根。

以牧，予取予求，俯仰[1]优游，窃叹生人之计，无过于此也，予不禁心向往之矣。

由是观之，英国租地招佃之法如彼，小农躬耕之法如此，利弊所在，孰得孰失，必有能辨者矣。然小农之法虽善，必使朝廷更张旧制，尽收世家田里[2]，而分授之于零星小户。非惟势所不能，亦且理所不必。说者谓凡以英国租田之制为非者，必以法国分产（法制父有遗田，必分授诸子）之制为是，不知皆非也。体国经野，惟有因势利导，听其自然，使民各行其自然而已。

夫机器之用，利在大户；人事之尽，利在小农。今欲兼而有之，计将安出？无已，则联佣工若干户，使合主一地，通力而耕之，其庶几乎？（详后论，合伙经营章）

昔俄国世禄[3]之家，田亩广阔，每蓄世仆数千，谓之穑夫[4]（洋语也）。不令纳地租，而令供使役，承种期满，即给以所耕之田。都计俄民为穑夫者，不下二千二百万之多。其主往往虐待之，婚娶不得自便，一惟主人所命，势迫刑驱[5]，动遭鞭挞。有小过，不加审察，即行充发[6]边远，永无还期，盖其异于黑奴者几希？迨今俄君即位，革除旧制，施行新政，去穑夫之籍，俾为平民，以每人所耕之地，给予三分之二以为恒产。夫以数百年相沿之旧制，一旦更张之，虽身受其赐者，初亦觉其

[1]俯仰，一举一动、举动、举止。

[2]田里，特指卿大夫的封地和住宅。

[3]世禄，指贵族世代享有爵禄。

[4]穑夫，农奴。

[5]刑驱，刑罚逼迫。

[6]充发，充军发配。

不便。然千百万苦虐之穑夫，易而为躬耕之小农，乐利所溥。吾知不数年而俄将大受其益矣。彼布国[1]之兴，亦由于此。一千八百一二年间，司旦及赫登白[2]为相，变革旧制，使民各受一田，躬耕自给，而风俗丕变[3]，政化日隆，遂臻强大，岂不休[4]哉！

[1]布国，今译为普鲁士。

[2]司旦及赫登白，司旦（即卡尔·施泰因，Karl Stein，1750—1822）与赫登白（即卡尔·哈登贝格，Karl Hardenberg，1750—1822），于1807—1822年相继作为首相主持了普鲁士改革。改革涉及农业、工业、城市等领域，其中农业改革是最关键的部分。

[3]丕变，大变。

[4]休，吉庆、美好。

第七章　论兴乡学以维工价

（原书第八章）

工民之苦，虽在富强隆盛之国，亦有同情[1]。仁人长者，恻然[2]悯焉，思有以维持救济之。而意美者法必不良，或空言无补，或似是实非，往往欲益反损，事与愿违。取而论之，是富国策之要义也。至若百工所恃以维持工价者，如停工、齐行、合伙诸法，则详见另章焉。

夫工价之低昂，以人功、资本之消长为准。则欲昂工价，非使人功减而少，必使资本加而多，二者苟无增损，其法断无实效。又佣工之工价，与业主之利息相因。徒增工价，必减利息，而利息一薄，工价势不可以常昂，缘积财较少（理见前），则业本有减也。知此，乃可考论[3]诸法之实济，而得失无难立辨矣。

英国尝行官定工价之法，时而为维护业主起见，则为之定价，使工民所受无或过；时而为维护工民起见，则为之定价，使业主所给无不及。忽彼忽此，反覆[4]无常，非

[1]同情，同一性质、实质相同。
[2]恻然，哀怜的样子、悲伤的样子。
[3]考论，考查论证。
[4]反覆，亦作“反复”，重复再三、翻来覆去。

徒无益，或且有害耳。假如下令凡百业工价，各增什二，业主必取偿于货价，若货价不能长什二，则将减其利息以予之，而业主不能堪也，不能堪，则将贷其本于异国，而国以内成本顿减，事业顿衰，其害有不可胜言者。是故以官法长工价，于国计民生皆有益而无损也。盖工价之增，必使资本加而多，或人功减而少。强以官法，则非惟资本不加多，而且资本日减少也。非惟资本日减少，而且人功反加多也。工价一长，则婚娶勤而生齿繁也。以工求者日益少，以工应者日益多，人多失业，民不聊生，此欲益而反损者也。

或谓官行定价，只就工价最轻之业言之，似可有利而无弊也。夫价最轻者，莫如佃工。试即佃工论。英国佃工，大约月受银二磅左右。今设以官法定为每月三磅，说者谓其先工价太低，不敷[1]衣食，故佃工不能得力，功本反多耗费。增为三磅，始足赡其身家，使无冻馁之虑，则精神可奋，力作倍勤，是田主、佃户，两得其益也。愚谓徒增其价，而无以愈其愚，则此见为益者，亦可暂而不可久。其故则仍在婚嫁易，生齿繁，不数年而人功充塞，工价大落，必多失业之民也。

今英国固无有径请朝廷下令定工价者，然众议所及，往往阴[2]蹈其误而不知也。即如美国日限工作八点钟之例。英人啧啧[3]焉冀，国家仿而行之，以为此例一行，则人功减少，工价不期而自增。向以十点钟之久而得者，

[1]不敷，不足、不够。

[2]阴，暗中、暗地里。

[3]啧啧，形容议论纷纷。

今可以八点钟得之，岂非有益百工乎？不知其弊与官行定价等。盖业主以酬十点钟之工者酬八点钟之工，则其利必减，利减则将收其本，而百业就[1]衰矣。或谓业主何妨取偿于货价乎？曰，不能也。百物因此加昂，则外邦之货，将独占市利[2]，而英国商贾之业，处于常不及之势矣。不特此也，即使货价可昂，业主有所取偿，工价可以常厚，而工民亦无实惠，何也？百物既贵，则日用俱费，工价固增如不增耳。

人之所以议行[3]八点钟之例者，亦谓英国百工，日程太久，其实八点钟已足毕十点钟之功也。此说果确，则历时少而成功同，不独工人所愿，即业主亦所深愿，当早试而行之矣。又何待官为定例耶？可见日程减短，必有不利于业主者，故业主不为也。

或又谓官定工价，不如兴建官工[4]，按照常价，雇用民夫，俾无业游民，得以自食其力，此即以工代赈之意也。愚谓此法若行，一时未必无益，及其久，则国计民生，受害甚矣。盖国家常兴力役[5]以食贫民，则经费必形支绌，不得不加税以筹此款，所加之税，如出自商本，则挹彼注兹[6]，何加毫末？假如某业户向以本银一千磅，雇工一百人，今因加什一之税，而本银少一百磅，则止足雇工九十人。国家以所征之一百磅，养工十人，是合计受佣

[1]就，趋向。

[2]市利，贸易之利。

[3]议行，拟议施行。

[4]官工，官方的雇工。

[5]力役，征用民力。

[6]挹彼注兹，挹注，从有余的地方取出来，以补不足。彼，那个。兹，这个。

者，仍不过百人，分惠[1]者仍不过千磅，特一转移耳，此加税出自商本之无实济也。所谓一时未必无益者，以英国论之。朝廷加税，不必遽伤业本，设使进项捐[2]（进项捐者乃按进项之多寡而征税之法，详见下卷）加重一倍，富户将撙节浮费以弥之，如是则业本不伤，即雇工不减。而国家以所征之款，更雇民夫，办民间不办之工，兴国中未兴之利，岂惟贫民攸赖[3]，于国计亦正有裨益。是故偶遇荒旱饥馑，小民失业，国家以工代赈，诚至善之策也。然行之于暂，则泽被穷黎，持之于久，则势有不继矣。盖工民得官工之赡，各遂婚娶之欲，以生以息，户口日增，施济者有限，而仰给[4]者无穷，其究也，必至搜罗抉剔[5]，竭国之财源，以给工价而不足，岂非上与下交困哉！

是故济民之术，苟不足以大厚民生，而仅效尺寸涓埃[6]之益者，皆可暂而不可常。欲常济之，必有术焉。易其居养[7]，变其服习[8]，使之如中户以上之人，知所顾虑，仰事俯育[9]，不肯苟安，斯其自居进昔一等，而不至蚩蚩然[10]惟婚娶之是急矣。

然则欲救民贫，必先愈民愚；欲厚民生，必先正民

---

[1]分惠，分到利益、分到好处。

[2]进项捐，所收入的金钱数量。

[3]攸赖，所依赖。攸，所。

[4]仰给，仰仗别人供给。

[5]抉剔，搜求挑取。

[6]涓埃，细小的水流和尘埃，比喻微小。

[7]居养，在家里安养。

[8]服习，习惯。

[9]仰事俯育，同“仰事俯畜”，上要侍奉父母，下要养活妻儿，泛指维持一家生活。

[10]蚩蚩然，疑惑的样子或无知的样子。

德。愈民之愚，正民之德，莫如兴乡学，使村夫皆识字之人，匠役[1]亦知书之辈，而后智虑渐生，灵明[2]日辟，一切维持工价之法，乃得相辅而行，以著久长之效，乡学顾可忽乎哉？

大抵百工之事，尚力兼尚巧，浅易如田功，人向以为无所用其巧者，今则知农器愈精，佃工愈巧，则获利愈厚，而农夫之有待于学，不异他工。举凡手之妙，心之灵，创法用器之敏捷，与夫任事之勤慎而可靠，愚者皆不能与巧者比。德、美二国之百工制造，骎骎乎驾英国而上之者，正以二国兴乡学已久也，英其能不畏之乎？其乡学之法，凡工民村户有子女者，必令及时入塾，历若干年，始准出塾。今英国不识字之人，不下数百万之多者。英国非无里塾[3]也，工人子弟，幼时非不读书也，徒以其父兄之愚且贫，甫及[4]八九岁，血气未定，诵读未久，即令废学就工，以博饔飧之给，遂使所学尽忘，与未尝入塾等。而且服役过早，则精神体气，无不受伤，年未老而力已衰，当有为之日，即须仰给于赈需[5]，国家坐是[6]多费，不得不加征税敛，而举国商民悉受其病，良可慨已。

昔英国制造铁锁一业，甲于天下。今则美国艺事日精，购铁于英，造锁于美，复售于英国之市，其价尚较土制为廉，所以然者，美之工以学而能巧，手较妙，心较

[1]匠役，旧指给官府或官宦人家服役的工匠。
[2]灵明，聪明智慧。
[3]里塾，旧时乡里间私人设立的教学场所。
[4]甫及，才到。
[5]赈需，救济需要的财物。
[6]坐是，因是之故、因此。

灵，创法用器，较敏较捷，故其国人功虽视英为贵，而所费功本，犹较英为轻。英国百业之所以被累，则因征税太重，与工人齐行迫勒业主之故也（详见另章）。可见工民幼而失学，则习于愚顽，既长亦断不能有所知识，冀合乎富国策之理。而且逞其冥顽[1]之性，往往误触刑章[2]，重干[3]宪典[4]。以英国狱囚计之，百人中能通晓文理者，不过三四人耳。核其犯由[5]，则半由于酗酒，彼惟目不识字，手不能书，当闲暇之时，无可为消遣适情[6]之举，郁闷无聊，遂相率而溺于酒，罹罪以此，贫困以此，其愚不大可悯乎？

至于疗贫，尤非教劝不为功。蚩蚩如今日之民，优其工价，亦不知节用，徒然肆醉饱之谋，逞婚娶之欲，一旦因故失业，则顿无以自存，而惟赈需之是赖。一日未能愈其愚，即一日不能济其困。故后章所论合伙股分诸法，凡所以兴起工民者，苟非乡校之法，有以辅而行之，亦不能有大效也。

工民迁徙去国一事，在英国自是维持工价之良法。盖不独使人功无拥滞之虞，并使得开垦输饷之益也，然而深有可虑者。大凡去国之人，皆系精壮技巧之工，为英所不忍舍弃之民。所安于乡里，裹足不前者，率多[7]愚拙无能之辈，不知生计，虽工价因而加增，非不获益于一时，究

[1]冥顽，昏庸顽钝。
[2]刑章，刑法。
[3]重干，严重干扰。
[4]宪典，法律、法典。
[5]犯由，罪状。
[6]适情，顺适性情。
[7]率多，大多。

之生齿一多，人功依然充塞，其利终归乌有。试观二十年来，英民之远适异国者，不为不多矣，何以贫民生计穷乏如故，曾无毫末之加耶？

总之乡校之法行，则人功变而生巧，用本愈广，生财愈速。业主之利息，与佣工之工价，将同时并增而不相害。百物贱，百工兴，国计裕，民生厚，其利可普遍，可久长。细民[1]知身家之计，深居养之谋，礼义廉耻，悉由此敦[2]，学之时义[3]大矣哉。

若夫乡校之所以行，固不徒建设学塾，延请师儒[4]已也，必以实力行实证，严定科条[5]。凡国中童幼子弟，务令及时入塾，限以年期，违者治其父兄之罪，庶几有实效而非等虚文耳。

明乎学校兴民之理，则举凡仁人长者，所创救贫济困之法，欲知其能验与否，第问其能振兴民风与否，吾恐其策虽良，其意难美，终不能废乡校之法，而遽能溥惠穷黎也。

[1]细民，平民。

[2]敦，推崇、崇尚。

[3]时义，对时证的见解。

[4]师儒，古代指教官或学官。

[5]科条，法令条文、法律条文。

第八章　论齐行罢工

（原书第九章）

工人之结党罢工，所以要挟业主，强增工价，亦因生计艰难，不得已而为之。数年来，英国政教风俗，于此可见。国之人或左袒佣工，或党同业户，各执一见，附和随声，不论是非，徒相怨恶。讲求富国者，所当去其成见，详审其得失之故，以著为公论焉。

世之论罢工者，佥[1]谓与齐行一事相表里，然则欲论罢工，当先论齐行之所由来矣。英国尝特派大臣，查察工人齐行利弊，观所陈奏，大约其用有二：同业工人或因疾病，或因他故，有赋闲失业者，群[2]资助以为生计，一也（此所以敦同行之友谊，兹不具论）；连合[3]同行工人，恃众要挟，擅立规条，使业主以及工师人等，皆听命于我，二也。

为齐行之法者，深知欲昂工价，端在限制人数，遂多方设法以立之限。凡工师收徒，不得稍逾定额。如英国

[1]佥，全、都。

[2]群，集团、社会集体。

[3]连合，联合。

帽行，只许收徒二人，人功缺少，则工价顿昂，必然之势也。向使不限于额，学徒多，斯人功足，人功足，斯工价轻，工价轻，斯帽价贱，业主之利犹小，买者之利实大，而反是可知矣。

是则限制人功一法，不计其业之大小，需工之多寡，强分畛域，盈绌[1]不均，为害滋多，万难[2]饰辞以为之解矣。盖齐行之法，原非百业通行，此业之工人，来者既阻于限制，不得不舍而之他，而他业人功加多，即工价加贱，是损彼以利此也。尤足患者，生人之性，各有所近，就其所近以习一艺，乃生民固有之权利，国家法令所当保而存之者也。乃以齐行限制之故，而人不得自适其性，斯夺生民之权利矣，何得托辞于人多价贱，以强为沮抑耶！夫人舍其性之所近，以习其所不近，是失天赋之长，而用其所短。不独习工者，为其所苦，凡百民生，无不受损，特或甚或不甚耳。充其牵制之弊，能使一业功费浩大，资本亏折，苟非迁地，竟至不能图存。试征诸往事，昔英国伯敏汗[3]城，以铁业为大宗[4]，自创行机器代工以来，工人齐行，百计阻挠，把持市面，莫可[5]谁何。业户遂纷纷迁避以去，其存者，迄今惟择业之宜用人功者为之。又什费尔城[6]，以制造钢器为业。数年来，因不肯随附齐行，而致酿命案者，层见叠出，业户受其限制，困于要求，以

[1]盈绌，有余或不足。

[2]万难，非常难于。

[3]伯敏汗，即Birmingham，今译为伯明翰。

[4]大宗，数量最大的产品、商品。

[5]莫可，无法。

[6]什费尔城，城市名，今译为谢菲尔德，后文也称“什邑”。

致市业失利，出他邑下，今曼赤斯德城[1]制造钢器各厂，大都皆自什邑徙此云。假令此风日长，波累日广，业户徙邑不已，势将去国，至是而国计民生，不堪设想矣，其害可胜道哉！

顾人之所以訾议[2]齐行者，不以其阻挠市业之故，而以其倡率[3]罢工之故。夫论齐行之法，未尝不主持工价，逼勒业户。设某业事主，定议[4]裁减工价，而工行之会首以为不可，则传令各工，宜停工作以要挟之。使业户于此，仍复相持不下，则罢工滋扰之事立见矣。是齐行之于罢工，固相因而致者也，然而事机所值，虽无行会，亦可罢工。一旦工价太低，众忿不平，不必有会首主使，亦将群起而为难，惟漫无约束，号令不齐，或终不克济[5]耳。行会者，所以约束而号令之也。然则罢工之事，不必由齐行而起，要必赖齐行而成。而行会之立，良莠不齐，其公而近义者，亦往往排难解纷，善为调处[6]，迄未有罢工之举。要之二者相与于无相与，可以合而一，亦可以离而二也。

夫罢工必先聚众，工人因议事而聚，亦应有之权利也。特妄用之以逞其私忿，斯为不法耳。非然者，业主之营求业利，多多益善，即工人之营求工价，亦多多益善，其心同，其理亦同。则工人因获价太低，而相约停工，犹

[1]曼赤斯德城，城市名，今译为曼彻斯特。
[2]訾议，说别人坏话，诋毁。
[3]倡率，率先从事，引导。
[4]定议，商议决定。
[5]克济，能成就。
[6]调处，调停处理。

之业主因获利太薄，而收本歇业，何不可之有？惜其聚众之法，动以威胁，有不从者，辄戕杀之，凌辱之，于是背理犯法，而罪不容恕矣。

今英国百工之间，齐行立会者日益众，他国效而行之者亦复不少。使其正用此聚众之权利，以与业户相持，其于工价增昂，暨一切工作情形，究竟有无实效，不可不推论其理也。

欲究效之有无，必分效之长短。凡百事业，其业主之利息，与佣工之工价，厚薄多寡，恒有一定之则。此有所增，即彼有所减，而其消长迭乘[1]之理，则终归于持其平。独是由消而长，由长而消，皆需时日而不能骤复。假如业丝之利，胜于业棉，则业棉者，皆将改而业丝以逐利，所谓角逐也。然欲改业，非一朝一夕可以猝致。举凡人功机器，一切经营布置，动需岁月而成。是知一业偏厚之利，虽不可以永享，未始不可历数年之久也，惟工价亦然。设有某业，工价独昂，则凡得价低者，皆将舍彼而就此，然徙其里居[2]，改其艺事，在在需费，故因循苟安[3]，久而不思变计者有之。如英国有数邑，其佃工之价最低，然乡氓[4]贫且愚，域于见闻，惮于迁徙，故角逐之道不行，而工价永无起色。审是而人工聚众之法，其所见效者，从可识矣。

今使利息工价之消长，骤然可复，则聚众之法，其效至暂而等于无。假如某业利息加厚，而业户顿趋赴之，某

[1]迭乘，交替呈现。

[2]里居，乡居。

[3]苟安，只顾眼前，暂且偷安。

[4]乡氓，乡民。

业工价加优，而工人立争就[1]之，势必方起即落。无论聚众之出于业户，出于工人，皆归无济而已。惟角逐之道，见效甚缓，甚至终无所效如英国之佃工，则齐行聚众之法，未始无益。诚使笃塞邑[2]之佃工，力足以停工要挟，与田主相持，吾知其必有济焉。盖其处工价，月仅银二磅有零，苟不加增，他邑之人固无有愿就者，田主虽欲不从而不得也。一二年来，自佃工行齐行聚众之法，而业佃之工价，稍有起色。将来此法盛行，渐推渐广，则举凡维持工价之法，如徙邑出洋等事，皆将一一收效矣。

业主与佣工之定工价，犹买者卖者之定货价也。一物之值，虽以功本为准，而售之之价，往往因时低昂，有时卖者居奇，有时买者得计。工价亦然，虽以人功、资本为准，而各业所定，恒有多寡出入，时而利在业主，时而利在工人也。

各业之事主，既尝齐行矣，如英国铁业各户，设立总会，每季会议一次，以定工价，同业恪遵[3]行规，违者群与为难，百计沮抑之，使之罢业而后已。设一日铁业大盛，获利甚厚，工价应增十而二者，总会公议仅增十而一，是利偏于业主也。若铁工并无行会，散而不齐，则虽与业主争衡，业主必不从。盖业主既可藉口行规以拒其请，又知工人之不能舍我而他适也，将欲停止工作，而贫难自给；将欲别托一业，而艺非所娴，岂非不平之事乎？使铁工于此，亦有行会，人心齐一，以与业户争衡，则势

[1]争就，争着从事。

[2]笃塞邑，今译为多塞特郡。

[3]恪遵，恭谨遵守。

均力敌，足以相持不下，业主知固执己见，必至罢工，工罢而事业停歇，坐失美利，为患滋深，苟所索不至太过，固将降心相从，而两造[1]庶各得其平矣，此工人聚会之有裨当局者也。

若夫一业之工价，既得其平，而尤恃罢工以肆其要挟，则不独贻害于业主，亦且自贻伊戚[2]也。此等争案，往往而有，或好言抚慰，或凭中调停，未始不弭患[3]一时，而终非抉绝[4]根株[5]之计。欲除此弊，必变易情形，使工人与业主，有得失与共休戚相关之谊，而后陵竞[6]之风，不禁而自戢[7]，此合伙一法所由创也，或股分收利，或年终拆息[8]，凡以去其畛域之见，忌嫉之私耳。

拆息之法，昉自法国李可乐[9]。李以油漆彩画为业者也，有雇工近二百人，以其疏忽懈怠，遂致亏折甚多，因思以利鼓舞之，乃与工人约，除照常支给工价外，年终许分拆利息，众工于是振作勤奋，大有起色。终一年计之，除拆息外获利反厚云。又法京[10]某铁路公司，亦用此法，其效亦同。

夫李可乐分利于工而获利反厚者，良以众工一奋，则人功倍足，用本倍广，营利亦倍多，故业主不必损己以益

[1]两造，双方。

[2]伊戚，烦恼、忧患。

[3]弭患，消除祸患。

[4]抉，剔出、挑出。绝，断。

[5]根株，根除。

[6]陵竞，争竞、不肯相让。

[7]自戢，自行停止。戢，止、停止。

[8]拆息，短暂拆借资金的利息。

[9]李可乐，原文为Leclaire，一个法国人的名字，今译为勒克莱尔。

[10]法京，指法国首都巴黎。

工，而彼此各得其利。人谓拆息必损业主之利者，谬也。果尔[1]，则业主固损，即工人亦岂能常获其益哉！惟其以加工所赢之利，酌分若干分于工，斯工与主交利[2]，而利可久长也。盖工与主同心一德，休戚相关，不独罢工、逐工之弊，不禁自革[3]，亦且节省虚縻，所裨甚大。大凡雇工不加以监察，辄思偷逸[4]，监工之费，縻本实多。况有监查所不及，如业佃之工，散处杂作[5]，耳目难周[6]，尤属无可如何。假令田主仿行[7]拆息之法，除工价外，按计每工受价之大小，酌分以余利，则佃工皆将踊跃从事，争自奋勤矣。

至股分收利之法，尤足使工人、业主联络一气，得失维均，其法不但拆息而已，直使佣工随力醵资[8]，交业主作本，按股分利，名为股分。英国布姓[9]煤业公司尝行此法，著有明效[10]。初布姓以工人把持要挟，亏累甚多，已议收歇[11]矣，其子某请试行股分合伙之法以观其验，将业本十三万五千磅，分作九百股，每股计银十五磅，布姓自任六百股，余三百股令所雇之煤工分买之，复使公举[12]同

[1]果尔，果真如此。
[2]交利，俱利、互利。
[3]不禁自革，不禁止自行革除。禁革，禁止革除。
[4]偷逸，苟且、安逸。
[5]散处杂作，松散杂乱。
[6]难周，难以周全。
[7]仿行，仿照实行。
[8]醵资，聚集、凑钱。
[9]布姓，即Briggs，今译为布里格斯。
[10]明效，明显的效果。
[11]收歇，关闭停业。
[12]公举，共同推举。

行一二人，充当司事[1]，每年除照户分利外，如利在什一以上，许以赢余之半，按计工价大小，均匀分给众工，以为酬赏，于是主工一心，不惟争竞罢工之事，自此而泯，而布姓亦获利倍蓰，其业顿盛。然则分利于工之无损而有益，不已显有确据哉！所望此法渐推渐广，百业通行，则业主雇工之间，情形一变，庶几无复如今日矣。虽然股分合伙等法，必须诚信相孚，脱非[2]兴学校以教之（见前章），则小民诈而多疑，又安能行之无弊乎？诚由此而充之，不难合业主、工人为一手[3]。盖推其极至，一业之本，或尽自众工而给，则不但股分收利，直成合本[4]经营，而资本、人功，不分二主矣，此理当另章详之。

[1]司事，指官署中低级官吏或公所、会馆等团体中管理账目或杂务的人员。
[2]脱非，倘若不是。脱，倘若。
[3]一手，一个人、一人之力。
[4]合本，合资。

第九章　论合本同功

（原书第十章）

邦国制造商贾之事，资本给自富户，谓之业主，人功给自贫民，谓之佣工，是功与本判然为二也。所谓合本同功者，使业主、佣工，并为一手，资本、人功，均由此给，大而织造局厂，小而零星铺户，但使全股业本，悉自工匠店伙而给，皆为合同[1]。今英国各业店铺，大半亦名合同，而实则与此迥异。盖此以生财为主，彼以分财为主，其法不必合业主佣工为一手，而合业主买主为一家，终岁所赢之利，不与伙工分给，而与主户均收，故为此者，特米、盐、油、酒、杂货等铺耳，然其法虽未尽合，而其利益[2]民生，正有足多者。数年以来，效法日众，厚生[3]利用，显有明征，未始非富国裕民之一道也。考英国此法，始于一千八百四十四年间，其时乐饬台耳镇[4]羊绒一业，市面大衰，织匠工价减落，而日用各

[1]合同，和合齐同、齐心协力。

[2]利益，指利生益世的功德。

[3]厚生，使人民的生活富足、充裕。

[4]乐饬台耳镇，即Rochdale，今译为罗奇代尔。

物售自店肆者，货劣而价昂，织匠苦之，爰[1]纠合[2]同业二十八人，醵资作本，贩买茶糖，开设一铺，各家所需，并取给于此，按照市价，现钱贸易。初意不在营利，第求[3]以实价得真货而已，迨年终核算，获利甚厚，大喜过望，于是益加资本，推广贸易。工作之户，争与合业，迄一千八百五十六年间，有本一万二千九百磅之多，事业盛大，四远[4]驰名。近年以来，贩买愈多，贸易益广，食物、衣服、器用，几乎无一不备，遂成富商大行。孰知其发轫[5]之始，固甚微而不足数乎？观其增本之速，知其获利之厚，今该行成本不下二万五千磅，而一年所贸易，且十倍于此，宜乎仿而行之者日益多。如英国北境诸镇，其各业工人，无不仿效此法，特大邑通都之地，尚未见盛行耳。

所谓与主户分利者，不必主户皆出资本也。其法凡主户买物一次，给与帖票[6]以为执照[7]，每季汇算，除按本银五分息应提利银不计外，所余之利，即按照帖票，计其所买之多寡，分派主户（内提百分之二分半，以充子弟学塾之费）。其交易也，必照时价，必以现钱，故无拖欠亏折之弊，而其致利之道，实首系乎此。他若草市[8]（英地名）某杂货店减价之法，虽亦以现钱交易，而格局又变。其法不与主户拆息，乃减其货价，使主户有食贱之利。夫

[1]爰，疑问代词，何处、哪里。

[2]纠合，集合、联合（多用于贬义）。

[3]第求，只求。

[4]四远，四方。

[5]发轫，拿掉支住车轮的木头使车前进，比喻新事物或某种局面开始出现。

[6]帖票，证券、单据、凭证。

[7]执照，泛指证据、凭证。

[8]草市，原文为Haymarket，可译为干草市场。

分利之法，其主户大都皆系工人，积一季应得之利，为数较整，人知珍惜，往往不愿支领，而存作店本，久之遂可小康[1]。减价贱售，则主户逐日所省无几，难于积蓄，是此不若彼之善也。

至现钱交易，利非一端，无拖欠不收之帐，一也。盖拖欠为亏本之原，无论终不可收，即属可收，而业本已受悬搁之累矣。能以小本作大贾，二也。盖货出钱入，则运用便捷，为贩为卖，终年可至十次，是贸易之数，十倍于成本矣。能以现钱贩货，三也。以现钱贩货，则拣择由我，而索价恒廉。此外裨益甚多，未可殚述[2]。而店肆赊欠之习，不独病己，亦且病人，于工作贫民为尤甚。人负债既重，则愈不知计虑，日用之间，动多束缚，不能自由，所交易之铺，可以肆其把持，以低货索重价。其诚实主户，按期清欠者，亦受食贵之累，徒为他人弥补，岂不冤乎？

假令通英国之杂货行铺，俱以现钱交易，则物价必贱，居民一年所省之费，且远过英国一年所征国债厘捐[3]之数（按英负伤八万万磅三分起息四分征税，每年计应捐银三千二百万磅），非侈言也。即据草市某杂货铺言之，其出售之价，较他铺贱十之二，而获利尤倍厚寻常，则是物因赊欠而贵，居民日用间，不啻加一什二之税也。夫赊欠之弊，亦市贾[4]所深病，其拖欠无着者无论已，延搁时

[1]小康，指能维持中等生活水平的家庭经济状况。

[2]殚述，详尽叙述，多用于否定。

[3]厘捐，又称厘金、厘金税，晚清实行的一种行商税。在水陆要隘设立关卡，征收过往商品百分之一的捐税，百分之一为厘，故名。

[4]市贾，市肆中的商人。

日，运用无从，致使亏本歇业者，亦所在多有。曩者，有大镇杂货行业主某，观草市杂货铺价单，谓其贱十之二，且曰使本行亦以现钱交易，则物价亦能如彼之贱，且获利较厚于前云。由此观之，赊欠之弊，昭然共睹。将来凡业杂货生意者，皆将改用现钱交易，迨至效法者日益多，而一二沿行赊欠之店，不能无瞠乎？其后之虑，然无庸虑也，与其诉之官府，求禁新法而不可得，何如即彼之所以为利者为之，而翻然[1]图新乎？

按此等店肆，只可谓之合本，不可谓之同功[2]，以其与主户分利，而不与佣伙拆息，其法未臻美备[3]。盖店肆中经纪贸易，全在管账暨一切伙伴人等，若徒给薪工，而不与共利息，则于贸易之盛衰，不甚关切，未必其尽心力而为之也。假令合本经营者，复能与佣伙分拆利息，使人人休戚相关，矢勤矢慎[4]，吾知其业必愈盛，其利必愈厚，有得无失，有利无弊，岂不遂臻美备乎？

前言乐镇[5]某杂货行，有成本约二万五千磅，此第就其货本言之，若都计该行全股本银，则实有十万零八千磅之数，除需用货本外，存余甚多。然则凡此等店肆，其如何运用余本之法，亦不可不一论及之也。自一千八百六十九、七十一两年，先后弛禁以来，合本贸易之各行，皆得买卖地产，建造房局，于是多有以余本买地

---

[1]翻然，也作幡然，迅速而彻底地（改变）。

[2]同功，功用相同、功效相同。

[3]美备，完美齐备。

[4]矢勤矢慎，立誓勤勉和谨慎。

[5]乐镇，即乐饬台耳镇，原文为Rochdale，今译为罗奇代尔。

盖房，使会中人赁居[1]之者，即如乐镇之某杂货行，为置地造房用者，已不下数千磅。工作小民，一旦得所安居，裨益非小，且租价极贱，缘其志不在射利[2]，而在使会中人同享便安[3]之福也。夫贫民住屋，向患湫隘[4]，议者百计设法，思所以变易之，虽与上文所言不同，要不外众擎易举[5]独力难成之理耳。假如有百人，各出银二百磅，共得银二万磅，以二万磅置地盖房，则此百人者，可以比屋[6]而居，各得其所。若百人各以二百磅自盖一屋，岂能如是得所哉！盖工料一切，合则省，分则费，理至显也。其置地造屋之法，始则以余本贷给于人，或造或买，使按月拔还[7]本利，数年之后，屋归住户。英国工人由是而得房产者，不下数十万户云。

合本同功之法，其成效昭然可睹如此。异日[8]者，进而益上，推而益广，于国计民生，大有裨益。留心世务[9]者，当不河汉斯言[10]，要之此法之所以利民，非薄外助也，其所恃以为利者，亦曰同心协力克己俭勤而已矣。

富国策卷二终

---

[1]赁居，租用房屋居住。

[2]射利，谋取财利。

[3]便安，便利安稳、便利安适。

[4]湫隘，低洼狭窄。

[5]众擎易举，许多人一齐用力就容易把东西举起来，比喻大家同心合力，事情就容易成功。

[6]比屋，所居屋舍相邻。

[7]拔还，分期抽出部分归还。

[8]异日，将来、日后。

[9]世务，谋身治世之事。

[10]河汉斯言，河汉、银河，此比喻言论夸张荒诞，把这番话看作是虚夸不实的言论。斯，此。

第三卷　论交易

第一章　论价值之别

交易之道，为富国策之一大端。义蕴[1]所赅，实与全书相表里，故诸家多有谓不先明乎此理，则生财分财两大端，无由通晓。诚以财之生，既不外以货易货，而财之分，亦因此而著也。此书独先论生财分财，而后及乎交易之道，绝不躐等[2]，而其义未尝不明，学者当有取焉。

价值二字，世俗往往通用，初无一定之别，讲求是学者，不能明辨乎此，遂多贻误。兹将论交易之理，不得不先定价值之辨。设谷一石，可易煤一千六百斤，则煤一千六百斤，即谷一石之值，是所谓值者，以两物相较而言。一石之谷，可以与各物较而得各值，且一物之值，恒因物为低昂，若谷值有减，其所较之物之值必有加。假如谷一石，向易煤一千六百斤者，今只易煤八百斤，是谷值减半，即煤值加倍也。审是可知凡物之值，此消则彼长。一物之值独消，则他物之值尽长，而世俗不察，动谓百物之值，一时同昂，或一时同落者，此必不能之势，犹之衡有两端，此高则彼下，断无俱高俱下之理也。或者谓凡此皆不待言而自明，又何必费词以解？不知其理虽确，而一

[1]义蕴，含蓄的意思。
[2]躐等，超越、越级。

经错杂于议论之间，正未易[1]不言而喻。富国策家论交易之理，每不能无误者，亦因于值之为值，认之不真耳。所谓价者，乃专以一物较金银钱币而言。如云谷一石，可易银三两，则三两银乃一石谷之价也。夫谓谷一石值银三两，亦奚[2]不可者，然必别之为价而不谓之值，正自有故（见后文）。前言百物之值不能同长同落，而价则有之，何也？金银加多，则其值加少，易物亦加少，而百物之价，一时同长矣。金银加少，则其值加多，易物亦加多，而百物之价，一时同落矣。

论富国策之理，原可言值不言价，顾往往不合于事，而欲明转晦者，以凡有政教之国，莫不有通宝以为贸易有无之币也。金银者，天下万国之通宝也。故欲知一物所值几何，但计其能值金银几何，其价知而其值可知矣。设有人欲以谷易煤，似谷之值煤几何，在所须知，然必执是以易有无，则事拙而多费，不如按价卖谷买煤之为便，但知谷价几何，煤价几何，而两物之值，不难立定其则矣。

惟交易有无，恒以金银为币，故论富国策者，但详物价高下之理，不必更参物值消长之说也。但书中凡言物价贵贱之故，只就物之盈绌而言，而金银之盈绌不计焉。假如粮价忽长，所以致之长者，可有二故。或因米麦短绌，或因金银充盈（如数年来新旧金山[3]等处广开山矿，金银顿多，是也）。二者判然不同，若此书所论，则金银之增减其值，在所不计，凡以取其简而易明云尔。

---

[1]未易，不易、难于。

[2]亦奚，又有什么。

[3]新旧金山，指澳大利亚和旧金山。

第二章　论物价贵贱之理

一国之货物，一国之财源系焉，凡分[1]三类，而物价之贵贱因之，兹举其类如左。

一，多寡有限，不能因时添制者也。如古名人巧匠所制之石像画图，精工无匹[2]，世所共珍[3]，然为数无几，求者虽众，谁得而增给[4]之？故凡一切骨董[5]古玩，奇珍异宝，以及一名一物，有关古迹者，皆限于一定之数，即皆归于此类也。他若市廛之闲，争设店肆，而房屋鳞次，限于地基，则亦在有限之列，并可附入此类。

二，多寡无限，可以增给，特工本愈用愈大，价必渐贵者也。此类专主[6]农田所产百谷蔬果之属。食之者众，生之者必众。良田不足以取给，则次者垦种矣。次者不足以取给，则又次者垦种矣。夫如是，需本愈大，需工愈多，其价安能不日贵乎？此又一类也。

三，多寡无限，可以任意添制，而价不增贵者也。

[1]凡分，大概分为。凡，大概。
[2]精工，精致工巧。无匹，无可匹配。
[3]珍，珍视。
[4]增给，增加供给。
[5]骨董，今为古董。
[6]专主，专一注重。

凡百工艺巧所成一切货物，以至日用器皿、衣服之类，皆是。虽百物之材料，亦有日贵之势，而为数究微，于货价不必有所增损，直不计可也。假如业履者，不难随时制造，应给不穷，岂因相需者多，而遂致短乏昂贵乎？此又一类也。

物价之贵贱，各因其类以为衡，而其理遂各迥异。试先以第一类言之。

设有特纳尔氏（英国古名画家）画一幅，问其价何由而定，按世俗论物价，动谓以应求为准。凡遇富国策中委曲难明[1]之故，悉以此二字了之，居然著书立说，晓喻愚蒙[2]，自谓言之有本，理解至精，实则应求之义，不独听者未解，即言者亦不自解也。苟有以特氏画价问者，彼将应之曰：“视所求所应之多寡为比例耳。”夫求者欲得之谓，应者能给之数，应有定而求无穷，岂得以此为比例哉！以特氏画论，凡士君子莫不欲得一以什袭[3]藏之者，情也。然欲之者虽多，而于画之贵贱，曾无辟系[4]。譬如金刚石之贵重，虽乞人谁不欲得之？彼卖宝玉者，未尝因此益获善价也。盖第曰求也，则虚愿[5]难凭。富国策家乃特创实求[6]之说，以破语病[7]。实求云者，不徒心欲得之，亦且力能得之也，求之所能增损物价者，惟此而已。

然谓物价即视实求之众寡而定，仍不可也，细思之，

[1]委屈难明，不好理解的地方。委屈，曲折、弯曲。

[2]晓喻，同“晓谕”，明白劝导、告知。愚蒙，愚昧。

[3]什袭，把物品一层又一层地包裹起来。

[4]辟系，关系。

[5]虚愿，不切实际的愿望。

[6]实求，实际需求。

[7]语病，措辞上的毛病（多指不通顺、有歧义或容易引起误会的）。

乃实求之众寡，视物价之贵贱为衡耳。设如特氏画每幅价十金，购者必多，百金则购者较少，千金则购者必愈少，此理至显。要之求与应实相维系，但使两两相当[1]，买者卖者各遂其愿，而价斯定矣。今试有名人画一册求售，甲乙丙三人均愿偿以千金，是以千金为价，则画一册，购者三人，求浮于应也。设甲乙皆欲添给五百金，而乙[2]独不愿，是以千五百金为价，则购者犹有二人，求犹浮于应也。又设甲愿更添五百金，都为二千金，而乙仅许以一千九百金，不愿再加，则求与应相当，此画之价，必不能过二千金，而必在一千九百金之上，其间出入之数，则存乎市道之相持[3]也。使甲预知乙所许，不复过一千九百金，则甲第略加其数，不待二千金，而画已可得。使卖者知甲之志在必得，愿添至二千金之数，则第稍吝以示居奇，而二千金可终得。是故凡有尽难得之物，其价皆如此而定。即知价之定，定于应求之等数[4]，而非定于应求之比例，俗说之谬，不显然乎？

或问同一画也，何以丙只愿偿千金，乙亦只愿偿千九百金，而甲独愿偿二千金乎？如曰，甲以为值二千金耳。则何以甲定值多，而乙丙定值少乎？此不可不推究其理也。尝谓一物之值，恒兼二端而定，曰有用，曰难得。举凡珍奇贵重之物，必兼有斯二者也。如仅得其一，则有用于人者莫如水，而水之为物，取之无禁，用之不竭，直可不用一钱买。彼通都大邑，人烟稠密之区，水未尝不论

[1]相当，适宜、合适。

[2]原文为“乙”，疑为“丙”。

[3]相持，两方坚持对立，互不相让。

[4]等数，相等的数。

值者，难得故耳。盖近水不给，不得不取资[1]于远水，而水于是难得矣。夫宝石，华饰也，以红者为最，人谓红宝石之所以甚贵者，以其甚难得耳，不知亦因其有用。假使时势变迁，俗尚[2]顿易，宝石一物，竟不复用之为饰，则虽难得如故，而吾知其不值一钱矣。由此观之，凡物必其有用难得兼而有之，而后其物见贵重也。

夫一物之值，必兼系斯二者而定，既信然[3]矣。或问二者之间所系之轻重若何？曰，此未易预断也。大凡常物之价，则系乎用之大小者轻，而系乎得之难易者重。即如衣服，所以章身，所以蔽体，至有用也。而人持数金，即可市衣一领者。惟其不甚难得，工本所需，只此数耳。如以其有用也，则虽数十金，亦将勉力购之，岂但[4]值数金哉！是衣之为值，系乎用者甚轻，而系乎得之难易者甚重也，特有用一层，终不能不计耳。

然则凡物之值，系乎有用者恒轻，系乎难得者恒重，固理之大概矣。间亦有二端并重者，则必为珍奇罕见之物，买者心以为用处甚大，因愿以重价得之也。欲明其说，请仍即甲乙丙三人买古画论之。丙给价一千五百金，乙给价一千九百金，乃乙与丙各计其用处而定其所值之数，甲则以为用处更大，故定值更多，此二千金所由愿给也。至于此画实售之价，必在二千金以下，一千九百金以上。前已言之矣，盖下于一千九百金，则愿购者多，而应

[1]取资，取得凭借，助益。

[2]俗尚，习俗所崇尚的风气。

[3]信然，确实如此。

[4]岂但，用反问的语气表示“不但”。

不副[1]求；过于二千金，则无人过问，而求不副应。由此推之，吾得而断之曰，凡物之价，必定于应求相副之一数焉。

同一特氏画册也，何以自甲视之，以为用处大而愿多给百金乎？盖凡人酌给[2]一物之值，必度其为用于己者何如，此中意念纷繁，诚难悉数[3]，而甲所以给价多于乙之故，则有显而易知者，意必其富于乙也，否则赏鉴[4]精于乙，嗜古[5]深于乙也，抑或甲将为临摹镌刻[6]之用，以射利于将来也，又或料数年后求者愈多，价将愈贵，因及时购置，而志在必得也。凡此皆情之所有，即物价之给，所由因人而殊也。

夫有限可贵之物，寥寥无几，而兹顾反覆论之，或不免繁琐之讥，然富国策中极浅之理，彼立说作解者，往往支离深晦[7]，反滋学者之疑，即如诸家论此类物价贵贱之故，亦模糊不明者居多，窃所不解耳，不然予何不惮烦言哉！（第二第三两类，于下二章分论之）

[1]副，相配、相称。

[2]酌给，酌，斟酌；给，给出。

[3]悉数，全部数出、完全列举。

[4]赏鉴，欣赏鉴别（多指艺术品）。

[5]嗜古，好古。

[6]临摹，复制或模仿绘画或书法原作。镌刻，雕刻，把铭文刻或画在某种坚硬的物质上或石头上。

[7]支离，（语言文字）烦琐而凌乱。深晦，深奥隐晦。

第三章　论农田物产贵贱之理

（矿产附）

农田物产，贵贱随时不同，其故非一端竟也。以英国米麦言之，其市价之长落，不独系乎上年之丰歉，及下居[1]之收成，亦且系乎他国年岁之荒熟[2]也。夫所系之故，如是其多，则欲定其贵贱之则，不亦难乎？虽然其理固可得而言也。

人之业田者，必其田所产之物，统荒熟丰歉计之，除抵偿一切工本之外，犹有余利，足为原本之息，并酬督课之劳，始甘心于租地而种也。至利之厚薄，则以寻常经营贸易之利为准。欲使物价甚低，并寻常利息而不可得，势必不能，缘一业利薄人将改而业他也。由此推之，可知农田物产之价，必使农户有寻常贸易之利可图，而贵贱乃因之定焉。

业田之利，为一年物产所值开除一切功费后之赢余，上文既言之矣。所谓力费[3]者，如地租、工价以及添制农

[1]原文为“居”，疑为“年”。

[2]荒，歉收。熟，谷物、水果或微生物等成熟。

[3]力费，指使用工具与人力等产生的费用。

器、喂养牲畜皆是。而器之敝败，牲畜之疾疫损失，在在堪虞，即在在有费也。假如通较一田所产，每年值银二千磅，其功本需费，共一千五百磅，内以五百磅为地租，八百磅为工价，二百磅为杂项开消[1]，则是田户每年实得赢余五百磅。使此五百磅者，恰足偿原本之息，酬督课之劳，则在业户已不失寻常贸易之利，而其物产价值亦适得其平。然历年来地租日趋于贵，设此田租价增至七百磅，其所需功本，所收物产，均如故，则田户每年仅得赢余三百磅，利出寻常贸易之下矣，利薄则田户将舍田而他图。顾田野不耕，民食何赖？计惟昂其物产之值，以为取偿而已。然则农田之业，无论地租加贵，或功费加多，其物产不能不长价者，势也。欲知地租之何以加贵，则非申论梨氏租田法不可。

其说以为各国可耕之田，必有限止，地主俨然操垄断之权，此租其田者，所由必给以租价也，凡两田租价贵贱之较，即两田地利厚薄之较（兼肥硗远近言）。惟一国之土，厚薄不齐，必有沙碛[2]荒芜之地，虽豁免租价，而亦不堪垦种者，于是乎有田限。田限云者，其地租价至微，物产所值，仅可偿本利之谓也。故梨氏谓一田之租，当以其田出产所浮于田限出产之数为准，其理最确。然户口一增，田限必降，为其已垦者不足给也。田限降，斯地租长矣。夫田限之出产，既仅足偿本利，则降而愈下，将并常利而不可得，其所以可降者，食口多则粮价必长，而农利因之加厚焉。吾爰得而断之曰，农田物产之价，必使下

[1]开消，同“开销”，花费、支付。

[2]沙碛，沙漠。

下田之农户，能偿其本利，而后定焉。惟下下田之租价至微，可以不计，故粮食贵贱，与地租无涉，此理甚显，而不知富国策之学者，辄讶此说为好异矜奇[1]也，吾其如彼何哉！

今试作一旦豁免地租论，以观其效。夫一国中需食之多寡，断不系乎田租之有无。使英国忽有是令，其需食之多寡，如故也。即其所垦之田地，亦如故也。彼下下田之农户，其地租向可不计，其物产之价，以足偿本利为度。若他户以豁免地租之故，而贱售其物产，则市价骤落，彼将本利不偿而舍业矣。惟户口需食，不因此而增损，则已垦之田，必不可弃，欲其不弃，必市价不落而后可，所以虽豁免地租，而粮食必不能加贱也。故曰，地租与粮价贵贱无涉也。

粮价之贵贱，必因户口之众寡而殊。缘户口加多，则需食亦加多，而薄田必以次开垦，于是功本重而粮食加贵矣。欲平其价，不外二法：农事加精，使物产多而薄田不必垦，一也；广采外洋谷米以裕民食，二也。采办洋米一法，其平减市价之效，另详后文邦国通商章。即前数年英国成效，亦确有可观者。盖自弛禁以来，英之户口日益繁庶，而粮价不见昂贵者，外米入口甚多故也，然亦未始不因乎农事之精，沟洫之法尽，而菹泽变为膏腴，机器用，人功省，而薄田亦多收获，二法顾不并重乎？

凡一切矿产，如煤、铁等物，其贵贱之理，与上相同。矿藏亦有肥瘠，其地利（以地段远近言）亦有厚薄，而开采之费，因之有大小。假令一旦铁价大贱，则必有若

[1]好异，喜好标新立异。矜奇，炫耀新奇。

干处铁矿，本利不偿，皆将停止开采，而铁之来源顿少，此而足敷销售则已，如其不足，则市价安得不长？缘市价不长，彼停歇者势不能复开也。由是观之，采铁之多寡，视乎铁价之贵贱，而销售之畅滞因之。盖铁贵，则采铁多而销售少；铁贱，则采铁少而销售多。贵之甚，斯求不副应矣；贱之甚，斯应不副求矣。二者皆不可以为常，故凡矿产之价，亦必以应求相副为则，虽其出入高下，或随时而不同，要必终归于平，如悬重然，以力加之，则左右摆动，然终必定于中点也。

夫价之贵贱，因乎销之畅滞，固已。然其增损相因之数，初不必其相当，并无定则之可垂[1]也。假如某物销路忽畅，计销售之数加十而二，其价值所增，有时至十而四，有时仅十而一，或仅百而五，所以异者，在其时应给之难易耳。设购米者加多，而有稍次之田可垦，购煤者加多，而有稍远之矿可开，则应给较易，价长必微，必下于相当之数。若必得甚次之田，甚远之矿，而垦之开之，则应给甚难而价必大长，必远过相当之数矣。近来英国煤价陡然大长，正此故也。夫英国需煤日多，历年有然，而市价不甚见长者，徒以来源尚裕，应给尚易，且不致缺少人功耳。迨其久则所需过多，不得不另开新矿，于是费大利薄者，亦以次采办，掘井则加深矣，来脉则较隘矣，不昂其价，本利奚偿，而况人功之昂贵，又徒而益之耶？盖百工各执其业，而开煤之工，有所不足，则不得不增给工价，加其日程，或招雇他业之工人，改而业此，二者皆足令煤价增昂者也。按英国近来煤价之长，因乎难给者多，

[1]垂，依照、参照。

因乎工价者少，上年国会大臣派员查勘煤贵之故，据称因工价而长者，不过五之一。盖工价所系，每煤一墩[1]止长十分磅之一，而矿口煤价，每墩长十分磅之五，是所长五分之四，实因采办艰难而长，乃旧开诸矿额外之利也。

统计英国一年，约出煤一万二千万墩，则额外之利，不下银四千万磅，在居民用煤所费，以视昔年，不啻税课加征此数云（计英国一年居民用煤约一千九百万墩，以每墩长银半磅计之，不啻每年加征银九百五十万磅之多也）。然加征税款，或止累及富室，而煤价一贵，虽小户贫民，亦必不免，且煤贵则日用货物，一切俱贵，正不徒有薪桂[2]之叹已也。顾百工艺巧之事，亦有因此而益进者。盖煤价较贱，用之者率多糜费，自近来其价大长，遂日思节省之法，而创获多术，岂非艺巧有进乎？夫英国煤产非无尽藏[3]，凡精于地学[4]者，莫不谓然矣。然则节用省费之道，不独当世所宜讲求，抑亦[5]后世之要图也。至于将来煤价，贵贱若何，则非富国策所得而断，是在地理[6]名家与夫机器匠师，有以揣度可得之煤之多寡成色，及省煤机器之功效大小，而后其贵贱可得而约略焉。

[1]墩，同“吨”。
[2]薪桂，薪贵于桂，形容柴火昂贵。
[3]无尽藏，泛指事物之取用无穷者。
[4]地学，地球科学，原指地理学或地质学，今为地理学、地质学、地球物理学、地球化学、古生物学、海洋学、大气物理学、自然资源考察等的统称。
[5]抑亦，副词，表示推测，可译为也许、或许。
[6]地理，土地、山川等的环境形势。

第四章　论人功制造之货物及其贵贱之由

人功制造之货物，如布帛器用之类是也。其贵贱之由，异于农田山矿之产者。盖彼以物料为价值之大纲，而人功之所系甚微；此以人功为价值之大纲，而物料之所系甚微，故其贵贱长落之故，殊未可以混而同之也。

农田山矿之产，苟来源不加广，人事不加巧，则所出有常数。一旦需之者加多，其价必加贵，此理之固然也。若人功制造之物则不然。以布言之，使织布者预知来年所需之布，增十之二，则其市棉也，亦必增十之二，棉价固必长，棉既长，布价固不能无所增。然统布之工本而论，系于棉者甚少，即棉价之长，所能增布价者亦甚微，或为余言棉价长十之二，布价所长才不及二十之一，其理可信。故凡能使物料贵者，未必不使制造之物贵，特微而无几耳。惟其微而无几，故可略而不论，外此则更无所出入矣，即如布之销路，增广至十之二，机器功作，不必因之加费也，织匠工价，不必因之加昂也，而况制物多则工本每省（说见前）。是一物销路之畅，非惟不使之贵，或转能使之贱焉。美国托氏近创一锯木机器，为制造小艇之用，法极精巧，能省无数人力，无数工夫。计其所成一艇之价，至少可减十之三。然其器不遽通行，船价不遽大减者，无他，销售之数不加多，则器之程功[1]太速，而反不合于用，故也，盖所需之数不敌所成之数，必将停机以待之，于是工本不免虚縻，而艇价仍不能甚减。夫如是，吾恐业此者，犹将因其旧法[2]，彼托氏之器虽良，未必能收其效于旦夕也。虽然使一旦艇之为用加广，所需加多，制造之工，足以尽是器之用，则明效共睹，而艇价遂十减其三，有不足疑者。

独是人功制造之物，无论何项，销路加广，则工价每因之而长，工价长，则物价不能不加贵，此理尽人知也。如昔年英国之布业，其明证矣。其时亚洲诸国，以次通商，布之销路骤畅，织布各厂，以人功不敷所用，遂遣人四乡[3]招雇，优其工价，使之弃耕就织，有于一邑而得百人者。然大抵村农耳，妇孺耳，艺巧之事，素非所谙，故往往费倍而功半。至于旧有之织匠，其工价之增，尤不待言。如是而业布之工本，视昔有加矣。或问此加多之工费，将业主任之乎？抑取偿于买主乎？曰，此可观于物价贵贱之理而知。夫业主工本既大，自必昂其货值以为偿。盖凡业之利，厚薄必有一中，太过则减，不及则增，所谓角逐之道，亦自然之势也。假如业布之利，以什一为中，一旦工价因畅消[4]而贵，使其利减十之三，而又不能取偿于货价，则是业布之利，不及于中，人将抽减[5]其资本以作别图，而需布方多，出布反少，此必无之事也。何

[1]程功，计算完成的工作量。

[2]因其旧法，沿袭那些以前的方法。

[3]四乡，城镇四周围的乡村。

[4]畅消，今为“畅销”，（货物）销路广，卖得快。

[5]抽减，减少。

也？彼愿以钱易布者，与其求之弗得，犹宁[1]稍厚其值而得之，则布价可长矣。布既贵，则工本有所取偿，而业主可无事[2]变计，虽然货价增而多，买者必减而少，故布价既长，其销售不能如前之多，由此观之，则凡人功制造之货物，所凭以定其贵贱者，厥有二端：一、工本之大小；二、销售之畅滞也。因乎工本者持其常，因乎销售者持其变，亦犹诸行星之轨道，以太阳摄力为主而成椭圆，实则太阳之外，尚有无数摄力，若细测其行度[3]，恒出入于椭道之内外，非真成椭圆一曲线也。言天学[4]者，亦岂能举其大而忽其细哉！

所谓工本者，乃兼物料工价，暨本业应得之利而言。一物之价，既由此而定，则虽有因时增减之异，而要不能常失其平。盖价高则利厚，价低则利薄，利厚则人将趋赴，利薄则人思改图[5]，角逐之道，固有以维持而消息[6]之也，是故一物之值，断以工本为衡，无异行星之道，终以太阳摄力为主耳。

顾角逐之法，虽有以持业利之平，而不能使物价无因时低昂之异，此其故，则销售之畅滞为之也。当美国内乱之秋，英国制造各物，价失其平者甚多，即以火枪一业言之，其时美国官兵逆党，争相购致[7]，销路大畅，抢[8]价

[1]犹宁，仍然宁愿。
[2]无事，无须、没有必要。
[3]行度，运行的度数。
[4]天学，天文学。
[5]改图，改变打算。
[6]消息，消长、增减。
[7]购致，同“购置”。
[8]原文如此，疑为“枪”。

腾贵，不复以工本为凭，一时业此者，无不加功制造，而良匠未易添雇，所给之数，不遽敌所需之数，故价亦不能遂平。此以见一业之利，未尝不可偏厚于一时之暂也。然货价之失平，究不过暂焉耳。人情趋利若骛，一业之利独厚，则争焉赴之，业之者多，则成之者众，所给之数，渐敌所需之数，则价亦渐落，而其久也，适与工本相当，而业仍复其常矣。

要之物价者，所以均所给所需之数者也，无论常变久暂，皆不外此理。即以火枪论，假如平常每枪一杆，价银五磅，以所需忽多，增至每杆银十磅，此固所谓不以工本为凭，而未尝不可偏贵于一时者也。夫其所以贵者，以所需不能遽给耳，而枪既日贵，则购枪者必日少，迨至需与给均，而价之长亦至是而止矣，此就其变且暂者言之也。

至于平时物价，以工本为凭，工本之大小，视工价之贵贱，与应得利息之多寡而定。假如火枪一杆，照工本应售银五磅，而人或以为廉，购者恒多，觉所需浮于所给，于是稍增其价售之。价既有所增，则造枪之利较厚，人将添其本，扩其业，以加功于制造，然人工有限，添雇者一时断不能习熟，则旧有之巧匠，势必争相罗致[1]，而工价于是大长，工价长则工本大，而枪必贵，枪贵而购者渐少，斯需与给又底于[2]均矣。

又如每枪一杆，照工本售银五磅，而购者恒少，觉所给浮于所需，则不得不减价售之。减价则利薄，彼所用之工本，不能少于五磅者，皆将改而之他，其仍之者，惟别

[1]罗致，搜罗（人才）。

[2]底于，低于。

有凭藉，工本素省之户，或因地利[1]，或因器精[2]，犹可不失应得之利。惟然[3]而需与给之数，又有以剂其平矣。何也？枪之销路既滞，则业户减功制造，而人工可以裁汰[4]，工减则本轻，本轻则价贱，而购者又将自少而多，二者相因，需与给有不终底于均者哉！

是故无论何业，无论何物，为需为给，各有调剂均平[5]之理，而价之低昂因之。常此理，变亦此理，久此理，暂亦此理也。

[1]地利，地理优势。

[2]器精，机器精良。

[3]惟然，只有这样。

[4]裁汰，裁减（多余的或不合用的人员）。

[5]调剂，调整有无、余缺等情况。均平，平衡、均匀。

第五章　论钱币

诸家之书，每首论货物互易之值，次钱币，而后及物价。盖以钱币为物价所自名，故定其序如此。兹独于前三章，径[1]论物价，而后及钱币者，言物之价，则世俗皆知，言物互易之值，则曲折难明，又况前三章虽论物价，而于钱币未著之理，初未尝有所援据[2]，则固不嫌其躐等也。

天下之大，万国之众，苟其稍有文教[3]，必有物焉以为交易之币，否则民间贸迁有无，必以物易物[4]而后可，不便孰甚[5]焉！假如有人欲以粟易市[6]，必得一愿以布易粟者交易之，斯何如之难？通国如是，则贸迁迟滞，商贾不兴，其国必不能以富强。是故凡在声明文物[7]之邦，必制钱币以便民，为海内之所共信[8]，虽取质各殊，而苟其用之，不害其为一国之通宝也。

---

[1]径，直接地。

[2]援据，引证。

[3]文教，文化和教育的合称。

[4]以物易物，是一种较为特殊的购销活动，是指购销双方不是以货币结算，而是以同等价款的货物相互结算，实现货物购销的一种方式。

[5]孰甚，哪个更严重。

[6]原文为“市”，疑为“布”。

[7]文物，借谓文化悠久。

[8]共信，共同的崇奉。

钱币之质，自以金银为佳，而取资于他物者，亦复不少。如中国与蒙古部人互市，则以茶砖[1]为钱币，阿洲部落或以文贝[2]为钱币。是钱币不必定以金钱为之，无论何物，但为众所共宝，即其钱币也。故虽天下邦国，大都皆以金银为用，而论人之宝贵，则蒙古人之视茶砖，阿洲人之视文贝，固与他邦人之视金银无以异也。虽其取物不精，而以视蛮夷[3]之俗，绝无所谓钱币者，已相去远矣。顾各国都有取于金银者，以其便于用耳。盖钱币之用，大端有二：凡物之值，由此核计，一也；交易之法，以此为介，二也。

所谓凡物之值由此核计者，钱币行，而后物各有价，物各有价，而后一国一家之富，可得而稽。设如某户有产千金，谓综其所有，都为千金也，使无钱币可名，则必列陈其宫室车马衣服，而仍无一成数之可称，不亦拙乎？如第言各物互易之值，谓谷一石，可易布若干匹，或丝若干斤，知谷之值矣，而不知布与丝之值也，虽逐物相较，终不可悉。是故凡物之值，必别有物焉以为公共之准，使凡物皆以此相较，而后极百物之巨细精粗，靡不有可名之价，此钱币一法，所以为邦国所必行也。

夫据此一端言之，似邦国之钱币，诚不必定以金银为之也。假如某国之制，凡物之值，皆以粟计。一物之值，不曰银几何，而曰粟几何，则粟即为公共之准，谓之为钱币，何不可之有？独至论交易一节，则凡如粟米之类，皆

[1]茶砖，即砖茶。

[2]文贝，有花纹的贝壳。

[3]蛮夷，古代泛指华夏中原民族之外的少数民族。

不便于用，何也？交易之法，必以钱币为介者也。使不以金银为币，而以粟米之类为币，则民间一买一卖，皆须以粟米出纳[1]，不便何如乎！今论钱币之所宜者如左。

一，凡钱币，宜择物之出入至微者为之。夫度长短，则以尺寸为准；权轻重，则以斤两为准，皆古今之通制[2]，而出入甚微者也。钱币所以为百物贵贱之准，尤宜划一而不变。惟天下无绝不变异之物，故择其出入至微者为之，斯可已。若粟米之类，视岁之丰歉，国之治乱[3]为多寡，一遇凶年，或至斗粟千金。以英国麦论，自弛米禁以来，缓急有赖，视昔已觉变通矣，然以一千八百五十六年之麦价，较之两年前，贱九之五。使用麦为币，则前后两年中百物之值，不已差一倍有余乎？钱币而出入如是之甚，商贾之业必衰，而贸迁之道亦紊矣。是故邦国钱币，断必择物之出入至微者为之也。

一，凡钱币，宜择质自可贵者为之。今英国及他国每有兼用纸币者，在国人深信不疑，视行票[4]无异金银，然而行票不过以纸为之，用金少许，则万券可成。是行票之质，初无足贵，又况千金之券，一炬即归乌有。非若金银锞锭[5]，虽经镕铸[6]而其质仍存也。故纸币者，不过用以为金银出纳之据，惟朝野乂安[7]，商民交信[8]之秋可

[1]出纳，财物的支出和收入。

[2]通制，共同的典制。

[3]治乱，指安定与动乱。

[4]行票，纸币。

[5]锞，古代小釜一类的温器。锭，做成块状的金属或药物等。

[6]镕铸，熔化并铸造。

[7]朝野，旧时指朝廷和民间，现在用来指政府方面和非政府方面。乂安，太平无事。

[8]商民，商人。交信，以诚信交往。

行之，非常法[1]也。夫物之所以可贵者有二：必藉人功而得，一也；足给生人之欲，二也。所以钱币之为物，必使非人功不克致[2]（若水若气，为生人日用呼吸所需，然可不劳而获，故不足贵也），而人得之亦不仅作钱币之用，斯其物为足贵耳。

一，凡钱币，宜择体小而值多者为之，否则售一珍贵之物，其所得之钱币，必重笨而难举。假使英国专以铜钱为币，而无金银之用，则物之值今金钱十圆者，其所值之铜币，不已甚重乎？若更降而用铁，则不便愈甚，理易知也。

惟然而金银之宜为钱币，可得而言矣。金银出入较他物为最微，一也。一年山矿所产，略有常数，不以天时之旱潦而异，且他物销售之畅滞，日有不同，而民间所需金银首饰、器皿等物，每历久而无所增损。虽自加里佛尼亚[3]暨澳地里亚[4]开获金矿以来，近二十五年中岁出之金，视昔三倍，将来金价，或由此大减，要其如是之出入，特偶然而非数觏者。试征往事，千百年来，自新辟亚美利加[5]时，开获金银山矿而外，几见有陡然长落者乎？故谓为出入至微，初不必因此而疑其非笃论[6]也。

金银质自可贵，二也。天下古今，无有不以金银为饰者，盖其光灿烂，能历久而不变。铁则易锈坏也，铜则易

[1]常法，指固定的法律、制度。

[2]克致，能够达到。

[3]加里佛尼亚，今译为加利福尼亚。

[4]澳地里亚，今译为澳大利亚。

[5]亚美利加，即America，美洲的简称。

[6]笃论，确切的评论。

剥蚀也，独黄、白[1]二物，历数千百年而炫耀如故。且其质坚韧，可以锤之使极薄，工人艺巧，由是而施，又其物非随地而有，所谓罕而见珍者，金银有焉。

金银体小而值多，三也。惟其罕而足珍，故以之较他物，均是重也，而其贵恒什伯[2]而倍蓰，又且坚固耐久，以之定钱法[3]，则巨细轻重，不难切析[4]焉。

凡此所论，可见钱币之质，固莫良于金银矣。至邦国中亦有兼用铜钱者，盖铜虽远不若金银之可贵，而用以偿微值，则足以济金银之穷，民实便之，二者盖交相需，而不可偏废焉。

英国钱币，虽金、银、铜兼用，而以为百物价值之准，则惟金是取。他国有不以金而以银者矣，究其为用，银犹不若金，以金尤珍贵，尤能以小值多，且开挖金矿之费，出入视银矿为微，故金价之出入，亦视银为微也。

或谓金银不妨齐观[5]，即物值之准，亦可金银通用，不知二者并重，币窦[6]滋多，非法也。夫钱币之贵贱，维其常不维其变，上文言之矣。金银之出入，虽微于他物，然新矿开则价为之落，源渐竭则价又为之长，二者亦各有其出入，若等量齐观，并用为物值之准，则二者之中，有一低昂，即足以滋弊，何也？假使金贵如故，而银价贱百分之五，则以金易银，每百两可多得五两，人之酬值偿

[1]黄、白，指金银。
[2]什伯，超过十倍甚至百倍。
[3]钱法，钱币制度。
[4]切析，切实分析。
[5]齐观，同等看待。
[6]窦，空、洞。

负[1]者，皆得取巧于其间，而与者之计得，即受者之计失矣。金银之不可通用，不显然乎？

或又疑英国钱币，兼及银铜，似不无此弊者。不知英国之用银币铜币，只以副贰[2]于金币，复有善法以维制之，于是尽得兼用相济之利，绝无通用取巧之弊。英国钱法，凡金钱每圆重若干，银钱大者每圆重若干，小者每圆重若干，各有定则。又金钱一圆，抵大银钱二十圆（金钱曰“色佛伦”[3]，银钱大者曰“西令”[4]，小者曰“便尼”[5]，每西令抵便尼十二），著为令。实则镕合大银钱二十圆之银，其值不足抵金钱一圆之金，此固国家泉局之利权[6]，而要其立法如此者，正自有故[7]。盖假使其值果足相抵，则遇银价一贵，人将私镕银钱，出售碎银以射利，而银钱于是以销毁而缺乏矣。夫人既以私镕为利，则官铸[8]之有所亏折可知，而销毁愈多，愈不能已于铸，岂非重为国累乎？夫然而英国立法之善可见矣。惟其合银钱二十圆之银，实值不足抵金钱一圆，故苟非银价大长，则私镕变售，初无可图之利，而银钱亦无销毁之虞，此宝泉局[9]维制之微权[10]也。若法国钱币，则金银钱之相抵，实值几等，其制亦以金钱一圆，易银钱二十圆（金钱曰“拿

---

[1]酬值，给付报酬。偿付，偿负，清偿债务。

[2]副贰，辅佐。

[3]色佛伦，即Sovereign，也作“索维林”，等同于英镑。

[4]西令，即Shilling，英国辅币，今译为先令。

[5]便尼，即Penny，英国辅币，今译为便士。

[6]利权，（多指国家的）经济上的权益。

[7]正自有故，只是有其缘故。

[8]官铸，官府铸造的，多指钱币。

[9]宝泉局，明清时管理铸造钱币的官署。

[10]微权，权谋、机变。

破仑”，银钱曰“夫郎”）。惟镕合二十圆之银，其值所差于金钱一圆之金者无几，以故十年来银价微贵。在英国未至以私镕为利，而法国之银钱，已几几尽遭销毁，无他，利在则然耳。

或谓英国银钱实值既常不足，则设有贷人以金，而负者偿以相抵之银钱，岂不隐受亏损乎？曰无虑也。英律以银钱付款，不得逾四十西令，以铜钱付款，不得逾五西令，所以杜弊也。是故英之有银铜币，只以副金币，偿细款[1]，得兼用相济之利，而无通用取巧之弊焉。

[1]细款，细小的款项。

第六章　论钱币贵贱之理

所谓钱币之贵贱，与世俗命意[1]不同。世俗以借钱生息之多寡，为钱币贵贱之准。凡英国银号监督之所权衡，新闻日报之所登载，无不如此，因而习闻其说者，亦无不以利重为钱贵，利轻为钱贱也。若是书所论，则凡物之贵贱，悉自其易物之多寡言之。假如本年粟米一石，所易之物，均视上年为多，则谓粟米加贵；或均视上年为少，则谓粟米加贱。惟钱币亦然，设本年金钱一圆，以之易米、肉等物，均多于往年，是为金贵；均少于往年，是为金贱。盖金贵即物贱，金贱即物贵也。凡富国策论钱币之贵贱，恒就其市物[2]多寡而言，与常说迥异，学者不可不明辨之。

夫钱币之所值，即金银本质之所值，明矣，然亦有宜辨[3]者。英国宝源局定制，凡黄金一两，值金钱三枚，银钱十七枚，铜钱十枚半。人若持金赴局易钱，局必按此核给。此乃国家律法所定，画一[4]而不可增损，非如铜铁之价，因时为低昂者也。流俗市井之徒，见金价之历久而

[1]命意，含意。

[2]市物，买东西。

[3]宜辨，指应该加以分析。

[4]画一，一律、一致。

不变也，遂谓近年金矿之开，产金之多，曾无与于贵贱之故，不知官定之价，只就以金易钱而言，所以不变者，以钱币之重不变故也。盖黄金一两，实足铸金钱三枚，银钱十七枚，铜钱十枚半耳。至论金之贵贱，则无论已铸未铸，一因时势为转移，与他项矿产无异。故本章论钱币贵贱之理，仍以前所论矿产贵贱之理为准焉。

论钱币者，须知钱币原以物质铸成，其物贵贱之理，初无殊于常物，彼不加审察，漫谓[1]富国策之论钱币，涉于艰深奥妙，岂其然哉！本卷第二章论物价贵贱之理，尝分天下货物为三类。以多寡有限，不能随时添制者，为一类；多寡无限，可以添给，特工本渐大，价必渐贵者，为又一类；多寡无限，任意添制，而价不必增贵者，为又一类，而钱币之为物，不出此矣。

第二类之物，则由田产、矿产是已，其价值贵贱之理，已详本卷第三章。钱币以金银等物为之。金银，矿产也，故钱币之贵贱，与矿产同理。按农田物产，所需若浮于所出，则必更种薄田，而工本渐大者，即价值渐昂。矿产虽同此理，然不若是之可必[2]，何也？田地之肥瘠有定，山矿之肥瘠无定也。矿之无定，煤铁皆然，而以金银为尤甚。澳洲之采金者，得失盈亏，悉听诸运，殆与赛博[3]无异。盖垦种一地，其收获之多寡，可以约计而知。若买矿采金，有无且不可必，何论多寡？则是采金一事，几不可以富国策之理论矣。然而澳洲之人，闻山矿产金加

[1]漫谓，指随意评论。

[2]可必，可以预料。

[3]赛，如同。博，古代的一种棋戏，后来泛指赌博。

多，则趋之者益众，闻金值加贵，则趋之者又众，固未尝不计历年获利之厚薄，以为盛衰增损之准也。

要之所需愈多则为值亦愈多，此理田产与矿产共之。夫粟米之相需，以户口增而加多，煤铁之相需，以通商广而加多，此尽人所知者。试问金银相需之数，果亦日趋于多乎？曰，欲明其理，先审其用。按金之为用有二（言金可以赅[1]银）：用作通商货物，一也；用以制造钱币，二也。二者之中，尤以铸钱为大宗云。

百工艺巧之事，用金不一其途，约计其所耗之数，殊不可得。姑举英国一年所制器皿论之，其可得而稽者，计值约不过四万镑（每磅值金钱一圆）。至于制造首饰，以及各色装潢镶镀，所用尤难考核，诸家所载，亦互相悬殊。札氏至谓近三十年来，每年作如是用者，计值不下二百万镑之多，殊非确论。使其说果确，则今日所用，又几将倍之矣。愚谓金之用于艺巧间者，无论多寡若何，要其增损之故，必历久而始见，可不具论。其逐年所因为增损者，惟钱币一项而已。近二十五年中，叠开金矿，采获之多，数倍于昔，其尽为制造钱币所用，固无疑也。

然则欲知需金之多寡，必察需用钱币之多寡。以英国言之，大约现存之金钱所值在四千五百万磅之数，每年添铸者，约值二百万磅，则此四千七百万磅之数，即可作英国一年需用之金论。或问英国何以必需用若干金币，又何以仅需用若干金币？是在考论夫钱币流通之故，与夫邦国用财之道矣。

今姑设英国除金银铜币而外，别无他项钱币，以归简

[1]赅，兼、包括。

明。盖英实有楮币[1]相辅而行，如行票之类是也。

邦国之有钱币，所以便运用也，其所需之多寡，略视[2]其国之贫富。以英之英吉利、阿尔兰两岛言之，英吉利一年所生所聚之财，远多于阿尔兰，故其货殖出入之数，亦远过于阿尔兰，而一年所需之钱币如之。盖英岛人数多于阿岛，而百工之工价，必不能薄于阿岛，惟工价由钱币而得，斯英之用钱币必多于阿。故曰，一国所需钱币之多寡，略视其国之贫富也。言略视者，恐人误以所需钱币之敷[3]，当其国财富之全数耳，此其故。第思邦国贸易之不一其法，而自现然于财富之不专在钱币矣。

大凡货殖贸易之道，其出入巨者，每不用钱币。如英国织呢各商，其市羊毛也以券，其售呢布也亦以券。为入为出，俱不以金、银等币为用，而由银行画算[4]，如此则业织富商，虽岁有巨万出入，而其所需现存之银币，但敷日用工价而足矣。即在居家之人亦然。假如某户岁用钱币一千圆，其出款之大者，亦可以券帖[5]支付。所需用钱之项，不过仆人工价，暨琐碎日用而已，岂必现存千金之数哉！民间如此，国家可知。虽一国之富，视其所需钱币之数，或相什百，或相倍蓰，不可得而断。要之国愈富，民愈众，则钱币出入亦愈多，此理之固然者。盖国富而民众，则工价日用，皆因之以浩繁也。所以一国之富，难断

[1]楮币，指宋、金、元时发行的“会子”“宝券”等纸币，因其多用楮皮纸制成，故名。后亦泛指一般的纸币。

[2]略视，大约、大致。视，考察。

[3]敷，广泛、普遍。

[4]画算，划拨、核算。

[5]券帖，薄据。

其为所需钱币之若干倍者。缘钱币之出入，系乎货物之贸易，而贸易之道，或一物而更相售卖，如米一石，由农而商，由商而贾，由贾而户，其间为籴[1]为粜[2]，或至十易其主而后食之。夫每一易主，必以钱币为用，则是一石之米，而统计钱币出入之数，不啻十倍之，此其所以难定也。

夫然而一国需用钱币之多寡，其相因之理有二矣。一因农工户口之盛衰，一因货物转售之次数也。或问金、银、铜之为物，自人之所需者言之，其理洵如此矣，不识逐年山矿所采之数，亦视此为消长以底于平乎？按凡物所需、所给之数，恒视价值之贵贱，以为消息而持其平。苟某物加贵，则买主加少，而所给浮于所需矣，然销既滞，则价不得不落，价一落而购者又来，销售复畅，是所给有时而浮者，非真有浮也，特以价贵故耳。至于其间消长之数，不独随物而殊，亦且因时而异。欲定物价之低昂，与销路之畅滞，当为若何比例，不可得也。葛氏[3]尝谓法国红酒一物，来英销售，使其价倍贱于今，则英人向未沾此酒者，皆将沽而饮之，其销路之畅，必不止一倍而已。此说固属可信，然特酒之类则然耳，若使麦面一旦亦价减其半，吾知其销售未必倍畅于前，何也？人之食量有定，今人虽甚贫，大抵于饔飧之计，犹不至艰于一饱[4]，则即粮价倍贱，亦岂能兼人[5]而食？此其所以异于酒也。要之物

[1]籴，买入（粮食）。

[2]粜，卖出（粮食）。

[3]葛氏，指凯尔恩斯（J. E.Cairnes，1823—1875），英国古典经济学家。

[4]艰于一饱，艰难地维持饱食。

[5]兼人，一人顶两人。

价长落之限，虽不可以预定，而其销畅则长，销滞则落之理，则同条而共贯[1]焉。

或谓英国金有定价，绝无长落之异，似其为需为给，有未可以此理断者。不知凡物之价，皆以金计，而官定之金价，亦仍以金计。以金计金，贵钱不明，故金价之云，殊不可通。今变其文曰金值，则理既明而词亦达矣。金则[2]之多少，与物价之贵钱[3]，相因而适相反。若物价倍贵，则金值倍少，以犹是金而易物仅得其半也。物价倍贱，则金值倍多，以犹是金而易物可得其倍也。夫使物价倍贵，则凡购一物，必倍用其金，而国中所需金币之数，亦必倍之，是以一国需用金币之多寡，必以物价之贵贱为衡焉。

大抵一国之中，钱币愈多，物价必愈贵，物贵则金贱，金贱则采矿之利薄，而业此者渐少，业此者减而少，则所给之金亦减而少矣。明乎此，而其需与给相持之理，不从可知乎？

欲知金、银等物需给相持之理，必先审邦国所以致用之端。以金而言，其用不一端，而兹姑[4]作专铸钱币更无他用论，取其简而易明也。诚若是，则一国需金之多寡，因乎制币之多寡明矣。夫需用钱币之多寡，一因乎农工户口之盛衰，一因乎货物转售之次数，上文已言之。假令英国一旦倍增其富，举凡商贾贸迁之事，无不倍之，则岁需钱币，亦当倍之。然钱币何以必需增制，使其不给，又将

[1]同条而共贯，长在同一枝条上，比喻事理相通，脉络连贯。

[2]原文为“则”，疑为“值”。

[3]贵钱，原文如此，疑为“贵贱”。

[4]兹姑，现在姑且、暂且。

何如？此其故亦不可以不思。盖增铸钱币者，所以使物价不失其恒，而如其不给，则物必加贱，而金必加贵也。

设如英国一旦民间日用所需，概增一倍，货物之所出称是[1]，而钱币独如故，则是人之向第市米一石，布一匹者，今需市米二石，布二匹，而无如钱币之只给其半也，势必以米一石布一匹之价，易米二石布二匹而后可。夫如是，则米布不啻价减其半矣。故知凡事势所关，使需用钱币之数，浮于所给者一倍，则百物之价必减半，物价减半，即是金值加倍耳，至于货物之贸易，初不因此而少减也。

然则一国之中，因户口加多，贸易加盛，而遂须增制钱币者，亦欲使物价不失其常耳。盖物价同时大落，其弊与同时大长等，何以言之？假如有人岁入千金，适足于用，一旦遇物价同时大长，则千金之用，或仅敷其半，是使人失其岁入之半也。又如农人租地耕种，岁纳租价五百金，足以自食其力。一旦遇物价同时大落，则五百金之数，或须倍其所获以为偿，是使人增其费用一倍也，其弊不适均[2]乎？欲杜此弊，非使钱币有恒值不可，此邦国所以因富庶有加，而不得不添铸钱币也。

夫百物之价，惟其常不惟其变，固已。然物价何以历久而不变？采金何以无偏多偏少之时？其理尤必审焉。大抵天下金矿，开采多未尽力，使增添工本为之，所获必有远过于今日者，顾其所以不添工本之故，正与英国铜矿相同。果令铜价大长，则采铜之利益厚，人将增添工本以射利，而铜顿多。如其反是，则人将收减工本而铜顿少，此

[1]称是，与此相称或相当。

[2]适均，均等。

自然之势也。惟金亦然。金贵而物贱，则采金多，物贵而金贱，则采金少也。夫需金之加多，由物价之加贱而见，而物既贱，采金必多，此其所为消息维系以底于平，而物价之所以有常在是矣。由此言之，金之为物，其需给相持之理，初无异于他物，其见为异者，他物销路之畅滞，以价之贵贱为衡，而金不可以价论，必计其所值，以物贱为贵，物贵为贱耳。

今为撮要以言之曰，矿产不加富饶，而需金加多，则将增益工本，加功开采以取给，而金之值必长，凡金值见长，物价必见落。反之，若矿产加而富，采金之工费减而轻，则出金必多，金之值必落（惟事势所关，或有额外销路庶几不止壅积）。然金贱而物贵，则凡货殖贸易之间，用金必多。夫是故金之为需为给，每相维相系而归于平也。虽然金之需给所以适均者，犹有二故焉。盖金多而值落，则百工艺巧间，如制造首饰器皿之类，耗金益多，销路益畅，此其一；金贱则采金之利薄，凡矿之较瘠者，渐将辍工，而来源为之少杀[1]，此其二也。

上文所论，乃就产金之邦言之，若国无金矿如英者，其所需之金，皆由通商贸易而得。彼其一岁之中，需金之多寡，钱币之流通，与夫需给相持之理，必参考邦国通商交涉之道而始明。故下章论通商，实与此章相表里焉。

[1]少杀，稍衰、稍差。

第七章　论邦国通商

宇宙之大，邦国之多，不独天时地利，互有不同，即人巧亦各有所擅，故往往此之所有者，或彼之所无；彼所有余者，或此所不足。自邦国通商互市，而后以有易无，以易济难，以有余补不足，上以裕国计，下以厚民生，其获益维均，其为利甚溥，固不待智者而后知之也。

试以英法各擅之利言之。英产煤铁甚富，其利在制造铁器。法土沃而工贱，产麦独宜。彼此相较，英则制铁易于产麦，法则产麦易于制铁，而工本遂因之而殊。假如在法国制铁一吨，所需工本，抵产麦二十石，而在英国止抵产麦十石，则就麦以计值，法之铁倍贵于英矣。两国若以铁麦相易，岂不彼此有裨乎？何也？设英以铁一吨，易麦十五石于法，则英在国中，只可易麦十石者，今得易麦十五石，是浮五石也。法在国中，易铁一吨，须麦二十石者，今止以十五石得之，是省五石也，其利不适均乎？天下惟均受其益，而不至偏有所损者，斯其利为莫大耳。

是故两国凡以货物相易，不必物价之贵贱，彼此果相反也，但使此两物抵换之法，彼此有多寡之不同，即可得互市之利。试仍以英法之麦、铁论。设法国铁一吨，价银三十磅，麦一石，价银一磅半，是铁一吨，可抵麦二十石也。而在英国，铁一吨，既止抵麦十石，则设铁价每吨十磅，麦价必每石一磅，是麦、铁之价，并贱于英而贵于法也。特铁贵法三倍于英，麦贵仅倍有半，此则因乎彼此抵换之法有不同，而互易之所以均其利也。假使抵换之法，不异其率，法国麦、铁之贵，均三倍于英，则彼此互易，各无所利，徒增转运之费而已。

按邦国通商之利，亦视运费之大小以为厚薄，而兹姑不计，且更设英所与通商者惟法国，与法国互易者惟铁、麦，取其简而易明也。夫前言英以铁一吨，法以麦十五石相易，则彼此所获之利，以麦计之皆为五石，诚适均矣。或问两国之交易，果必以此为定率乎？倘使法以麦十二石，易英铁一吨，利虽不均，而在英犹不失为厚利，亦安见其不可乎？曰，凡此交易之率，非贸然而定，两国商人心计之工，必不相让，其营利也，孰不存多多益善之见，特不能不因事势以为转移耳，请试论之。

使英国铁一吨，果可易麦十五石，则为利甚厚，其运至法国者，必远浮于法人所需之数，是给浮于需矣。给浮于需，则销路渐滞，而不得不思有以裒益[1]之，其理与内地贸易无二致也。裒益之法，则减价而已。盖价贱则来源少杀，而销路易通，不难使需给相抵于平。故英人见销铁之滞，必减值以求售，于是向易麦十五石者，今或止易十四石。英人运铁之利，既视前有减，其来源必稍杀；法人易铁之利，视前有加，其销路必较畅，苟如是而所给犹浮于所需焉，则必更减其值，而或止以十三石为率，若需给至此而平，则铁一吨，麦十三石，遂为英法互易之定率也。由此观之，邦国通商互易之道，不难挈其领而提其纲

[1]裒益，减少和增加。

矣，兹为条列如左。

凡两国以货物贸易，其获利厚薄之异，以客货销路之畅滞为衡。销畅则客利厚而主利薄，销滞则主利厚而客利薄。如英法以麦、铁互易，其全利当为麦十石（说见上文）。今以铁一吨麦十三石为率，是英之利三石，而法之利七石也，销滞故也。苟一旦销路大畅，其互易之率，或增至十五石以上，斯英之利厚而法之利薄，理至显也。凡两国以二物互易，若一物之工本，在本国因故而减轻，则有额外之利，此额外之利，始归本国，而其究必归于彼国。如英国制铁之工本，或因矿产加富，或因取法加巧之故，骤减而轻，每铁一吨，在国中向抵麦十石者，今止抵麦八石。若仍照十三石之率，与法贸易，是英人于常利之外，又得此二石额外之利也（此以法国内麦铁抵换之率不变而论）。然英人获利既厚，势将争事运铁，而来源一多，销路必滞，销滞则值不得不落，于是减其率为十二石，而利有减，更减为十一石，而利等于常时，或更减为十石，而利反少于前，夫至铁一吨易麦十石，则英之利仅二石，法之利乃十石，不独额外之利，尽归法国，且使常利亦愈偏厚于法矣。此说虽似好奇，实则事之甚可有者耳。

或问邦国通商，毕竟谁食其利？即如英以铁易麦，而每吨获五石之利，是利也，将归于制铁运铁之商贾乎？抑归于通商之人民乎？欲知此理，须知通商之利，由节省工本而生，而利之所在，人争趋之，故商贾必不能常享此厚利，终受其利者，乃在通商食麦之户耳。顾其间获利之多寡大小，犹必论究而知焉。即如前设法国制铁一吨，其工本抵产麦二十石，英则抵麦十石。向使两国不通商，则法国中麦价若每石一磅，铁价必每吨二十磅。英国中若麦价每石一磅半，铁价必每吨十五磅，理至显也。今以通商之故，而英得以铁一吨易麦十五石于法，则两国中铁一吨之价，必皆等于麦十五石之价，又至明也。如是则铁之为值，以麦计之，在英则增而多，在法则减而少。互言之，则麦之值以铁计之，于英有减，而于法有增也，是因通商而各变其抵换之率也。夫铁一吨，既与麦十五石同值，则英国铁价，若每吨仍十五磅，麦价必减为每石一磅矣。法国麦价，若每石仍一磅，铁价必减为每吨十五磅矣。以视乎前，英之麦贱三之一，法之铁贱四之一，即知英国食麦之户，与法国市铁之人，一则省费三之一，一则省费四之一也。是通商之利，不专在商贾，而在居民也。要之通商则生之者益众，为之者益疾，于生财之道，两国固均有裨益耳。

虽然，英法以铁麦互易，英之麦，法之铁，固变而贱矣，而英之铁价，与法之麦价，正不能不变而加贵也。假如英国每年自需铁五十万吨，运至法者，每年十万吨，是英以通商，而每年须多制铁十万吨也。夫铁，矿产也，其价值贵贱之理，与农田物产同（见本卷三章）。英既岁需多制铁十万吨，则将加本开采以取给，而工费必增重，费重则价长。设向价每吨十磅者，或长至十二磅，即麦价每十五石，应减至十磅者，亦仅减至十二磅，故两国通商之利，即英法之铁、麦论之，每一互易，所实获者，初不能五石之多也。

或疑英国以铁易麦，而麦加贱，诚居民之利矣，然谷贱则伤农，种麦者必被其损，得失殆仅足相当耳。愚按此即偏护土产之税章[1]所由订立，而实则非智者所宜出也，试进论之。

前设英国之铁，运至法者，岁以十万吨，即岁入法麦一百五十万石也。外麦[2]入，则所需土麦必减少。一年中产麦既可减少一百五十万石，则农将择地而耕。凡田之不甚宜于产麦者，皆可弃置，而田限升斯田租落矣。田租落则农用轻，屈于彼者伸于此，谷贱固不必伤农也。至于内地买人[3]之利，或不免为外商所分夺，然高者抑之，下者举之，市井角逐之道，终有以维持之使底于平，必不使一业有向隅[4]之苦，一业有独擅之利也。况以国计之大者而言，就令以通商之故，致某业实受其损，亦不得谓上夺其利，而必改计以袒护之。盖国家之道，贵在使民得以贱值市物，以善价售物，顾大利而不惜小害者也。

前设英国岁以铁十万吨，易法麦一百五十万石，铁价以销路较广，而长至每吨十二磅，即麦价为每石五分磅之四。设如英国岁需麦六百万石，未通商前，每石价一磅半，其时农户皆足食其余利。今以通商之故，而所需土麦，遽减四之一，则凡瘠薄之田，皆不复艺[5]麦，而所耕者必土之沃美者矣。夫麦价原视农田工费以定贵贱，地力肥则人功省，故英国中需产之麦，既减少四之一，其麦价必落，顾麦价之落，必以不夺农利为限。设如英国自有通商以来，麦价大落，按铁计之，每石价止五分磅之四。

---

[1]税章，征税章程。

[2]外麦，外国产的麦。

[3]买人，买卖人。

[4]向隅，面对着屋子的一个角落，比喻因非常孤立或得不到机会而失望。

[5]艺，种植。

当问价贱至此，有妨农利否？此第一要义也。如有妨于农，竟无可图之利，农必不乐于艺麦。盖农夫之艺麦，为富也，非为仁也。然民食不可以或缺，与其甚贱而不给，犹宁稍贵而给焉，则试作每石长至一磅论，使石价一磅，而艺麦者适足以食其利，斯市价必以一磅为准矣。麦价既长，其于商人运铁之利如何？又不可不思也。以势度之，其初必大获利。盖商人售铁于国中，每吨止得价十二磅，而以之易法麦得十五石，即每吨可得价十五磅，甚厚之利也。无如[1]利厚则趋之者众，势必争事运铁，而铁于是壅积于法境，物既壅积，价必落，向易麦十五石者，或减为十二石，至是利乃复其常耳。然铁贱则法人购铁者加多，一岁出口之铁，或更浮于常额，则英国中铁价必长，前此每吨十二磅者，今或长至十三磅，而需给适相平焉。夫一吨之铁，不既易麦十二石乎？则是英国麦价，必每石一磅又十二分磅之一也，麦价至此，而农利又有加，民食益无虞不给矣。由此观之，欲平两国通商之利，非使需给之数，各底于平不可。

是故两国以货物互易，实足以增损货物之价者也。即如英国未有通商，设为铁价每吨十磅，麦价每石一磅有半。自与法贸易，而铁价可长至每吨十三磅，麦价减至每石一磅又十二分磅之一。上文论綦[2]详矣。或问一减而贱，一增而贵，然则通商果有益于国人乎？诚恐利害或仅足相当也，曰否。通商之利国利民，有断然而无疑者，何也？以其所易，易其所难；以其所有余，易其所不足；

[1]无如，无奈。

[2]綦，非常、很。

生之者益众，为之者益疾，斯其国之财用，必因之而益足也。

虽然，通商固有裨于国计，而小民则未尝无受其害者。即如法国以麦易铁，麦之销路加广，其价必长，铁之来源顿裕，其价必落，国诚益矣。然铁非日用之物，麦乃民食之宗，所贱在彼，而所贵在此，小民奚赖焉。是知邦国通商，苟所入之物，其用不敌所出之物，则国人每受其损，而于工作贫民为尤甚。由是以言，虽谓通商不免于病民[1]可也。

然工民虽有食贵之苦，亦未尝无相因之利。何也？通商之道，可以省资本，可以节人功，本省而工节，则百业之利厚，而工价得因之而加优。此于物价贵贱之外，通商之有益于小民者也。

今英人之通达时务者，鲜不以税关出口进口货物之多，为国家富盛之验。夫论通商而但计商贾贸迁之利，不思小民食贵之弊，诚不可也。然必因小害而弃大利，遂谓通商之在所当废，则又迂拘[2]之见，非惟不智，抑且近于虐政矣，何则？养欲给求，取资贵便，不有互市，曷通有无？通商者，所以联邦国之交，祛畛域之见，广民识，阜民财，其利溥博周遍[3]而无所畸，盖生人自然之利，不夺之经也。昔英法为世仇，又昧于贸易之理，遂百计阻挠，使两国数百年不获通商之益，惜哉！夫以英之良于制造，法之良于树艺，使其合为一国，则南北往来，有无互易，

[1]病民，为害人民。

[2]迂拘，迂阔而保守、不知顺应潮流。

[3]溥博，周遍广远。周遍，普遍。

固其所也。于此而有执风马牛不相及之说者，吾知其愚不至此，今邦国徒以畛域之见，而遂不欲以有无相通，其愚何以异是耶！

独是邦国至今，多有重征关税，以为偏护土产计者，其故亦不可不思也。英国自弛禁通商以来，工作日兴，货物云集，其获利之多，受益之显，国人固无不知之矣。而此外各国，则主偏护土产者，比比然也。若美、若法、若英之朝贡诸邦皆是，而尤莫甚于美、澳之工人。所以然者，彼第见通商愈广，土产愈贵，居民每受其损，而未尝一思夫所获之益，足以偿之而有余耳。美国工民，常忿出口者皆日用所需之货，进口者乃浮縻[1]不急之物，此贵彼贱，得不偿失。又以百工技巧，各有所娴，一旦外商分夺其利，人必舍其所娴，而习其所未娴，害孰甚焉！即如美国织布之匠，亦知其国所需布匠，若尽取诸英国，必有以增国家之富，而无如其不利于己也。夫就一业言之，诚不免受通商之害，彼之哓哓[2]争辩也，亦固其宜，然而给求养欲[3]，乃生人美利[4]之原，通商惠工，实邦国生财之道，必以疆圉自域[5]，使民不得因天时地利之宜，而事倍者或至功半焉？非仁政所宜出也。

夫使美国一旦尽革其偏护税章，其始也，内地商贾，或不免有受其害者。盖凡兴一大利，必有小害随之。铁路造而车厂客店之业微，机器创而匠工技巧之利夺，然国家

[1]浮縻，指不切实的消耗。浮，不切实的。縻，通“靡”，消耗。

[2]哓哓，因为害怕而乱嚷乱叫的声音。

[3]给求，供给和需求。养欲，满足欲望。

[4]美利，大利、丰厚的利益。

[5]疆，地域、领域、边界。圉，守御。域，在一定域界内的地方、疆域。

初不因此而废铁路机器者，亦谓万世之利，不可以一时之害挠之耳。彼偏护税[1]则之在所当除者，亦此理也。惟税法得其平，而后贸迁尽其利，俾各国人功、资本之用，皆得因其所宜，而生之者众，为之者疾，其所裨于国计民生者，岂第足偿小民一时之失而已哉！

今英人洵知平税通商之利矣。然不数年前，犹有主复偏护税章者。谓平税之法，利在一律通行；今英国独平，而他国仍偏，是英第有利于他国，而不得他国之利，未免过于慷慨，非计之得者。愚按平税之法，果能通行各国，洵于英人有裨，故英不惮多方诱劝以期其行；即谓英以平税之利利他国，亦诚有之。但英必因他国之不智，遂自复其偏护之税章，吾知其将以损人而适先损己矣。即如英人于美国之麦，相需固甚殷也，必因彼之重税英铁，而遂欲无购其麦，不亦愚之甚乎！是故平税之法，虽一国独行之，而其利自在也。

至欲论通商运货之费，则莫如仍即麦铁言之。设如由英运铁至法，每吨费一磅，由法运麦至英，每石费十分磅之一。欲知彼此所任运费之多寡，又必知其相易之率。令铁一吨易麦十二石，英国中铁价，每吨自十磅长至十三磅，又先设运铁之费英独任之，运麦之费法独任之，则英国售铁于法，名为每吨得价十三磅，实则止得价十二磅；而法国所得麦价，每石亦必扣除运费十分磅之一也，如是则英国内地铁价，必每吨十二磅而后可，苟窬[2]乎此，则运铁者皆将售诸国中矣。法国内地麦价，亦必较得诸英

[1]偏护税，指保护税。偏护，偏私袒护。

[2]窬，超过。

者，每石少十分磅之一而后可，否则无有愿售麦于英者矣。可知凡进口之货，价必因运费而加昂，价昂则销路必少减，而两国减销之率，不必其恒等，即如英以麦价每石加昂十分磅之一，而销路减十之二者；法以铁价每吨加昂一磅，而销路或仅减十之一焉。夫两国通商，必使出口之货与进口之货，足以相抵者也。若法之销铁，止减十之一，而英之销麦，乃减十之二。是法出口之麦，不足抵进口之铁矣。于此而欲求其抵，则非减麦价以畅其销不可，顾价可减而运费不可减。价见为落，斯费见为大矣。故知一国运货出口，其所任运费之大小，与所进货物销路之畅滞，相因而成比例者也。

上文论邦国通商，不外以货易货，故出口进口，恒以相抵为则。然实核各国出口进口之货，其为值每不相等，则何也？即如英国进口之货，计其值恒远过于出口之货。以近年论之，一岁所差，不下一万万磅之多，而印度则反是，其一岁出口之货，约值五千万磅，进口者不过三千万磅之数。凡此多寡互异之故，诚不可不审求之矣。盖所谓邦国通商，必使出口与进口相抵者，以彼此除计值购货之外，别无款项交涉言之耳。假如英法两国专以货物互售，外此别无交涉，则使英国每年售于法国之货，其值浮于法每年售于英国之货，法必以钱币足之，如是而法之钱币日见其少，英之钱币日见其多。其究也，百物之价，必法日贱而英日贵矣。夫英之物加贵，法之物加贱，则英人购物于法之利愈厚，而法人购物于英之利愈薄，以故英国出口之货将减而少，进口之货将增而多，而其值渐趋于等。从可知邦国通商，果使货物互售而外，别无交涉，则上文所论出口进口为值必等之理，固势之所必然也。

但或法以借款之故，岁须偿英利银一千万磅，则英国每年，所入法国之货，其值必较所出之货，多一千万磅，而出口进口遂迥不相等矣。盖使法而不以货物抵偿，则岁必输钱币一千万，而英之金大多，法之金大少，金多斯物贵，金少斯物贱。为法计，与其实偿以金，不如抵偿以货之为得也。若是则法国货物之输于英者，当不独抵消所易之货，且并足抵偿岁输之款，而出口于是浮于入口矣。借于人者出浮于入，则借入者必入浮于出可知。英印之所以互异者，职是故也。盖英国出贷外邦之款，或官或商，各以巨万计。斯各国岁当偿英者，除货价外，为数亦必甚巨，以故各外邦岁输英国之货，恒远过于所易之货，是英所以入口远浮于出口者，为其出贷之资本甚多也。观英而印度之反是可知矣。盖印不独无出贷之款，抑且借诸英者为数甚巨，如铁路、屯田、濬河诸大役[1]，莫不取资于英，故印度一岁中当偿英国之利，亦殊可观，加以岁征之官俸、办公、津贴等项（印为英朝贡之国），苟不以货物抵偿，将焉取给乎？此印所以出口之货，常远浮于入口也。

[1]大役，古指需要大量劳力方能完成的徭役。

第八章　论金银流通各国之理

凡邦国不产金银，或虽产而不足于用者，其取给之法，不外二端：由出产金银各邦贩运而来，若寻常货物然，一也；邦国以钱币相通，藉交涉以资挹注，二也。即如印度常借贷于英，其款汇寄者少，而运解者多。又英国岁市中华丝茶各巨万斤，华商每愿以金银酬值，而不乐以货物抵换。又英国阿尔兰岛该田之业主，客居外邦者甚多，因而一岁中地租钱款之寄送出境者，亦复不少。又英国之官债股分，每有得诸外国商民者，斯其应得之息银[1]，亦必分送寄致。凡此皆英国金银钱币，流入外邦之缘由也。

兹先以出产金银之邦言之。澳大利亚洲（即新金山）及亚墨利加[2]洲之加立佛尼阿[3]（即旧金山）地多金矿，居民大半以掘金为业，故黄金乃其出口之大宗，犹英之有铁器、棉布也。夫金银既可例之于货物，斯其值贵贱之理，亦与货物无殊。盖澳人以金易外来之货，犹他国之以货互易，初无二致。假如英国产铁加盛，采获益多，则铁

[1]息银，以银币形式支付的利息。

[2]亚墨利加，即America，今译为亚美利加。

[3]加立佛尼阿，即California，今译为加利福尼亚。

价必落，价落则销路加畅，而需给仍归于平。彼澳洲之产金，墨西哥秘鲁之产银，亦同此情形也。今澳洲一岁采获之金，约二百五十万两，使一旦以来源加富，或人工加巧之故，所获倍此，试思其销路畅滞当何如？夫澳人岁获之金，既赢其半，则财用充盈，通商加广，市诸异国者，自日用以至玩娱，悉将增益其数，如是而外国之货，销路加畅矣，销畅则物必贵，物贵则金之为值也少，而需金必加多。在澳洲如是，在外邦亦复如是，又何虑所赢之金之无销路乎？此澳洲墨秘等国，销脱[1]金银之由，即他邦取给之一端也。

至邦国以金银钱币相挹注，有如首节所述者，盖缘金银之为物，质小而值多，故输运之费，视他货为甚轻，且为天下万国所通宝，故通商贸易，悉以金银为重。中国之丝茶固矣，即印度出口各货之售诸英者，亦大半以钱币酬给，此外如英国所设驻印文武各官之俸禄，在印制办铁路等事官役之薪工，皆须由英运解，岁成巨款，以故英国金银，一岁中运至东路[2]者，统中华、印度计之，尝多至一千四百万磅云。

按邦国金银钱币，亦有因运用生息之故，而互相流通者。果如所设澳洲岁获之金，陡增一倍，彼拥资较厚之富户，皆将设法运用，以期生息。如外国官债、铁路、保险、汇号、各股分，俱可随意下本，按股收利。今澳洲岁获之金，几几全数运入英国，其以偿货价者，不及少半，余皆为伙买股分之用耳。英既以此得多金之入，乃复以他

[1]销脱，把东西变卖出去或把货物推销出去。

[2]东路，东方。

故解送外邦，如上所言印度中华等处是已。

前论货物贵贱之理，谓以其国通商之广狭，与钱币之盈绌为衡。盖一国户口加众，百工加盛，而钱币独不加多，则百物之价必落；钱币加多，而户口百工不加众盛[1]，则物价必长，此一定之理也。夫百物之价，或一时并长，或一时并落，均于民间无益。其谓物贵利于农工，物贱利于居户者，殊不然也，何则？百物同时而贵，即金银之为值也少，不独岁入款项有定额者，胥受其损，即在农工，人多者出亦多，曾何益之有？百物同时而贱，即金银之为值也多，不独以树艺制造为业者，胥受其损，即在居民，出少者入亦少，曾何益之有？故知一国百物之贵贱，维其常不维其变，而百物贵贱之理，既以钱币之盈绌为衡，则夫一国钱币之数，可不视户口百工之众寡盛衰，以因时而增减之哉！

英国一岁中金币出入至繁，宜[2]乎难得其平矣。然其为值之多寡，历久而无甚变异者，亦恃有角逐之道耳。假如英国预知次年进口之金，将较本年多四百万磅，而农工商贾之业，初不加盛，使不有以消息之，则国中钱币顿增四百万磅之多，百物将同时而贵矣。然正惟英之货物加贵，而他国不加贵，故英人皆乐购他国之货物，他国亦乐售于英以博善价，二者相因，斯英之进口加而多，出口减而少，出入既不足相抵，则必偿以金币，于是所赢之金，渐将散入各国，而英国钱币，无复充积，即百物无复昂贵，所谓恃角逐之道，以为消息之机者，此也。

[1]众盛，人物众多、气势盛大。

[2]宜，当然。

第九章　论邦国货币互易之法

邦国通商，鲜有以货物抵易[1]者，其买而入，卖而出，一皆以钱币为用。假如英商甲乙二人，法商丙丁二人，甲以煤若干售诸丙，该价一千磅；乙购丝于丁，该价亦一千磅，则其交易不外二法：或丙将煤价一千磅，寄英以偿甲，乙将丝价一千磅，寄法以偿丁，一往一来，费即因之；或乙就近以千磅付甲，丙就近以千磅付丁，彼此抵划[2]，而费于是省。惟抵划一法，可以省费，故今邦国悉用之，此期票[3]之所由设也。自有期票，而通商便捷，钱币之输运于邦国间者，遂极少云。

即如甲售煤于丙，应得价一千磅，丙但以期票付甲，令向某号支取；乙购丝于丁，该价一千磅，亦第以期票付丁，令向某号支取，是甲有银千磅当取之于法，而丁有银千磅当取之于英也。使甲与丁互易其券，则各得在本国支取，而无事以钱币转输矣。虽然，甲与丁不必相识，而迳以券互易也。居间以代商汇画[4]者，则有汇号在焉。如甲

[1]抵易，抵偿交易。

[2]抵划，抵消。

[3]期票，商品买卖中的一种定期付款的票据，由购货人对售货人发出，出票人到期必须付款。

[4]汇画，把款项划拨到别处。

得丙所给期票，可以就近在英国汇号支取，丁得乙所给期票，可以就近在法国汇号支取，惟各出汇费若干而已。由是英国汇号遍收法商所出之期票，法国汇号遍收英商所出之期票，彼此抵还，而各得汇费以为利，盖便商即所以营利也。故使英法货物出入之数，为值适均，则两国可无事于钱币输运，而为买为卖，不啻以货易货矣。独是两国交易之货，其值每不能均。设英国售于法者，岁值一千万磅，讲诸[1]法者，岁值一千二百万磅，则是英商所出之数，较法商所出，多二百万磅，数既不能相抵，则英必实运二百万磅至法。若运费二分，而汇费止一分五厘，则英商皆愿汇寄，为可省费五厘也。然买汇票[2]者渐多，汇费必渐长，而渐近于运费，惟不得过之耳，过于运费，斯人又愿运而不愿汇矣。自法商言之，一岁之中，实得英国票银[3]一千二百万磅，所需偿英商货价者，只一千万磅，余票二百万磅，必寄向英国银号支取，而输运稽迟[4]，商人不愿也。于是持英国之票，赴法国银号，就近拨兑[5]，折扣若干，是为抽厘，其率亦以运费为衡，若运费二分，则每百磅不过实给九十八磅而已。故在英则因汇寄而有汇费，在法则因拨兑而有抽厘，其轻重之率，彼此相因也。诚如上文所言，英入少而出多，法入多而出少（以所易货物之价值言）。英之金银，岁输于法，人遂谓英法通商，

[1]讲诸，就某方面说。

[2]汇票，出票人签发的，委托付款人在见票时或在指定日期无条件支付确定的金额给收款人或持票人的票据。

[3]票银，清代钱法，可用政府发行的官票充当通货，兑换银钱，官票所值银额谓之“票银”。

[4]稽迟，拖延、滞留。

[5]拨兑，调拨、掉换。

利于法而损于英。盖彼以金银为富国之宝，故论通商之利，一以所入他国金银之多寡为凭，此各国计臣[1]所由争设智巧，以广金银之入而阻其出也。夫惟金银是宝，斯无怪乎以出入不均为利此而损彼矣，岂知国家之富，曾不以是而增损哉！

以上所论，特即钱法相同而言。若求其实，则往往各殊，而其抵换之率，每视两国出入之盈绌而差。按英一磅，应抵法二十五夫郎，若如前设英以出浮于入，而金银钱币，岁输于法，则有以英钱易法钱者，每磅必不及二十五夫郎，何也？在英国则法钱皆由贩运而至，且专为兑换而设，势不能不加贵。在法国则英钱浮于所需，人方折扣拨兑，势亦不能不加贱也。知钱币抵换之率，因此而减，则其所以加者可知矣。

所谓汇费之大小，以运费为则者，亦自无事之秋言之耳，若有事则不然。昔法君拿波伦自埃尔罢岛[2]脱囚返国，将修怨[3]于诸邦。英国一闻此信，各银号汇费顿长至什一，此岂专系乎输运之费哉！亦以干戈将起，军饷正繁，虑款项不敷汇兑耳。他若通商无常局[4]，货物之出入，多寡或因时而变，则亦足以增损汇费，何也？时势所关，一国出口之货或加而多，进口之货或减而少，向之出浮于入者，不难变而为入浮于出焉。商人逆睹[5]之。凡有

[1]计臣，谋臣。

[2]埃尔罢岛，即Elba，今译为厄尔巴岛，位于意大利中部。

[3]修怨，报宿怨。

[4]无常局，没有正常的局面。

[5]逆睹，亦作“逆覩”。预知，预见。

负欠[1]于他国者，皆将迁延观望，宁照常纳息以展期[2]，而不愿汇寄以任[3]费，如是而汇费不能不减落矣。

按一国进口之货，势不能常多于出口，何以言之？进口浮于出口，则必输钱以偿其值，输钱于异国，则国中钱币必渐短，钱短则金贵而物贱，物贱则售诸外邦，获利甚厚，外邦货物之来者，销行[4]必滞，于是出口变而多，进口减而少矣，此消息盈虚之理也。至于产金之邦，以金为寻常出口之货，则又不可以一律论。如澳大利亚岁输金一千万磅于英，曾无系乎其国钱币之贵贱，为其出口之金，非取诸所用之钱币也。

[1]负欠，拖欠、亏欠。

[2]展期，把预定的日期往后推迟或延长。

[3]任，担当或承受。

[4]销行，（商品）销售。

第十章　论税敛之法

（原书第四卷第一章）

富国策家率以税敛一事，系乎国政，因别为一类，而密耳氏乃以政事名其篇。夫朝廷一举一动，何在不与富国裕民之道，隐隐相关？若以政事名篇，则一切条教号令，似皆可取而论之，而富国策一书，几于浩无涯涘[1]矣。窃谓是篇所论，当以征财足用之事为限，故以税敛括之。盖国家之有税敛，其为用不一端，而其意则不外征民之财，以足国之用也。

或谓税敛之义，有不仅在足用者，即如英国俗溺于酒，朝廷税酒，而酒为之昂，即酒徒亦为之节饮，是税敛之法，有制节谨度[2]之用焉。愚谓朝廷虽甚恶酒，而要其税酒，则专为国课[3]起见，初非为教民也。特上自税民以征财，而教民之道，适寓乎其间，为可幸耳。向使国用至足，无待取给于酒税，而徒以恶民沉湎之故，税之以示

[1]浩无涯涘，多得没有边际。浩，多。涯涘，边际、界限。

[2]谨度，慎行礼法、严守礼法。

[3]国课，国家税收。

惩，固知当轴[1]必不胶执[2]若此也。况富与教殊途，果使国家以税民为教民之用，则亦不属于富国策之学，而为论究所不及。富国策所论究者，惟生财用财交易而已，若欲辨别是非，激扬淑慝[3]，奚啻越俎而代庖乎？故愚意凡国家政教号令，其义非显有与于生财用财交易之道者，概置弗论，庶不溢此书本旨云尔。

国非财用不立，其理至显。即如刑章，期于有罚必行也，然使刑官无禄养，将谁与执国法乎？推之百僚庶职[4]，莫不有然。故经国之大，必以理财为要图，而税敛一法，又理财之大宗，而为天下万国之所不易也。至欲知征税之法，必如何而后近乎情，合乎理，则当以斯密氏所论四则为纲，兹录其说如左。

一，量民力以均税。谓因其产业之多寡，以定税额之重轻，所谓均平税法也。

二，取民有常制。举凡征税之时，输税[5]之法，纳税之数，务使较若画一，通国皆知，庶几无弊，否则权在胥吏[6]，意为重轻，逼勒需给，无所不至，而民不聊生矣。盖胥吏之徒，虽洁己奉公，犹为小民之所恶，况税无常制，更有以启其贪而纵其暴乎！故无常之害，尤甚于不均焉。

三，因时以便民。如地租房租等税，宜令业主于收租

[1]当轴，要员，后比喻官居要职。

[2]胶执，固执、坚持。

[3]淑慝，善恶。

[4]百僚，亦作“百寮”，百官。庶职，普通官职。

[5]输税，缴纳租税。

[6]胥吏，旧时官府中办理文书的小官吏。

时完纳[1]，凡以乘其有余也。至于一切奢华玩好之物，商贾纳其税，而仍取偿于价，盖是税商即所以税民。然既非日用所必需，则买否各听其便，且买者率以逐渐而置，所任之税，亦甚微而不觉，固便民之至也。

四，节费以恤民。无论何项税敛，其取于民之数，务使核实归公，而又必因业而施，使无夺民利，斯上下各足矣。其耗国课，病民生者，大体有四：多设税吏，经费浩繁，致所征之数，开销过半，而贪吏复需索于正供[2]之外，一也；税失其当，使小民变计改业，而其利减薄，二也；一遇偷税，辄加重罚，使民本利俱失，以至于倾家，三也；数遣胥吏督催，以致骚扰勒给，贻累良民，四也。

右斯密氏税法要义四则。简言之，则一曰均输；二曰定额；三曰因时；四曰节费。其后三则，原说既明，世尟[3]其论，固无待乎反覆推详矣。独均输一则，言之匪艰，行之维艰，有不可不明辩者。试进论之。人皆知税之宜均，而不知税之何以均也。或谓斯密氏量力之说，自是均税正法，而不知第曰[4]量民之力，民力正有不易量者。假如甲乙二人，同以田为产，岁入各一千磅，而甲则孑然一身，无妻孥之累；乙则食指[5]繁多，用项什伯于甲。其入则同，其出则异，此而谓甲乙之力相等，可乎？然而税

[1]完纳，交纳（赋税）。

[2]正供，法定的赋税、常供。

[3]尟，是、对（常与“不”字连用，指过失或谬误）。

[4]第曰，只说。

[5]食指，比喻家庭人口。

民者，未闻以有无妻孥之故，而量为轻重于其间。且以今之税法论之。乙所纳税，视甲更有加焉。何也？乙之食指多，则一切服御日用之物，所购皆多，而多购一物，斯多纳一税矣（说见前）。故就货税[1]一项而言，乃绝无可均之法，使得量民之力以为轻重者也。然则视产业以为量力，名曰均税，而适见不均之甚耳。

或谓货税之于民，既若是其不均，则欲剂不均以使之均，莫如于进款税[2]，思一调剂之方矣。不知进款一税，英国行之最著，虽经酌量区别等差，而于家累之重轻，出款之多少，迄未有过而问者，故量力征税之说，断不能恃以收均税之实效也。

或又谓国家税课所入，原为保民身家产业之用，故均税之法，当令民视其所享乐利之大小，以定岁输[3]之多寡。此说富国策家多主之，以为至平[4]矣。不知以是为法，则妻子室家，何莫非朝廷所贻之乐利，将不独当税其家产，并当税其家口，而食指愈盛，纳税愈多，不均孰甚焉。

夫曰量力以均税，则明乎欲税之均，不得徒视产业入款以为衡矣。如徒以产业入款也，则岁入五十磅者，其应纳之税，必半于岁入百磅之人，谓其力半之也。然量力云者，量其力之所能耳。设此岁入五十磅之人，仅敷其日用衣食之需而无所余，则彼实无力完税，当在豁免之列。乃

[1]货税，即货物税，指由应税货物的产制人和运销人于货物出厂或移送加工部门和使用部门的环节纳税。

[2]进款税，根据所收取的款项纳税。

[3]岁输，每年运送到京城或指定地点的贡赋。

[4]至平，极其公平。

斯密氏继以因产业多寡，以定税额重轻云云，是其意固谓岁入倍者，岁输亦倍，而以产业入款之厚薄，为其力之厚薄也。试思以此定税，能均乎？抑不能均乎？

前已言货税之于民，其势断不能均。以入市物之多寡，各因乎食指，而力之裕否不与焉，此其不均之故。民自为之，非官长所能设法补救者也。他若进款一税，其在岁入同，而劳逸常暂，得之不同者，或尝议其当有区别矣。至于所入同，所以得之者亦同，则征税必同。从未有以出款不等，而酌别重轻者，则进款税亦未之能均也。

由此观之，斯密氏均税之说，推行初无实效。即能效于一，而不能效于百者也。夫国家税民不一端，岂其一端偶均，遂足均诸端之不均乎？假如英国进款税，一律若干成，茶税于诸物为重。有甲乙二人，甲岁入倍于乙，而食指相等，则一岁中市茶必略等，即其所纳之茶税，亦必略等；夫乙之入半于甲，而所纳茶税乃略等，虽进款税甲倍于乙，曾无补于茶税之不均也。此而必欲有以均之，必使乙之进款税，减成完纳而后可。然凡此调剂补救之法，可使之渐近于均，而终不能果底于均也。独是斯氏之说，虽不可见诸实用，而苟正其辞曰。凡征税于民，当令每人所纳各税之总数，与其力相称，则其理实至当而不移也。总之，税民之法，终不能均，所能者，惟于一二类之民，设法补救，以使之渐近于均而已。

富国策卷三终

附录　致富新书

粤东香港飞鹅山书院藏版

[美] 鲍留云　编写

张锦冬　校注

鲍留云（Samuel Robbins Brown，1810—1880），《致富新书》编写者

《致富新书》粤东香港飞鹅山书院藏版书影

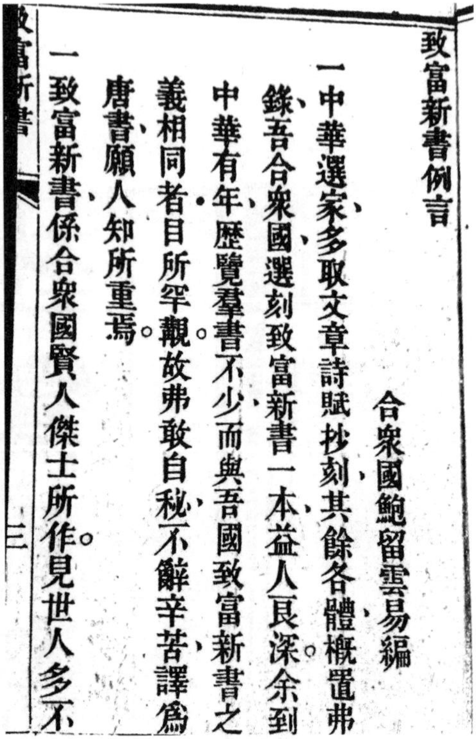

致富新書例言

合衆國鮑留雲易編

一中華選家多取文章詩賦抄刻其餘各體概置弗錄吾合衆國選刻致富新書一本益人良深。余到中華有年歷覽羣書不少而與吾國致富新書之義相同者目所罕覯。故弗敢自秘不辭辛苦譯爲唐書願人知所重焉。

一致富新書係合衆國賢人傑士所作。見世人多不

致富新書 三

《致富新书》例言

校注说明

1847年《致富新书》出版，这本书是鲍留云（Samuel Robbins Brown，1810—1880）编写的，全书共19篇，分别为《论用银格》、《论百工贸易》、《论商事》（二则）、《论贸易》、《论工艺》、《论农工商贾》（二则）、《论土地》、《贫富分业》、《论用银益人》、《论物贵重》、《论市价》、《论平贱》、《公务》、《学业》、《贫约》、《并处世良规》、《论用银》、《并用银例》。全书虽不到2万字，却涵盖了政治经济学的主要方面和内容，“是一部篇幅不大的政治经济学通俗读物，而且它非常可能是最早的中文经济学教科书，在中西文化交流史上具有独特的意义”[1]。

与《致富新书》相关的几点说明：

第一，《致富新书》作者的名字说明。

鲍留云[2]生于美国康涅狄格州东温泽。他从小接受基督教洗礼，成年后成为美国长老会的教徒。鸦片战争前后

[1]吴义雄：《鲍留云与〈致富新书〉》，《中山大学学报》（社会科学版），2011年第3期，第88页。

[2]关于鲍留云，可参见其英文版传记William Elliot Griffis. *A Maker of the New Orient: Samuel Robbins Brown, Pioneer Educator in China, America, and Japan* [M].New York: Fleming H. Revell Company, 1902.

他来到中国，成为马礼逊学校（由马礼逊教育会[1]设立）的校长。有研究者指出，“在不少涉及中西文化交流史的作品中，他的名字被按照译音写作‘布朗’或‘塞缪尔·布朗’。但是10余年前，香港学者李志刚先生提出，应该在研究中使用其中文名‘鲍留云’，根据就是，他在自己所编《致富新书》中署名为‘合众国鲍留云’。近年来，相关出版物在谈及Samuel Robbins Brown时，已渐渐使用鲍留云这个中文名字”[2]。

第二，《致富新书》在马礼逊学校没有被作为教科书使用，但是如果马礼逊学校（1839—1849）继续开设下去，该书极有可能被作为教科书使用。

在耶鲁大学3位教授的推荐下，鲍留云于1839—1846年担任马礼逊学校校长。在向马礼逊教育会提交的年度报告中，他谈到学校的目标“不仅是教学，而且是一个教育团体，目标是训练整个的人，包括德、智、体”[3]。在第二个报告中，他谈到教学内容时，强调“按照第一个报告中所说的基本方针和计划进行教学，英文和中文的学习时间……每天各半，上午专心致力于中文，下午和晚上读英文……其中有两名即将学完帕利的厚达二百七十四页的

[1]马礼逊教育会，是为纪念来华第一个新教传教士马礼逊成立的。1835年1月26日，在广州的一部分外侨发出通告，建议成立马礼逊教育会。1836年9月28日，在广州美国商馆举行马礼逊教育会成立大会。马礼逊教育会成立后，即向英、美发出呼吁，要求派遣教师前来中国开办学校，正是在这一背景下，鲍留云来到马礼逊学校并于1839—1846年担任校长。1849年，马礼逊学校因为师资和经费问题停办，马礼逊教育会也因成员分散而停止活动。

[2]吴义雄：《鲍留云与〈致富新书〉》，《中山大学学报》（社会科学版），2011年第3期，第88页。

[3]转引自顾长声著：《从马礼逊到司徒雷登——来华新教传教士评传》，上海：上海人民出版社1985年版，第96页。

《地理》书……在算术方面，他们已经学完了心算，现在学习戈登的《算术》课本”[1]。

鸦片战争结束后，马礼逊教育会将学校迁到香港，从1842年11月1日起，马礼逊学校开始在香港上课。这时，学校的课程已经逐渐正规起来，“除中文课外，西学课有英文、地理、历史、算术、代数、几何、初等机械学、生理学、音乐等，1846年还曾开过一学期化学课”[2]。

由上可知，从鲍留云所提交的报告中，我们没有发现学校开设过经济学课程，因此，《致富新书》不是教科书。有研究者认为，“《致富新书》很有可能是作为马礼逊学校的学生读物来写的，在一定程度上带有教科书的性质”[3]。虽然这只是一种猜测，但如果鲍留云继续担任校长，马礼逊学校不停办，《致富新书》极有可能成为教科书。

第三，鲍留云促成容闳等中国幼童赴美留学，为近代中国培养了优秀人才。

1846年底，鲍留云夫妇因病准备返回美国，临行前表示愿意带3—5名学生赴美留学，容闳[4]和黄宽、黄胜便跟随鲍留云夫妇赴美。1847年4月到达美国后，容闳等3人

[1]转引自顾长声著：《从马礼逊到司徒雷登——来华新教传教士评传》，上海：上海人民出版社1985年版，第97页。

[2]转引自顾长声著：《从马礼逊到司徒雷登——来华新教传教士评传》，上海：上海人民出版社1985年版，第97—98页。

[3]吴义雄：《鲍留云与〈致富新书〉》，《中山大学学报》（社会科学版），2011年第3期，第88—96页。

[4]容闳（1828—1912），广东香山县南屏村人（今珠海市南屏镇），中国近代著名教育家、外交家和社会活动家。他是美国耶鲁大学毕业的第一个中国留学生。在清末洋务运动中，他的突出贡献是参与创建了中国近代第一座完整的机器厂——上海江南机器制造总局；他也组织了第一批官费幼童留学美国。

先就读于麻省的芒松学校（Monson Academy），除黄胜因病返回香港外，容闳和黄宽在该校学习两年直到毕业。1850年容闳考入耶鲁大学，1854年以优异成绩从耶鲁大学毕业，之后返回中国，曾在广州美国公使馆、香港高等审判厅、上海海关等处任职。黄宽则在肖德锐[1]的继续资助下，前往苏格兰。从爱丁堡大学医科毕业后，他成为受过正规训练的第一位中国西医，在广州博济医院服务。

第四，意大利学者Federica Casalin[2]关于《致富新书》的几点研究结论。首先，Joseph Edkins[3]认为，《致富新书》是根据Mc Vickar[4]的《政治经济学大纲》翻译的，但是Federica在对比之后发现，两者有明显的差别，据此她得出这样的结论：首先，被认为是鲍留云翻译的《致富新书》，更有可能是他专门为中国人编写的一本书[5]。其次，Federica认为，《致富新书》的内容是当时西方知识界主流观点的合成。例如，慈善被认为是降低生产力的行为；强调工作和节俭是实现个人和集体福利的前提；将消费区分为有效益的和无效益的，前者得到提倡，后者则不被提倡等。再次，Federica认为，《致富新书》对贸易和不

[1]肖德锐，苏格兰人，他是香港《仔刺报》的编辑，是容闳等3名学生留美的主要赞助人。

[2]Federica Casalin，意大利罗马大学东方学系副教授，著有*Some Preliminary Remarks on the Zhifu Xinshu*一书。

[3]Joseph Edkins（1823—1905），即艾约瑟，毕业于伦敦大学。英国传教士和著名汉学家。

[4]Mc Vickar有关麦克·维卡的简要生平，可见“美国名人网”上的资料，http://www.famousamericans.net/johnmcvickar. 转引自吴义雄：《鲍留云与〈致富新书〉》，《中山大学学报》（社会科学版），2011年第3期，第88—96页。

[5]吴义雄也持有类似的观点，参见吴义雄：《鲍留云与〈致富新书〉》，《中山大学学报》（社会科学版），2011年第3期，第88—96页。

同职业之间的关系进行了详尽的论述。该书作者鲍留云不仅完全支持个人和国家之间进行自由商业往来，而且请求当时犹豫不决的清政府对世界开放国门；同时，作者还反复强调各种职业都是平等的，认为商人阶层对于提高国家的福利非常重要，这与当时中国流行的孔子思想[1]相反。最后，Federica认为，《致富新书》在经济学概念和语言使用方面有所创新，它将外来词转换成符合当时语言习惯的“新词”，例如，将“百工交易”转换为“各务其业、各务一艺、各司其业”，将“政治经济学”转换成“致富”等。总之，《致富新书》在将西方经济思想引入中国方面有不容忽视的贡献和作用。

[1]孔子认为，商业活动不能创造新的财富，只是满足个人的私欲。

序

丙午岁，余越关河[1]而戾，止携笔砚以来，游五月栖留，叹萍踪[2]之靡定。半年寄迹，伤游子之飘零。斯时也，外国重文人之学，他邦求识字之人。聘黄夫子而谈经，请唐先生而论道。鲍留云先生，系合众国[3]之肄业士，飞鹅山[4]之传道师也。以幽雅之地作书院，选灵秀之子为生徒。斯地也，前通大江，后连峻岭。西爽[5]朝来，南薰[6]午接。间栽绿竹，或植青蕉。窗开四面，书堆十围。鲍先生居之，窥夜月以横经，光映琴案。对奇花而展卷，香满书房。赏远近之胜，乐朝夕之宜。留连翰墨[7]，嗜好图书。咿咿[8]高吟，喜门徒之立志。循循善诱，赖夫子以裁成。问字频来，借书时至，不愧西土名儒。幸为东

[1]关河，关塞、关防，泛指山河。

[2]萍踪，像浮萍那样漂泊不定的行踪。

[3]合众国，今译美国。

[4]飞鹅山，又称九龙峰，位于中国香港的黄大仙区、观塘区、西贡区和沙田区的交界。

[5]爽，明朗、清亮。

[6]薰，和暖、温和。

[7]翰墨，义同“笔墨”，解释为笔和墨，借指文章、书画等。后世亦泛指文章、书法和中国画。

[8]咿咿，象声词，多形容凄恻、微弱之声。

国贤师，摘叶抽词，粲花[1]著论。《致富》番书，译为唐卷。全稿授我，索我俚言[2]。余石砚未焚，竹笔犹在，颇耽[3]斯业，藉以自娱。但余频年失志，此日多愁，愁苦之音易工，欢娱之词难雅。不忖孤陋，敢竭鄙忱，所以蚕抽未尽之丝，蝉曳将残之翼，振发[4]是编，申长其语。是书也，殆同大雅之遗音，岂若离骚之正轨。不独为士农之法式，亦可作工商之规模。赏其元理，玩彼奇言。励两间廉俭之风，振当世懦顽之习。士农工商，览是编者，不啻迷津而得宝筏，失路而逢导师矣。余敬其益人，故书以短序。

[1]粲花，形容言论典雅隽妙，有如明丽的春花。

[2]俚言，不高雅的文辞，常用于自谦。

[3]耽，嗜、喜好。

[4]振发，振作、奋发。

例　言

合众国鲍留云易编

中华选家，多取文章诗赋抄刻，其余各体，概置弗录。吾合众国，选刻《致富新书》一本，益人良深。余到中华有年，历览群书不少，而与吾国《致富新书》之义相同者，目所罕觏。故弗敢自秘，不辞辛苦，译为唐书，愿人知所重焉。

《致富新书》，系合众国贤人杰士所作。见世人多不知趋向，故作是书以勉之。所以合众国之人，士农工商各得其所，而国无游民者，赖此书之功也。

目　录

一、论用银格

夫银之为用于天下也大矣哉！上栋下宇者，银也；重裀[1]叠褥者，亦银也。即食前方丈，僮仆满前者，又银以为之也。此天下之人，莫不资银以应日用之事。使天下而并无银也，则人将何以沽物乎？如业屦[2]者，欲市膏粱而沽蔬肉，则即以屦而易之，故必以屦向市粟之，人论屦之多寡而易之矣，即沽蔬肉者亦然。设使以屦易粟，而市粟者曰，吾已有屦矣，所愿者布冠矣，则业屦者，必以屦而易冠，然后将冠而易粟矣。如是彼此相易，反复良艰也，乃所患者无银矣。既有银也，即山之珍，海之错[3]，亦如取而如携矣。且市粟之人，谁不欲人以银而易他之粟哉！盖彼既有银，不惟欲冠得冠，虽至难得者，无不可而得也。且吾人当未用银之时，而思人生辗转相易之难，奔驰到处之苦，则感上帝之惠我良深，便当用之而有道，有道以用之，庶无负于上帝之恩矣。夫用之有道者，莫善于施济，哀孤恤寡，敬老怜贫，此用银之善法，仁人之所乐为者也。然惟如是，方有益也。盖贫者亦必用夫物，苟非已有此物，即有而不足以合贫者之用，则无以与之。若与之银，则足以应其用，无论何物，皆可以银易之也。昔日犹

[1]裀，夹衣服。

[2]屦，古代的一种鞋。

[3]海之错，指各种海味。

太国圣差传教之时，凶年饥馑，人不聊生。适有家利士[1]之仁人，欲移粟以救荒，而施济犹太国之中，循圣教之人，然家利士与犹太国异国也，相隔极远，转运殊难，且彼国之粟足供彼国之食，亦难以济他人。故抚心自问，觉银之为用而甚便，所以合众捐银交与圣差保罗带还，将银济施。犹太之人，得其所捐之银，即寻有粟之所而买之。人无菜色，野无饿莩，幸免呼庚呼癸者银而已。由是观之，银之为用，岂不甚便也哉！

二、论百工交易

且人何不自为械器，而无待与百工交易乎？其所以不自为械器者，非无故也。设往为屦者之家，问彼何不自为枱[2]椅衣冠，并备百物之用乎？彼将曰，夫人之造椅，必须规矩以为方圆，并要斧锯而皆具备，其所以然者，为造椅之久计耳。然造百椅者，必须器具之齐，即造一椅者，亦要器具之备，若使自治此器，风箱钳斧，少一其可能乎？此吾甚惜其劳也。如此精者固不能成，即粗者亦要多工，为其杂而不专，故粗而难精矣。假令人之为屦，而屦值得十椅之价，其事尤易于独治一椅也。由是观之，为屦者岂能百工而兼营乎？则为椅者如是，为冠者亦如是，故凡为百工者，又可知皆如是矣。惟其不能以并为，所以各

[1]家利士，疑为“加利利”（Galilee）,巴勒斯坦北部地区，西到地中海沿岸平原，东到约旦河谷地，南到耶兹里勒谷地，是一个地形崎岖的高地。主要城市有采法特、拿撒勒。古代的加利利可能还包括今黎巴嫩南部的一些地方。史学观点认为，耶稣生于加利利的拿撒勒。

[2]枱，古代翻土农具上的木柄。

务一业，交相为易，互有益也。若野人之邦则不然，夫野人自盖屋宇，自制衣裳，篧[1]竹竿而钓于湖海，造弓矢以猎于山林，躬耕南亩，自灌西园，凡物必为而后用之。此邦之人，真不如本国之贫乏者，犹有安也。其所衣者，不过粗席生皮；所居者，不过茅茨草阶；其所谓渔舟，不过空树；所造械器，鄙陋莫堪。此邦之人，欲爰处爰居，爰得我所者，吾未之闻也。由此可见百艺熟，不如一艺精。凡列国之中，一人而学百工，则百工一无所成。所以其地之民，虽几百之少，难免饥寒之忧。吾人往而居之，则民虽几千之多，亦皆得安饱之乐。盖吾人各务一艺，则精于一艺，故器多有所成，而民亦多有所用。倘或为屦者，时而为屦，时而为冠，两者未必皆能，此务其事。今有两铁匠，其一在于村市之中，纷纭多务，无所不为，而所成之器不足观；其他则在于城里，专一其业，惟一其业，自能专其力，故其工益精，而所制者多矣。夫心专则智慧生，智生则艺巧，此所以省工而不失时也。如先数年有一小童，增一妙法，深益火车之便用。盖其平日无事，乃专于开掩火车之封掩，后见封掩实劳而拙，遂以两绳系其握要之区，由是掩封自能启开，增此妙法，则火车之封掩，可免举手之劳也。所谓心专而智慧生者此也。今合省国邻邦，久为野人之居，即往居者，务必并为百工，方得而自用，何其不便之甚也！至若古城之间，君子都会之地，车马往来之区，各司其业，以己所精治之物，易人所精治之物，如此通功易事，不亦美乎！

[1]篧，竹长而尖锐。

三、论商事（二则）

其一

夫商者，舟车所至，人力所通，则沐雨栉风，而过都越国，何益之有哉！渊明[1]作赋，多说田园；氾胜[2]成书，惟言种植。而商者，独知贸迁有无，凡物之生产，不能以知之。如农以三时不害，万宝告成。以视贸易之人，竞财贿之利，彼固不如农矣，及物之产者，彼又不能制成器用，如织者纺棉花而织布，彼又不如织矣。故为商者，羁迹市廛，留心货利，似无所用焉。虽然抑有说也，为商者，其实如农织之有用矣。夫农者，春耕夏耘，幸得千仓万箱之满。织者日织夜纺，遂有盈筐盈篚之欢。农有余粟，织有余布，贵何如也？然为商者，以父母之国，所产之货，而远适他邦，即有关河之阻，不辞转运之劳。俟至数月之久，而某都之货，某国之产，满载而归矣。是商者，殆亦如农者之种粟，织者之织布，贵相似也。盖其所易之货，亦犹水手职之，船载而还也。夫以本地之土产，往易异国之土宜，虽不耕不织，亦犹农夫之播种于田，他时而实款实栗矣。织者机丝在御，未几而得寸得尺矣。故为商之事，岂可忽乎哉！或有尚从而议之者，谓贩易之间，舍货本费用之外，更获有利，而货益增云。然既有利，则富其人，并富其国矣。何议之为？故为商者，坐于

[1]渊明，指陶渊明（352或365—427），名潜，字渊明。东晋末期至南朝宋初期伟大的诗人、辞赋家。

[2]氾胜，指氾胜之，西汉著名农学家。他所编著的《氾胜之书》一般被认为是中国最早的一部农书。《氾胜之书》与北魏贾思勰的《齐民要术》、元代王祯的《农书》、明代徐光启的《农政全书》为中国古代四大农书。

柜围之间，握笔书算，以通往来之交易者，亦犹夫手为之也。所不同者，农人之物产于本国，商人之物产于他国矣。盖出于田者，如度于船，我国所本无之物，一旦而取给不穷，皆商为之也。

其二

夫商贱买而贵卖者，何为也哉。使彼不贵卖，必至血本有亏，然本间或有亏，岂有他哉，于己亏之而已。由此可见，为商者，历大洋而贸易，必有利于己，而后为之。然既利于己，则利于国矣。盖以本国之货，而适彼乐都，即市彼都之物，而言旋[1]故国，可知通商之事，虽为利己之计，实为利国之计矣。故为关吏者，虽察异言异服，以禁匪邪，然远方之人，则当怀之柔之。司里[2]者，宾旅[3]情殷，知关河之有阻，则授之符节，以其有益于吾国也。且为商者，精于商事，但知益者图之，损者弃之。此中利害，深悉其详，是以无益之事，不用禁其贸易，而自不贸易矣。斯亦犹农夫之不用命矣，此可以种树，树不可以种此，何须石田之为戒哉！为官者念切民生，爱民若子，所决者深合农心，安用禁戒之焉？然为官者，究不能深悉其详，即力图民之生，不若农人自图之切。故为官者，精于治国，未必精于治农。夫苟不精，而强令农人以耕种，非徒无益于农也，实害于农矣。将见五谷不登，粜籴遂寡，不惟无益于农，且无益于国也。所谓谷不可胜食者何有

[1]言旋，回还。

[2]司里，管理城内街巷。

[3]宾旅，客卿、羁旅之人。

乎？故欲厚民生者，当先利民用，此农事之不可戒也，明矣。然商之为商，犹农之为农，农不可戒，商亦不可戒也。夫农也，度其土田，宜种十顷之豆，可树百本之桑，农自图之。抑商也，以洋海为土田，以舟船作耕具，往也布，而归也茶，商自度之。农商之获虽殊，而其益则一也。夫物之贵贱有定，价之高下靡常，任其自行定议，则所运回者多矣。盖别人为之纪纲[1]，不如一己之谋维[2]，若官长禁戒之，权不由于商，则可市之物而不得市，不可市之物而不敢市，则所获者寡矣，而国用亦因之而寡矣。自是而财利日见其不足矣，是则商之所得，不如国人种植之功也。故禁商旅之事，岂非不智之甚哉！而又非不智已也，且违上帝之法，罪莫大焉！上帝创造万国，列国之地气各殊，所以列国之物产各异，欲人交相为易，有无相通。故上帝疏通致远，造大洋而小海，而各国之人，藉大舟以往来，惟托上帝之鸿恩也。故中华之邦，与东洋之国，使无海以通之，将见洋参洋毡，其价十倍，惟富人方能用之也。而大珠小种，载之以车，负之以马，度高山而越峻岭，日月云迈，二年有余，方得税驾于英国，其价又不知何如矣。今日者，英国之往来，惟度之以船，水手数百，不用数千人矣。水行不过数月，胜于陆行二年之久矣。此大洋小海之益人也，岂不甚便也哉！然上帝之造天地，有地必有海，一定之数也。非若无智之徒，谓造此以别各国，分疆界，尔为尔，我为我，以致结怨为仇也。夫四海之内，皆兄弟也，天下无不可亲可爱之人，所以易土

[1]纪纲，法度。

[2]维，通“惟”。谋维，谋虑。

产，通货财，互助以利用，增其快意，厚其安居，而人益乐其生焉。由此可见，商事，总不必经理，盖非求其有益于商，而实有益于众民也。

四、论贸易

今夫人以物相易，物分大小，而名不一称焉。如为冠者与为履者相易，则谓之换易。以银易之，则谓之买卖。至若二国相易，则谓之贸易。贸易之事，比于换易之事，益更大矣。贸易之益人，何其大欤？故乡邑与都城相易，则其乡必富。都城与外国相易，则富于其城，此理所必然者也。盖各国有各土产，而一国之中，都城乡邑，亦有土宜，但所产者，各有不同，如其地气暑热者，可以出糖，不能出麦。其地气寒冻者，可以出麦，不能出糖，是故糖麦两者交相为用，而贸易不通，则有糖者无麦，有麦者无糖。贸易通，则以羡补不足，均沾其益矣。夫中国则有余茶，英国则有余布，若有余而不能相通，斯所积者，亦终于无用耳。而以有用之物，置于无用之地，奚补乎哉！从来物少则贵，物多则贱。贵则为之者不惜其劳，贱则为之者自生其惰，惰心生，而百弊丛起，此贸易不通，势必至此。故贸易通，则可尽除其弊。以中国有余之茶，易英国有余之布，而茶足以敷英国之用。以英国有余之布，易中国有余之茶，而布足以供中国之需。所谓以其所有余，补其所不足，则不独富以其邻，且两国而皆富矣。乃有总角[1]之童，未识贸易之道，则以换物为贸易。不知换物之

[1]总角，古时少儿男未冠、女未笄时的发型。头发梳成两个发髻，如头顶两角。

益，徒益于一己，不能益于一国也。如换刀仔是也，其一既有益，其他未必有益。欲其两相有益者，势所不能。然此岂所谓两国之相易哉？夫两国之相易，其货各有不同。中国文物之邦，宾旅贸易，多会于此。花旗[1]之人至焉，中国则以茶为最，而茶之外犹不可以胜数。外国则以布为重，而布之外又不可以尽言，此货殊而深有益也。不惟货殊有益而已，盖所易者，非尽取一国之货而易之，惟于有余者易之耳。而中国亦非尽取中国之茶，以易外国之布，所易者，惟取中国之有余，积藏于无用者易之而已。夫贸易亦何啻[2]童子相换物乎？要所易者，在其有余，亦与贸易者等矣。今有二童子，一有二履，一有二袜，是所用之外，各有一余者。若使易之，则两童各有一履一袜，而两得其用焉。至于两国之贸易，亦犹是也。而中国与众国贸易，亦犹众多孩童，各带多物，但各所带者仅惟一类。其多一[3]墨，其一多书，其一则多笔焉。各物不同，使不通易，则用者仅用已有而已，易之则各得其宜也。是以中国所用之洋货，固非中国自造之也，舍贸易又何以得哉！

[1]花旗，花旗是美国国旗的旧称，因为旗上有很多星星，多道条纹，红、蓝、白三种颜色看起来比较花哨，故中国人以前称之为花旗，并称美国为花旗国，美国人为花旗之人。

[2]何啻，用反问语气表示不止、岂止。

[3]多一，原文如此，疑为“一多”。

五、论工艺

夫生铁未制器之时，其为用也微，其性类乎石，其用等乎石，而坚则胜于石，或以之为权衡，斯亦贱矣。安有大用之足云乎？虽然，此但以未用之时观之也。若得匠人而用之，大用之则大效，小用之则小效。造作犁锄，铸为钳剪、枪炮斧钺、鼎镬刀锯，其为用也，岂微也哉！非直此也，铁网而盖英雄，单鞭而救我后，皆资于铁以为也，尤赖匠以成之也。故无铁匠，则无铁器；无铁器，则农夫有无犁之苦，樵人有无斧之叹。斯时也，割鸡焉用乎？医疮何剜乎？天下之民，几几乎穷于用矣。是则铁匠之为功于天下也，岂不大哉！至若丝绵之为物，其用又果安在哉？当其未制为锦绣之时，但可用之而作枕褥耳，及其机丝在御，织成文绣，九月得以授衣者，实织者为之先也。今日者，衣锦絅[1]衣，裳锦絅裳，竟成锦绣之世界者，幸有织者也。倘无织者，则无衣无褐[2]，何以卒岁乎？此织者岂不大可贵耶！夫泥也者，当其以阴以雨之时，行人路上，沾屐齿而叹泥泞，岂不可厌而可贱乎？斯时也，谁谓泥为可用哉！若陶冶[3]者得之，自见其大有用也。观其甄[4]为器具，或范[5]作锹锄，或藉成鼎俎，则知不能用泥者，以泥为无用矣。陶冶者，以泥备百物而应日用。此前日可厌而可贱者，今日则可爱而可贵矣。是岂泥自为之

[1]絅，外套、单衣。

[2]褐，粗布或粗布衣服。

[3]陶冶，陶工和铸工，指制作陶器和冶金。

[4]甄，形声词，本义为制作陶器的转轮。

[5]范，用模子浇铸。

与？陶冶者治之耳。使无陶冶者以治之，则泥亦依然泥矣，陶冶者可舍乎哉！由此观之，可见，上帝之造物，尽善尽美，莫有虚造之者。上帝赋人以才能，而人心灵手妙，创造得宜，以便吾人之日用者，何其恩之大也。今且以工木之工而论之。夫树木生于深山之中，有何用哉？但见其郁郁青青耳。倘无先为之斧斤[1]者，则虽欲伐木丁丁，亦不能矣。纵有斧斤，而无刀锯，板何以成？而既有板矣，则创宫室，修桥梁，或舟或车，何不可为也，则名之曰，工木之工。故微工艺，吾人日用之物，何有乎？未有屋宇，未制衣裳，百物不备，岂得居之安耶？故构木为巢，而宫室始创，铸铁为器，而犁锄具全，且衣文绣而思织机之人，捧杯盘而念陶冶之士，可知天下不可无工艺也，而人不可不重之哉！

六、论农工商贾

尝思民以食为天，而食则资于农，稻堆齐屋，微农之力不及此。使无谷矣，则五母鸡，二母彘将何以畜之？斯时也，惟猎于山，只取飞禽走兽而食矣。夫不植桑麻，奚图文绣，科头跣足[2]，衣以兽皮，野居而穴处，俗陋而人顽。不稼不穑，常受饥寒之苦，其弊可胜言哉！观于此，可知农之为农，定为百务之先者也，故先有农而后有商贾百工，书曰，三年耕，而有一年之食；九年耕，而有三年之食，则食有余粟，然后能造宫室，织布帛，通商

[1]斧斤，各种斧子。

[2]科头跣足，不戴帽子，不穿鞋袜，形容生活贫困或行为散漫，不受拘束。

贾，是农也者，可不重乎？夫农为百务之先，吾人日用粒食之需，必当思乎农也。为彼农人，身壮而力健，十亩幽闲，诚可乐也。耕田而食，凿井而饮。刀锯不至，黜陟[1]不闻。采于山，美可茹[2]。钓于水，鲜可食，逍遥于化宇之下，常沾上帝之恩，而觉上帝如在其上，如在其左右，此中之乐，固有自然而然者矣。夫人而无恒，不可以作巫医，若农有恒产，而有恒心，其业最为安稳。非若商贾之求财，有时血本无归，而转眼成空矣。且人一饮一食，日用所不能免也，而食出于农，故农为百工之首也。然所重者，又不止此，当夫岁晚暮寒，风霜雨雪，当此时，虽食饱而鼓腹，而无衣以暖之，居以安之，亦不免于冻寒之苦，故建屋制衣，又当重焉。然屋宇衣裳，又非农人之所能制矣。夫衣则资于缝人，而屋则藉乎泥工木匠，故百工之不可舍，亦犹农夫之不可无也，而或者曰，不通商，其亦可乎？窃尝思之，若无商以相通，吾人未必竟至于死，但日间所用之物，多不便矣。凡物之生于外国，而不产于本国者，则无由以得之，此不通商，而日夕之取给良难也。而或又曰，夫外国之物，岂特外国能产之，本国亦可种而有之，何必区区求之外国哉！闲尝念此，或以功多勤理，想亦能生，然功多而物寡，则物必贵，况此物原非本国之土宜，即物虽生，料亦不能以可口，物之生产不蕃[3]，而价则昂贵，且食又不足以甘人之口齿，安可行乎哉！观于此，而余物亦可明矣，既如此，不亦难乎？然物

[1]黜，废掉官职。陟，提升官职。黜陟，指人才的进退，官吏的升降。

[2]茹，吃。

[3]蕃，指（草木）茂盛。

贵不足以困富者也，盖富者多金，何物不能以市之？惟贫者囊空似洗，故欲买而不能也。此微商以通之，则富者不便，而贫者尤不便矣。然通商之益人，又岂止此。如人之疾病，必须药以医之，然药之为物，种类不一，非尽属于一方，故越国过都以求之，亦势所不能无也。若无商贾贸易，则不能致之。故人之疾病，亦赖于商焉。无商贾，岂仅如是而已哉！虽百工亦不能有也。盖工人之料，多非土宜，如红谷米出自东洋[1]，沙藤生于外国，中华之邦未有此物，苟无商，则无此货，无此货，则染工藤工于何有哉！更就洋布而论之。夫洋布出自英国、花旗诸地，非织于中华，然布之为物，人所必需。粤东[2]城中，人民之众，轿击肩摩，不止百有余万之多，其衣何可胜计。故人之所衣，必赖于商之力焉。商之益人，岂浅鲜哉！吾特举一二者言之，诸君子观于此，可以推其余矣，使逐一而详说之，则书不胜载，笔不胜言，其亦可以不必矣。

今何幸天下之有通商也。粤东城中，文人叙会之区，商贾往来之地。近悦远来，群贤毕至。所以天下至难得之物，亦得而有之，何其幸也！虽然，通商贸易，振古如斯，谁曰，舍旃[3]舍旃，如其无之，则凡藉商以为营生之人，其将若之何，毋乃学农与工乎？夫商与贾，两者相关。当

[1]东洋，在汉语中主要表示“日本”。字面上的意思是东面的海洋。除了代表日本之外，东洋在日语中还代表东亚地区。

[2]粤东，是广东省东部的简称，主要包括潮州、汕头、汕尾、揭阳四个地级市。

[3]舍旃，放弃。

是之时，既无行商[1]，必无坐贾[2]，则城市之铺户，无所用也。即洋海之货船，亦可无也，而伙长水手，又须别业以他图。既无船矣，则船匠铁匠及缝帆绞缆之人，举凡藉船为生涯者，此日皆为无用之人矣。斯时之人，必舍彼而归农矣。今且就洋船而论之，其船以通商为业，年年获利甚多，若使通商休止，则舍商事而他图，或躬耕于陇亩，或撒网于江湖，回思昔日获利十千，而今日竟成往事，可不惜哉！然舍三市之垄断，则学百工以营生，乃舍其旧而新是图，图何业也？捆履乎？织席乎？捆履者不乏人，织席者不胜数。抑或木匠与缝工乎？而木匠与缝工，一国之中，其人不知凡几辈矣。即使择其善者而从之，而所造之货，亦谁与吾沽之哉！夫既无商贾，货物非比往日之消流，往者货有盈余，则商沽之而售于外国，今日者工人之多，货何贱焉！旧工人必曰，吾将学农矣，由是则耕者又众矣，而农自食其力，未必至于饥饿，然农所需之物，将何以得之？或农有菽粟如水火，牛羊成群，虽欲沽之，谁为沽哉！则亦无如之何矣。试观于茶。夫茶中国最多，每岁售之洋商不少。苟不通商，则凡旧积之茶，与新采之茶，亦终于无用矣。是时也，回思商人，以己之所有，易己之所无，足以供两国之益于无穷。商人乎，可复其旧业乎？伙长水手，可再出乎？由此可知农工商贾，皆天下所

[1]行商，包括帮客、厢客、边客、摊贩、商行等。行，有两个读音，且不同读音有不同的寓意。xíng shāng，行商，指外出流动经营的小型个体商贩；háng shāng，行商，贩卖，批发商。指昔时获准贩卖粮食、盐，稍带具有商业组织性的大商人、业务员，如盐帮。

[2]坐贾，也称“坐商”，是“行商（xíng shāng）”的对称，指店主、零售店的业主。

不可舍之人，岂有轻重贵贱之别哉！但其名不同，而其业各异，亦视人之所择何如耳。夫人谁不欲择一有益之业者，而人人所择得宜，则农工商贾，何不宜之有！

七、论土地

夫土地者，上帝造之，下民有之，而或相倍蓰，或相什佰，或相千万者，何也？富者田连阡陌，贫者地无立锥，盖有道于其间也。设若土地平分，万民得所，而富者怠慢不生，贫者俯仰[1]有资，不至富者日食万钱，贫者家无担石，风俗何其隆欤？如有术以均平之，不亦善乎？盖上帝之造土地也，本不欲使富者骄傲其有余，贫者衣食之不足。然所难者，不知将何法而土地可以齐一也。夫尔原无田宅之福命，而欲坐享乎田园，虽虔求于上帝，上帝其许之乎！且土地平分，不独无益于天下，而且反害于天下，此何故哉？是富者贫，而贫者益极矣，何也？贫者藉佣工以营生，既无工之可营，何以生为？此所谓平分，而反为天下之害也。试为诸君子言之。使当其初也，土地平分，勤俭日积而有余，骄奢日用而不足，至用不足，则变业以应之，卖田卖宅，由此起矣。或曰，为君立法，不准下民自卖其土，而吾恐其法终不行。夫勤俭者，积俭成家，至囊有余钱，而不能增其产业，是钱亦倘来之物[2]矣。自兹以往，勤俭之风息，滥用之习生，此弊正等于野民。盖野民之田，尽属于国，不能专为己有，而欲宅尔

[1]俯仰，养家活口。

[2]倘来之物，指意外得到的或非本分应得的东西。

宅，佃尔田者，吾未之闻。是故田野不治，屋宇不修，风俗如斯，倘遇干戈扰攘[1]之日，则山川土田，一旦而属于他人，此前日之功，徒益于他人耳。如是之世风，岂独野人为然哉？使吾人之土地，不能专为己有，而尽属于一国，亦不免于是弊也。盖野人之耕，初则播之以种，既种即弃之于荒芜。非若吾国之农人，既种之后，而犹多方培养之也。野人之世，诚无贫富之异，土地真平分矣，然野人之风，吾国岂能为乎？使田无彼此之分，人人得而耕之，亦人人得而获之，谁为之播种，谁为之耕耘乎？即令野生之物，又岂能以成熟？譬诸果生道旁，其果虽生而未熟，人或见之，必曰，我若不取，他人见，则必取之，是我终无得矣，不若早而取之为佳也。若此，则民无所聊生，饥饿者不可胜计矣。由是将何法以处之？吾思处之之法有二焉：其一曰，我疆我土，务使各有所主，则春而耕，夏而耘，日夕不惜其劳悴，而禾麦有双穗之庆，此野老农夫，鼓腹所由起也。其二曰，置田卖宅，任其自为，则人克勤克俭焉。夫守勤俭之风者，则易阜财[2]，日积月累，层累而上。他日富有万千，大厥门闾者，勤俭成家矣。斯世之人，欲常守此土地，而粒食有赖，非勤俭不能。

八、贫富分业

夫田既不可以平分，而财岂不可以平分乎？使分之，而人人皆得安饱之乐，不使富者独有骄惰之生，如是不亦

[1]干戈扰攘，指战争纷乱的不和局面。

[2]阜财，厚积财物、使财物丰厚。

可乎？然虽欲分之，而势不能分矣。假令骄怠成风，或持其幸得之财，或藉祖父之业，日事纷华以傲物，及家产日亏，至家无担石，而骄怠成性，犹是旁若无人，究何益乎？贫者家徒四壁，釜甑[1]生尘，而姑待苟安，犹不肯振作有无者，当世岂乏人哉！是则骄侈怠惰之习，当世之贫富者所不能无也。然欲息骄侈怠惰之念，惟反求诸己而已，何可骄乎？何可惰乎？夫贫富者，须知满招损，惰益贫，则骄侈之念息，而怠惰之风止矣。盖贫从滥用来，富由勤俭起。如人因勤得富，一旦取之而分与怠惰之贫者，则欲积谷以防饥也，岂能积乎？其害可胜言哉！夫我终岁勤劳，方有此余财也，而伊人则日怠惰，不顾乎事业，今则以我之有余，而助彼之不给，是勤者不若惰者之佳也。果如是，则勤者必学惰，惰者不肯勤，人情大抵皆然也。由是怠惰生焉，而人惟顾日用饮食之需，即贮粟财，而粟财终非己有，何须造舟船屋宇？与夫物之大用者？于是，人必自为而后用之，不啻贫困者，流手作而口食，徒计糊口之需，奚有蓄积之余，以备将来之使用，以防疾病年老之资。故取富者之财，分与贫者，其弊必至于此。闻之土耳基[2]、亚非利驾[3]两国中之人，富民不敢自彰其有财，惟恐官吏知之，而夺其财，而夺其所以胜于彼者，无他焉，惟能保其家业耳。吾人多方勤劳，而得此财也。今则坐而享之，理也，亦情也。安可使之分与他人哉！舍此之外，犹有一等人，论分财之说，更属无智之甚焉。彼云，

[1]釜甑，釜和甑，皆古炊煮器名。

[2]土耳基，疑为土耳其。

[3]亚非利驾，疑为亚非利加，指非洲。

假有富人，每岁获银一千，则每岁取其半以济十家之困苦者，彼谓如此，则十家安饱而得所矣，惟减省富人之浮费而已。是说也，实未知善用之法耳。彼虽云已费，费何益乎？如用之以养各工人，不亦可乎？彼经营工艺，商贾耕田，己不为，而借人之力以为之，则置枱椅，制衣裳，修桥梁，创屋宇，皆以价银分之各工而用之，则此银尽归各工之手。观夫此，富人之所消用者，惟衣与食耳，余则尽食于他人，倘藏之而不用，又何以食及他人哉！然费此银于工人之手，则不独益于工人，且益于己矣。苟以分之十家，彼则曰济贫，然贫者多矣，焉得人人而济之？徒分于彼，而不能分于此，有何益乎？夫己之损不少，而人之益无多，且于道有似于不公，究何补乎？不如用之以食农工商贾可也。

九、论用银益人

夫富者之用银，其益人也。岂皆同哉！诚有不同者，此有三人焉。其一蓄财而不散，收于钱库之中，惟恐人攘之，此守钱虏[1]也；其二为室家之奉，衣服之华，童仆满前，饮食无节，此习于纷华之人也；其三用之以治农，用之以食工，或放账而取利，或贸易而经商，此节用之人也。试问三人之中，谁为善用银者，曰，节用者，得用银之方也。彼守钱奴者，其财既不利于己，又无益于人。彼虽有银，而彼之银，则为无用之银，与泥土同矣，与石块等矣。彼久藏此银而不用之，非收藏于无用已也，且阻

[1]守钱虏，犹言“守钱奴”。

工人求食之计也。夫彼自藏其银，坐视他人之苦，而不为之悯恤，无论不肯施其财以利于人，即自亦不肯一毫以苟用，故谓之曰，守钱奴。彼守钱奴，真无益于人也。知理者曰，不忘行善，施济贫人，富者分之所应也。观此守钱虏，真不能善用其财矣。若夫彼习于纷华者，浮费以养人，彼亦云被养，且多食工人，又云能食人也。如有人于此，有一取千银以雕墙，而遂其乐；有一取千银以置田，以图其利。雕墙有益乎？抑置田有益乎？此二等工人，而与宫室之华，器具之美，及沽来外国之物，其事物虽殊，其食则一也。盖外国之洋货，必由本国之有货而能致之来也。无论所来何货，但富人欲求外国之物，故令商人以本国之物，而往易外国之物也。故曰，彼能食工也。然如是，岂能久乎？今岁既如此，来岁又如此，雕墙之银，何益于彼，惟供其乐耳。夫雕墙之乐，亦仅能一次食工，能有再乎？若谓墙既雕之后，尚用人而理之，然养人之银，必有由也。彼墙自不能以养人，故用银如此，不能使人富，只令人贫矣。盖工既完，银已尽，而不能复食工人，故曰无益之费也。若夫置田之银，不仅食其开辟之人，且食代耕之农，永远如是，有田一日，而工受食一日焉，其银非徒空费，乃岁岁利其田主，故其银食人多矣。惟其有智而详察之，则用银如是，真不虚费矣。夫工人愈多，则食人愈众。每岁增益，故曰有益之费也。盖如是用之，则食工者多，而人或有被其益而致富也。如谓不可置田，不如图利为美，非理之所在也。至若有智者，竭力行善，终身好施，益己益人，此人生之福泽，诚可乐也。使人徒惟利是务，则人独售其物之必用者，而商旅百工之物，向谁而沽哉！由是舍其业者多矣，于是乎，天下之百工半属无事，而多受饥寒之苦矣。使无华丽之物，则人不重其财，以为虽有财，无所用之，故不竭力以求之，而勤俭不尚焉，则人类于野人之俗矣。君子曰，善用之，毋轻费之，其是之谓乎？

十、论物贵重

夫黄金生于丽水[1]，白银出自朱提[2]，而铁则来自东洋，生于西属。然铁之为物，银虽贵而不能及之，金虽重而不足比之，其为用也，岂不大哉！而言其价，则铁不如银，银不如金矣。乃铁之造为器械者，刀也，锯也，樵夫之斧，农父[3]之犁，或为护国之炮，或作保身之剑，偶登货殖之廷，其用可胜数哉！至银则造作杯羹，铸为叉、碗，与钗环首饰，妇女穿戴之小器耳。虽成物亦属不少，然亦可有可无。若金则为器最少，富者间或有之，贫者则无也。至于铁之用，则胜金银，而金银之贵，则胜于铁；金贵于银，其价十六倍，银胜于铁，其价百八倍，其价相去如此之远也，其用则非金银之可及也。铁之为用，胜于金银千有余倍矣。吾人生于天地之间，金银之器，可以无之，而铁器不可以舍诸。若天下而无铁也，则耕雨锄云，将何以乎？则虽胼手胝足[4]，不惜披星戴月之劳，亦

[1]丽水，古称处州，今为浙江省辖陆地面积最大的地级市。

[2]朱提，今云南昭通的古称。“朱提”先为山名，继为县名，再为郡名，后为银名（朱提银）。朱提银在中国经济与货币史上曾有过一席之地。

[3]原文如此，疑为“夫”。

[4]胼手胝足，手脚久受摩擦生了茧子，形容极其辛劳。

难从事于田亩矣。安得我田既臧，农夫有庆[1]哉！宇宙之人，舍铁其可得乎？观于亚非利加[2]与南洋海岛之居，此二处则无铁者也，其人则重金银，亦莫非金银少耳，如谷麦少，则其价高，谷麦多，则其价贱。市价之低昂，亦由器物之多少而定也。故亚非利加与南洋海岛之地，二处无铁，则虽一钉一箍，轻贱至极，乃彼则重之，比于吾处之价多甚也。然徒谓其寡，犹未足以尽之，试推言之。谷多麦寡，则谷不如麦矣，亦以其寡言之耳，然又非是之谓也，别有所取而定其价也。试言之。盖重其功[3]耳，使种麦之功多，种粟之功少，则麦贵；淘金易而掘银难，则银重。今淘金之功，多于银十六倍，故金一两殖银十六两，盖以功而定价也。然物之轻重，又非徒功之多少而已。使物无所用，功虽多，亦奚以为？此物人人贱之，则谁沽之？苟为有用之物，且精华可爱，则人人好之，而竭力以求。若物不用力而得之，其用虽大，其物虽美，亦无所贵。夫铁之用，胜于银千余倍。至于相换之时，银又重于铁约千倍，盖所换者功也。居于沙漠之间，物则由其用而重之，故金亦贱，而铁虽一钉之小，亦可重焉；居于城市则不然，物之所贵者，以其相易之重，盖重其功之多寡也。夫明珠玉石，人人之所最好者，由其少而难得，故重之也。使有人焉，不期而偶得一珠，又有人焉，终月劳苦，方得一珠，则两者同是贵矣。

[1]我田既臧，农夫有庆，出自先秦的《小雅·甫田》中的“我田既臧，农夫之庆”。

[2]亚非利加，指非洲。

[3]功，事情、工作。

十一、论市价

上章言物之轻重，以其功之多少而定也。再以市价而论之。此有猎人焉，彼以二日而获一海骡，一日便获一麋鹿，故由功而定价，则一海骡可比二鹿焉。又有矢人[1]于此，凡造六矢之久，方造一弓，故由功而定价，则一弓可比六矢矣。夫价岂有常哉！倘凶年饥馑，树艺不生，虽夏植甚繁，而秋成不实，当是之时，人岂重骡而轻鹿哉！鹿价高，而骡价贱，人情大抵然也。如人折其弓，则六矢皆为无用之物矣。此日折弓者，即多与之钱，以求一弓，亦心所愿也。使人多折弓，则人多用弓，斯时矢多而弓少，且求之者众，则愿加多钱，犹恐不得以致之。故人求弓之念切，而弓价生焉。其价之多寡，或思过半，或相倍蓰，亦视夫人用之缓急耳。若走马试弓，不过娱情之物，则学穿杨而快心，非射雀屏[2]而待选，如是有弓不足重，无弓不足惜，故弓之折也，当其贵也，可未沽也。非若猎者藉弓以为营生，日用之饮食，皆赖弓而取焉，故其弓之折也，不俟诸异日而即沽也。此时弓未造就而弓极少，则弓之价，必不如前日之相宜矣。亦因物之少，而买者迫之贵耳，物罕为奇，往往如此。此弓愈少，而买者愈多，则价愈高矣。设使市上多弓，何有贵乎？夫市上多弓，此时之人倘有弓而不肯售，欲求善价而沽之，必不得矣。故弓日多，则弓日贱，而卖者日繁，恒虑有弓而无人售，故弓价

[1]矢人，造箭的工匠。

[2]雀屏，画有孔雀的门屏，指得选为女婿，典故出自《旧唐书·高祖窦皇后传》。

愈贱，一如平日六矢之价矣，然犹不止此也。盖前日买者多，而卖者少，致令为弓者日多，此日弓有余，买者少，而卖者多，则必减价方有人售，由是弓价日贱，可比常价而更贱矣。故即市价而推之，天运循环，人事反复，理相同也。如凶年粟少，或关河远隔，或道阻且长，贸易艰辛，而粟米无由入境，则本国之田所生无几，而外国之粟虽多难来，是日也，粟诚少矣，少则价高，价高则利重，惟利重，故农工商贾，而多为种植也。五谷未熟之时，市价连生而不息，新谷既来，则谷多而价贱，故凡物有余，而价无忧其昂贵矣。

十二、论平贱

凡物之不美，而所值无几者谓之贱。如履之价殖半员[1]，以一员之履比之，则半员者为贱也。而人谓买半员之履，则以为平，此是以贱为平者也，非真平也，平与贱则有异焉。夫履或料美而式恶，或料美而功粗，或买久而履已旧，或料好而不合时，故平售之。以此为贱，诚非贱也。夫所谓贱者，别有说也。故一履可穿两履之久，是料佳矣而价低，此所谓平也。若节俭而识货者，见之必买之矣。夫料美较料恶，料美者价相宜；精功较粗功，精功者价相应。则曰平至贵而不殖者，如功精而料不美，或料美而功不精。夫人之买物，谁欲买贱物哉！乃人往往徒想其多，此因贪而反错矣，不智之甚也，诚可惜也。物恶而易坏，物美则久佳，理固然也，人奈何不思之哉！乃有痴

[1]员，原文如此，疑为“圆”。

人以物贱为平者，区区为贱是求，所以彼居之室，所用之器，皆粗恶而不坚，此弄巧而反拙，自以为智，实不见其智也，转觉其愚也。彼物不惟不坚，且居无时安，常要修补，终成高价之物矣。又有人焉，虽求精美之物，而于钱独惜，不肯用巧妙之工，至器具虽美，又不用善理之人，如有良田，而无好农等矣。有华丽之器，而用轻浮之人，常坏其物，则人工银虽贱，而所坏之物，比于请善理者之银尤多，如此，安得为节俭哉！今夫人之建屋，亦有数等之不同。有人择至贱之料、次等之砖瓦、湿坏之梁杉，用至贱之工人，但以惜钱为平，而不知数年之间，即见其颓覆矣。又一等略有智者，泥水则择其善，匠工则择其良，已不惜财，而求工之善者，但不求料之美，或湿杉，或湿桷[1]。若以为甚平，此屋之工，精则精矣，不知只一二年之华美，而杉缩墙裂，加之风雨一至，则颠之倒之矣。夫所谓平者，岂是之谓乎！因财而裁制之，求其好，不求其大，料则沽乎美，工则择其良，料贵不惜，工贵不嫌，既治成之后，不防风雨之侵，不愁杉桷之裂，此诚可安而可久也，以此言平，岂非平哉！

十三、公务

且国家岁收民之赋税，以供朝廷百官之俸禄，理应然也。乃人谓纳粮为无益，不若以之放生，犹可以获利，故税吏登门，犹不完纳，维彼下民，胡为未之思耶！夫民之纳钱粮，以供朝廷之日用，君之取也一，民之益也

[1]桷，方形的椽子。

十。朝廷之立纲陈纪，而天下赖以太平，不然干戈日起，而地若分瓜，则群黎百姓，虽有身家，不能保矣。故虽有苛政猛虎之官，尤愈于为政无官也。草野得一贤才之官者，其益于民也，岂浅鲜哉！植天下万年之基，保天下万民之命，在上谋世俗之升平，在下慰毕箕之风雨，则黎民向化[1]，草野之间，咸沾主德焉。夫尔俸尔禄，民膏民脂，而谓官俸平者，果何谓也。如上章言物之平，盖言其所殖无几耳。今且不计民之所纳，且计官之所受也。官为民之上者，为极贵，而俸则有时而极平；官收民之供赋，以为日给之用，故天子以至宰相，而及税吏，亦日取给于民也。且人之买货，必求美料精功，如民之求官，必欲忠信才智也。忠信者，品行无亏，一身为表正[2]之原，万族睹化行[3]之美，此如买货者之得美料也；而才智者，超群察识，深宫表其聪明，下民畏其神教，此如买货者之得精功也，不然则尸位矣，素餐矣，不殖之甚矣，岂得谓之平哉！何其贵也！若此人者，亦犹履之不美不精也，而比之履更有甚焉。夫履之不美，其害轻于鸿毛，若官之不贤，为害重于泰山矣。犹人之有疾，欲得良医以治之，反被庸医以杀之也。由此观之，可知官有优劣之才，则有大小之品，而禄即有多少之分。如县官则俸少，按察则俸多，是也。盖按察明于法律，而胸次之经纶，足以安邦而定国。使颁禄也，大小无分，何以奖贤才？又何以别等级哉！诚如是，大小可以不分，而按察亦可无也。彼空疏无具者，

[1]向化，归化、顺服。

[2]表正，以身为表率而正之。

[3]化行，教化施行。

不知致君泽民者何事，此不足为邦国之光，岂可使之赋呦鹿而对扬哉！若贤者，足以当大任矣，居高爵，享厚禄，亦固其所，何弃而违之也。虽然用贤亦甚难矣，或在山之巅，或在水之涯，焉得贤才而用之！而学优则仕，贤人之素志[1]也。故当其出也，公庭锡爵[2]，而随才器使，所以官有大小，禄有厚薄，而俸皆税于民。夫民之供赋税于官者，特以其益于民耳。益民者，何谓也？即爱民若赤，视民如伤之谓也。使愚而无才，襟怀鲜有经术，而谬托于兵刑，此侥幸偶进，非曰滥用国俸已也，实为子民之害矣。犹求粟而得稗，求刀之无锋也，竭民之力，害民之财，尚得谓之平货哉！贵至极矣，且贵而无益矣。至贤者在位，能者在职，志宏抱负，道切匡扶[3]，大公为心，知有公而不知有私，在官言官，惟公是务，此虽贵犹平也，即日食于民，不为过也。

十四、学业

且民为邦本，本固邦宁，岂无术而致之耶！此于变时雍[4]之世，所以正民德而厚民生焉。夫天时不如地利，故辟土地为治国之首务焉。使为政者，不以农为重，则地利虽厚，犹不能以开财源。教民稼穑，树艺五谷，则食用有经，富于民者，即富于国矣。而吾人自具之灵明，亦犹

---

[1]素志，向来怀有的志愿。
[2]锡爵，赐予爵位，赐酒。
[3]匡扶，匡正扶持。
[4]时雍，时世太平。

农夫之耕也。仁以耕之，义以耨[1]之，则智日开，而道日成。苟负其心，而蹉跎日月，徒为旁观者之忾息[2]矣。天赋之以灵明，未尝赋之以学问，犹地有肥硗，而未尝有黍禾。两者虽殊，而冀其有成者，则一也。夫人具此灵明之心，而虚掷年华，不学无术，则茅塞其心矣。故聪明蕴诸内念，坐名山而惜日月，对黄卷而豁襟怀，朝乾夕惕[3]，则学日博，而道愈高矣。此培土地如培人心，理相同也。使不栽之培之，则欲国治而天下平，岂可得乎？躬耕垄亩，植杖而耘，则黍苗麦秀，而害苗之稗不生。心有所主，则藏焉修焉，本立而道生，而匪僻[4]无自而入。故曰，士志于道也，犹农夫之耕也，此修己为治人之本，而贤才所以别于庸愚也，彼庸常之辈，居于市廛，俨然贸易，而工价无多，为其无能矣。如棉花行中，彼有能者，则曰掌柜，与人交易，口角春风，工银数百，此能买能卖，才能出众者也。至愚者多为人役，亦仅求糊口之资耳。夫远处鄙陋之邦，圣道不至，圣教不闻，常有卖人之事，如卖为人奴者，精通木匠泥水，其价六倍于庸人。夫天下之能者，指不胜屈，而愚者亦目所常觏。虽然天下之大，人民之多，上智者无几，下愚者亦无几，独中人之质为多。试以中华与合众国论之。两国之能者，难以枚举，但举一隅，而三隅可以类推矣。如中国之有水雷，合众国有火轮船，此皆能人之事也。居东者中华，居西者合众

[1]耨，一种用来锄草的农具，锄草。

[2]忾息，叹息。

[3]朝乾夕惕，形容一天到晚勤奋谨慎，没有一点疏忽懈怠，出自《周易·乾》。

[4]匪僻，邪恶。

国，相隔万重之山，至于欧罗巴[1]国中，土地广矣，贤才众矣。诗云，彼美人兮，西方之人兮，而西方之美人，莫盛于单鹰[2]，盖其人亦学亦博，贤而有才，德修而能优。夫邦国之安，必藉贤才以治之，所以一人有庆，兆民赖之者，犹贤才居于上，而庶民安于下也。贤者幼而学，壮而行。使年少不学，必长大无成，则负吾灵明之心矣，故当其少也，教之以大道，及其长也，博学而成名。乃如之人也，大无信也，不知其可也。欲败度纵败礼，夫何益哉！礼记曰，玉不琢，不成器，人不学，不知道。故人必赖师以教之也。愿诸君子学足于己，宜教于人，淑己即以淑人，善身因以善世。而为治者，急宜设学校以广教化也。

十五、贫约

今夫终屡且贫，常叹富者莫知我艰矣。乃富而仁者，目睹颠连，动生施济之念，然则何以施济乎？吾人生于天地之间，谁无怜恤之心，且救人之急，扶人之危，富者之所乐为，亦富者之所易为。富者得于上帝独厚，殆以施济而表上帝之恩焉，此即仁人之心也。盖上帝生人，赋以仁慈之念，亦为此耳，且救世主云，凡人施惠于人，不必有骄矜之色，要视人如己焉。此救世主奖赏施济之人，且勉人以己之心，度人之心，而物我无间，则贫者有赖，而富者不负于富矣。如是者，舍仁慈之心，焉有施济乎？但何以济之？夫贫者多矣，不知贫者，谁欲人之济也。天下

[1]欧罗巴，欧洲。

[2]单鹰，单鹰国，清代对普鲁士国的俗称。雍正初期，普鲁士商船来广州贸易，当地人因见其悬挂国旗绘有一鹰，即称之。

有贫而不欲人之济者矣，斯人也，修德行仁，克勤克俭，虽箪瓢陋巷[1]，而乐亦非富者之所能及。是彼自有真乐，何须仰给于他人，是贫而乐道者之所为也。贫而乐道者，是顺理者也。顺理者，惟君子能之，而不足以律小人。小人厄穷[2]已久，蓝[3]褛之状，睹富人而生羡慕之心，则摇尾而乞怜，惟愿人之施于己焉。且人有云，施济何哉！人求则与之，不求则不与也。易曰，富以其邻，邻有急则周之，若此岂能急邻之急哉！然乞人者，不惜声名，不知廉耻，济之者，虽云济贫，而乞人曰，今日予逸矣，有人以济我矣，无庸乞食于市矣。或呼群而征逐，或日午犹高眠，此施施[4]于无用之地也。即济于贫而勤者，当未有人济之时，日夕辛勤，以求糊口之需，而数口之家，犹有饥饿之色。今则粒食有赖，不闻交谪[5]之声，衣食给而安饱，遂拍肩执袂以戏游，犹是夫不耕，而妇不织，怠惰生焉。此不施犹胜于施也。施之正所以害之，则施非所宜也。使富者长施于贫，则施不防于施也。吾恐富者之施，终难久也。无何而富者贫矣，且欲人之施诸我矣，岂得有施于人乎？斯时也，贫者懒怠成性，习惯自然，又何以养父母，又何以畜妻子乎！此皆由施济之所致也。若谓此法不可行，再设一法，以看可乎不可。吾不施之，但不能给者，即来取银以养身，如是非若富者之施。

---

[1]箪瓢陋巷，一箪食物，一瓢清水。形容生活简朴，安贫乐道，出自《论语·雍也》。

[2]厄穷，艰难困苦。

[3]原文如此，疑为“褴”。

[4]施施，原文如此，疑为“施济”。

[5]交谪，互相埋怨。

十六、论求财

且财流于两间，以供吾人日用之取求矣。吾甚不解世之人，每以求财为无路也。彼其之子，既有良田，又有千银，则欲为贸易，何患无本乎？上帝之待斯人何厚，而我何薄乎？良可惜也，然此特未之思耳，夫上帝与我以手足，诚莫重焉，岂千银之可及哉！手足人人皆可有之，但人不觉其贵耳。人生于世，可一时无手足者，千银岂能以易之哉！使人而无手足也，不知其可也。则人之赖手足以作为者，犹瞽者[1]之赖，相而行也。苟以两手而日获半员，此半员胜于千银日得之利矣。倘我既获半员，又加之以勤俭，而彼恃有千银之多，日习于惰，我则日为积，月为累，彼则日而用，月而消，彼之财渐少，而我渐多，未几而我并其富矣，未几而我富于彼矣。或一日而能得一员，则富于彼四倍矣。富有四千，何患夫无路哉！故人求财于天地之间，岂仅在金银田地哉！使身其康强，而作事辛勤，日用廉俭，虽寒素[2]之子，亦无患夫无工。即读书无几，而作事有能，忠厚待人，性情和顺，足以取信于人，是求财之方，莫善于此。夫如是，则日用足，而因勤致富，积俭成家，或富可比于国中之至富者。然既富矣，则人敬之重之，必然之理也。夫素丰之家，与人相接，全凭心之德，则人之处世，可不知所重哉！

---

[1]瞽者，眼睛失明的人。

[2]寒素，门第寒微、地位低下。

十七、处世良规

一曰，务勤劳，惜分阴，长才智，此是求财之本根。

二曰，尚节俭，不论财之多少，量入为出，不可乱用。

三曰，要节制，凡物不合用者，不宜售之。

四曰，立志最重，勿谓今日不俭，姑待他时。

五曰，处事务宜心满足，常存感谢之念，人生又要快乐，快乐则功易做，且寝寐常安，兼令旁人爽快，此又胜于仅富者也。

十八、论用银

夫银岂能使人以乐哉，殆非然也。惟用之者，有道于其间，乐莫大焉。若银入守钱奴之手，多方防闲[1]，恐被人夺去，即或间有用去，则憾心生焉。如此蓄财不散，宜乎忧心冲冲[2]，无时逸乐也。彼银既不利于己，又无益于人，且银愈多而愈戚[3]矣。犹马之负物，愈重而愈不乐也。夫财得之有道，用之有方，此诚可乐之事，何忧为哉！诸君子宜知此书之所言，多言富矣。吾今故论用银以结之，且以用银之例列于左。

其一曰，徊[4]宝罗有言，先备家里之用，则家人安乐，相亲相爱，而天伦有乐矣。

[1]防闲，防备和禁阻。

[2]原文如此，疑为“忡忡”。

[3]戚，忧愁。

[4]徊，粤语中的人名用字。

其二曰，救施贫穷，以效耶稣之行，何乐如之！

其三曰，捐银以养瞽者，并教愚蒙，是成人之美，亦可乐也。

其四曰，银不可过重。救世主有云，人生之乐，不在夫物之多，此说富人既历其境，无不觉也。觉天下之富，真等于浮云，使之多行好事，以救世人之灵明，愿诸君子力行之。

致富新书终

参考文献

一、著作

1. Henry Fawcett, *Manual of Political Economy*, Cambridge: Cambridge University Press, 1874.

2. *The Blind Victorian: Henry Fawcett and British Liberalism*, edited by Lawrence Goldman. Cambridge: Cambridge University Press, 1989.

3. Winifred Holt, *A Beacon for the Blind: Being a Life of Henry Fawcett, the Blind Postmaster-General*, Forgotten Books, 2012.

4. Leslie Stephen, *Life of Henry Fawcett*, Cambridge: Cambridge University Press, 2011.

5. 丁韪良著，沈弘、恽文捷、郝田虎译：《花甲忆记》（修订译本），上海：学林出版社2019年版。

6. 丁贤俊著：《洋务运动史话》，北京：社会科学文献出版社2011年版。

7. 顾长声著：《从马礼逊到司徒雷登——来华新教传教士评传》，上海：上海人民出版社1985年版。

8. 胡寄窗著：《胡寄窗文集》，北京：中国财政经济出版社1995年版。

9. 何盛明主编：《财经大辞典》，北京：中国财政经济出版社1990年版。

10. 姜德昌、向子祥主编：《世界通史纲要》（近代部分），长春：吉林文史出版社1985年版。

11. 柯文著，林同奇译：《在中国发现历史——中国中心观在美国的兴起》，北京：中华书局2002年版。

12. 潘念之、张采苓编：《思想家大辞典》，上海：世界书局1934年版。

13. 商务印书馆编辑部编著：《近代现代外国哲学社会科学人名资料汇编》，北京：商务印书馆1965年版。

14. 王立新著：《美国传教士与晚清中国现代化》，天津：天津人民出版社2008年版。

15. 王韬编：《弢园文录外编》，北京：中华书局1959年版。

16. 熊月之著：《西学东渐与晚清社会》（修订版），北京：中国人民大学出版社2011年版。

17. 约瑟夫·熊彼特著，杨敬年译：《经济分析史》（第二卷），北京：商务印书馆1996年版。

18. 晏智杰著：《古典经济学》，北京：北京大学出版社1998年版。

19. 张登德著：《求富与近代经济学中国解读的最初视角——〈富国策〉的译刊与传播》，合肥：黄山书社2009年版。

二、论文

1. 戴金珊：《试论西方经济学在中国的早期传播》，《世界经济文汇》，1985年第4期，第32—36页。

2. 方维规：《“经济”译名溯源考——是“政治”还是“经济”》，《中国社会科学》，2003年第3期，第178—188页。

3. 傅德元：《丁韪良研究述评（1917—2008）》，《江汉论坛》，2008年第3期，第86—94页。

4. 傅德元：《〈富国策〉的翻译与西方经济学在华的早期传播》，《社会科学战线》，2010年第2期，第112—119页。

5. 戈宝权：《经济学——名词之溯源及其意义之变迁》，《经济学季刊》，1934年第5卷第3期。转引自郭广迪：《戈宝权溯源“经济学”概念》，中国社会科学报，2016年。

6. 李丹、刘明玉：《晚清西方经济学说在华的早期传播——以外国来华传教士著述活动为中心》，《天津师范大学学报》（社会科学版），2016年第2期，第69—74页。

7. 李浩、梁永康：《外国来华传教士与晚清经济思想的早期近代化》，《中国社会经济史研究》，2008年第2期，第92—98页。

8. 梁捷：《西方经济学在中国的早期传播》，《学术评论》，2008年第3期，第30—36页。

9. 申满秀：《从“抑商”到“重商”观念的转变——龚自珍、魏源、王韬、郑观应经济思想个案简析》，《贵州社会科学》，1999年第6期，第86—90页。

10. 森时彦：《清末中国吸纳经济学（political economy）路径考——以梁启超为中心》，“清代政治与国家认同”国际学术研讨会，2012年，第375—389页。

11. 吴义雄：《鲍留云与〈致富新书〉》，《中山大学学报》（社会科学版），2011年第3期，第88—96页。

12. 杨春学：《西方经济学在中国的境遇：一种历史的考察》，《经济学动态》，2019年第10期，第11—23页。

13. 余冬林、谭云华：《晚清经济类汉文西书及其主要经济术语》，《玉溪师范学院学报》，2015年第31卷第1期，第66—70页。

14. 叶坦：《中国经济史学的新发展——以1896年的经济学术公案为中心》，《贵州社会科学》，2016年第9期，第5—13页。

15. 张登德：《晚清〈富国策〉的译刊与传播》，《广西社会科学》，2003年第3期，第161—163页。

16. 张登德：《〈富国策〉著译者考释》，《安徽史学》，2006年第6期，第100—102页。

17. 张登德：《汪凤藻与〈富国策〉的翻译》，《苏州科技学院学报》（社会科学版），2010年第5期，第58—61页。

18. 赵林凤：《从同文馆走出的使日大臣——汪凤藻》，《广西社会科学》，2006年第5期，第150—153页。

19. 邹进文、张家源：《Economy、Economics中译考——以“富国策”“理财学”“计学”“经济学”为中心的考察》，《河北经贸大学学报》，2013年第34卷第4期，第116—121页。

三、学位论文

1. 刘晓峰：《*Manual of Political Economy*汉译本〈富国策〉翻译研究》，北京外国语大学博士学位论文，2017年。

2. 范文田：《浅论西方经济学在晚清时期的传播途径与影响》，河北师范大学硕士学位论文，2007年。

跋

张锦冬

我从2019年6月开始着手《富国策》的整理和校注，历时近一年，有一些感受与大家分享。

首先，作为一名从事政治经济学教学和科研的教师来说，能够参与中国近代第一本经济学译著的整理和校注，并把它介绍给读者朋友，是一件非常荣幸的事情。

其次，这本书的整理和校注，为我提供了更深入了解中国近代经济思想发展轨迹的宝贵机会，并为以后继续从事相关研究打下基础。

再次，感谢周伟驰研究员和姚达兑博士的信任和支持，感谢王雨博士帮我校读书稿，并提出宝贵意见，感谢出版社各位编辑的辛勤工作。

最后，感谢家人的大力支持和帮助。为使我能够顺利完成书稿，爱人从多方面帮助我：提供建议、理清思路、查找资料、分担家务等等。女儿更是经常鼓励我，为我加油打气。他们的支持为我完成此书提供了动力。

2020年4月22日

于北京劲松